HISTÓRIA IBÉRICA

Consulte nosso catálogo completo e últimos lançamentos em **www.editoracontexto.com.br**.

Ana Nemi

HISTÓRIA IBÉRICA

Coleção

**HISTÓRIA
NA UNIVERSIDADE**

Ilustração de capa
A rendição de Granada, Francisco Pradilla Ortiz, 1882

Montagem de capa e diagramação
Gustavo S. Vilas Boas

Coordenação de textos
Carla Bassanezi Pinsky

Preparação de textos
Mariana Carvalho Teixeira

Revisão
Mariana Cardoso

Dados Internacionais de Catalogação na Publicação (CIP)

Nemi, Ana
História Ibérica / Ana Nemi. – São Paulo : Contexto, 2024.
256 p. ; il. (Coleção História na Universidade)

Bibliografia
ISBN 978-65-5541-390-8

1. Ibérica, Península (Espanha e Portugal) – História
2. Espanha – História 3. Portugal – História I. Título II. Série

23-6906   CDD 946

Angélica Ilacqua – Bibliotecária – CRB-8/7057

Índice para catálogo sistemático:
1. Ibérica, Península (Espanha e Portugal) – História

2024

EDITORA CONTEXTO
Diretor editorial: *Jaime Pinsky*

Rua Dr. José Elias, 520 – Alto da Lapa
05083-030 – São Paulo – SP
PABX: (11) 3832 5838
contato@editoracontexto.com.br
www.editoracontexto.com.br

Sumário

INTRODUÇÃO
A importância
da história ibérica

Os estudos de história ibérica possuem grande importância no debate historiográfico, tanto para a história do Brasil como para a da América Latina: trata-se de observar a experiência peninsular e reconhecer seus rastros na construção de nações no Ultramar a despeito de suas trajetórias específicas a partir da primeira metade do século XIX. Para os historiadores interessados na formação histórica e no enraizamento do capitalismo, o tema dos impérios ibéricos, incluindo sua ascensão e periferização, é fundamental, pois permite compreender o espalhamento desse sistema e as muitas feições que ganhou do ponto de vista social e político antes e depois dos processos de industrialização e do desenvolvimento do imperialismo do século XIX. Para os historiadores da cultura e da política, o conhecimento dos lugares da Igreja Católica na vida social dos povos peninsulares, assim como o entendimento do absolutismo, dos iluminismos, dos autoritarismos, dos terrorismos e dos separatismos, conforme se desenvolveram na península ibérica, continuam a instigar novas teses e interpretações.

A experiência ibérica tem se mostrado interessante também para a historiografia voltada a desconstruir as hierarquias epistêmicas edificadas a partir da experiência ocidental da primeira modernidade e a destacar pautas identitárias que a ela se contrapunham, indicando a necessidade de buscar modos de ver, pensar e viver em sistemas políticos e sociais com os quais os ocidentais se enfrentaram em seu processo de expansão. Neste sentido, o iraniano-americano Hamid Dabashi, em seu livro *Can no European Think?* (2015), indaga sobre modos de pensar não informados pelo "filosofar" tradicional do pensamento ocidental. Para tanto, e não por acaso, retoma pensadores que teriam sugerido epistemologias infiéis aos padrões ocidentais, o que não espanta, dado o fato de que mesmo europeus, em muitas oportunidades, apontaram os povos peninsulares como os mais "selvagens" e menos "ocidentais" entre os europeus, como se verá ao longo deste livro. Um dos pensadores que Dabashi destaca é o espanhol José Ortega y Gasset.

Letrados e intelectuais ibéricos estiveram sempre às voltas com as possibilidades de modernização e ocidentalização da península ibérica. Desde o século XVI, no caso de Portugal, e o XVII, no caso da Espanha, pensadores das duas nações parecem atormentados com o espectro da decadência e com o fato de que seus impérios auferem menos riquezas e resultados efetivos para a construção de um Estado-nação economicamente forte do que nações como a Inglaterra, a França e a Alemanha. Ser ou não parte do Ocidente, observando-se seus padrões de produção e de liberdades a partir do século XIX, também foi uma obsessão para as elites letradas e políticas peninsulares, seja para contestar tais padrões, afirmando as singularidades ibéricas, seja para elaborar projetos de modernização. O fim da Guerra Fria e a emergência dos debates decolonialistas alterariam os termos da equação em que tal debate vinha sendo travado: pertencer ou não ao Ocidente se tornaria menos importante do que observar epistemologias dissonantes, capazes de revelar experiências não ocidentais e quebrar com hierarquias epistêmicas que impunham como universais saberes histórica, temporal e espacialmente construídos. Nesta senda, é indispensável revisitar a história ibérica, sempre às voltas com suas especificidades já destacadas em romances/contos de Ítalo Calvino (*O barão nas árvores*, 1990), José Saramago (*A jangada de pedra*, 1986), Voltaire (*História de Jenni ou o ateu sábio*, s. d.), entre muitos outros. É isso que fazemos aqui, nesse livro, que apresenta ao leitor a experiência ibérica em meio ao processo de ocidentalização que o mundo conheceu a partir do século XV.

Os reinos, os cristãos e as navegações

Nos espaços da península ibérica, articularam-se e amalgamaram-se povos de culturas hispano-romanas e germânicas que, espalhando-se a partir de intensos conflitos, construíram um ordenamento jurídico e uma única fé, a católica, com a criação dos primeiros bispados em Toledo e Braga e com a uniformidade litúrgica sendo definida no Reino Visigodo em 633. Se não é possível afirmar uma homogeneização completa, é certo considerar o papel central dos visigodos entre os séculos V e VIII neste processo, especialmente pela criação do Código Visigótico que abrangeu toda a península e definiu os termos de uma sociedade com seu clero e sua nobreza militar desfrutando de privilégios em relação ao conjunto da população, à época chamado "povo". Além disso, a presença de estruturas urbanizadas e romanizadas permite a continuidade das rotas de comércio, e demonstra caminhos comuns na história dos povos que ocuparam a península.

Enquanto o Mediterrâneo Norte conhecia um processo de ruralização, diminuição da circulação de moedas e construção de hierarquias de vassalagem em reinos cristãos de fronteiras frágeis, o Mediterrâneo Sul mantinha atividades urbanas e comerciais que seriam marcadas pela expansão dos povos muçulmanos e de suas redes de comunicação. No século VIII, em meio a disputas internas no Reino Visigodo, muçulmanos do Magreb invadiram a Europa a partir da Andaluzia, avançaram até serem derrotados nos Pirineus e permaneceram apenas na península ibérica. Contudo, Carlos Magno (742-814), rei dos francos, pretendia expulsar os muçulmanos da Europa e, embora não tenha conseguido tal intento, as guerras que empreendeu deram origem aos Reinos de Navarra e Aragão e aos condados da Catalunha.

A expansão dos árabes muçulmanos também não se fez sem disputas entre os seus emirados que faziam parte do califado, fato que levou à formação do Califado Omíada, com sede em Córdoba, na península ibérica, na segunda metade do século VIII. Embora por lá a convivência entre muçulmanos, judeus e cristãos fosse ancorada no respeito ao monoteísmo que caracterizava essas religiões, especialmente quando acatadas as cobranças de impostos, esta convivência também foi marcada por conflitos e disputas políticas. A relativa tolerância esteve sempre relacionada ao funcionamento das rotas de comércio e ao estabelecimento de soberanias políticas entre domínios árabes e condados e reinos peninsulares cristãos. A partir do século XI, as disputas traduziram-se em resistência aos processos de arabização decorrentes do domínio de Córdoba e ao acirramento das Cruzadas. Elas se imbricaram às lutas por poder entre os próprios muçulmanos, situação que facilitou as injunções dos reinos cristãos da península sobre as *taifas,* subdivisões do califado com as quais os referidos reinos estabeleciam laços de proteção militar e de recolhimento de impostos.

Territórios de fronteiras múltiplas

A expansão dos povos germânicos sobre territórios do Império Romano a partir do século III deu origem ao que a historiografia denomina de "princípio de territorialização", por meio do qual a extensão de reinos, condados e ducados dependia das possibilidades de circulação e estabelecimento de soberania, o que era bastante limitado pelas condições socioeconômicas da época. Trata-se de um período de fragmentação política e de estabelecimento de domínios jurídicos a partir de relações de vassalagem e militares, o que implicava fronteiras bastante tênues e móveis, além da enorme dificuldade de dar continuidade às rotas de comércio, fato que se observa especialmente ao Norte do Mediterrâneo.

Nos dois mapas reproduzidos, é possível observar a extensão do Califado Omíada no ano de 923, cuja divisão em emirados para facilitar a governança resultava em disputas entre os emires. Tais disputas podem ser verificadas no mapa de 1071, onde observamos cinco emirados na península ibérica, além do avanço de reinos peninsulares sobre eles em um processo histórico denominado de Reconquista. Esse nome talvez não seja adequado, já que se trata de um processo trancorrido em quase oito séculos de conflitos, articulações políticas, religiosas, militares e comerciais em territórios de fronteiras múltiplas, frágeis e instáveis sobre os quais se movimentaram povos de diferentes origens históricas, tradições jurídicas e religiões.

Domínio árabe na península ibérica em 923

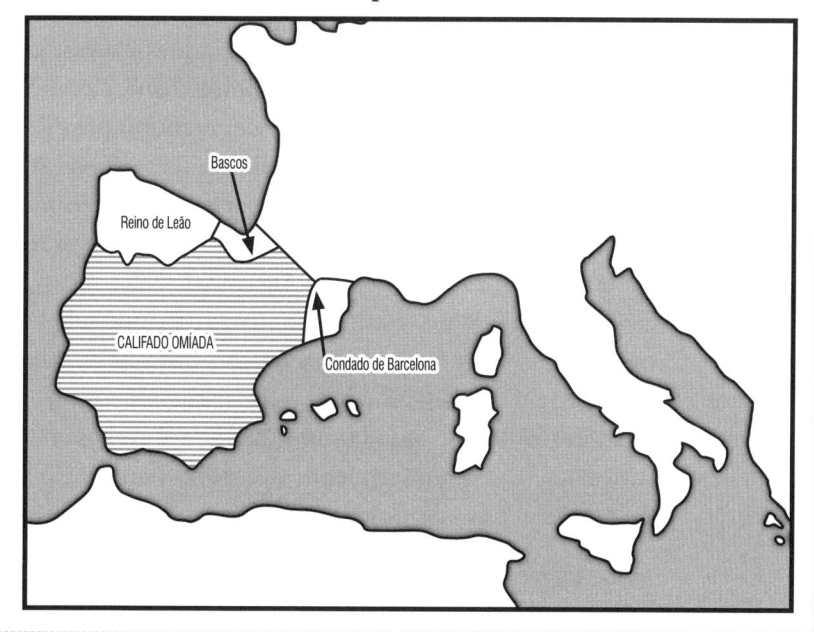

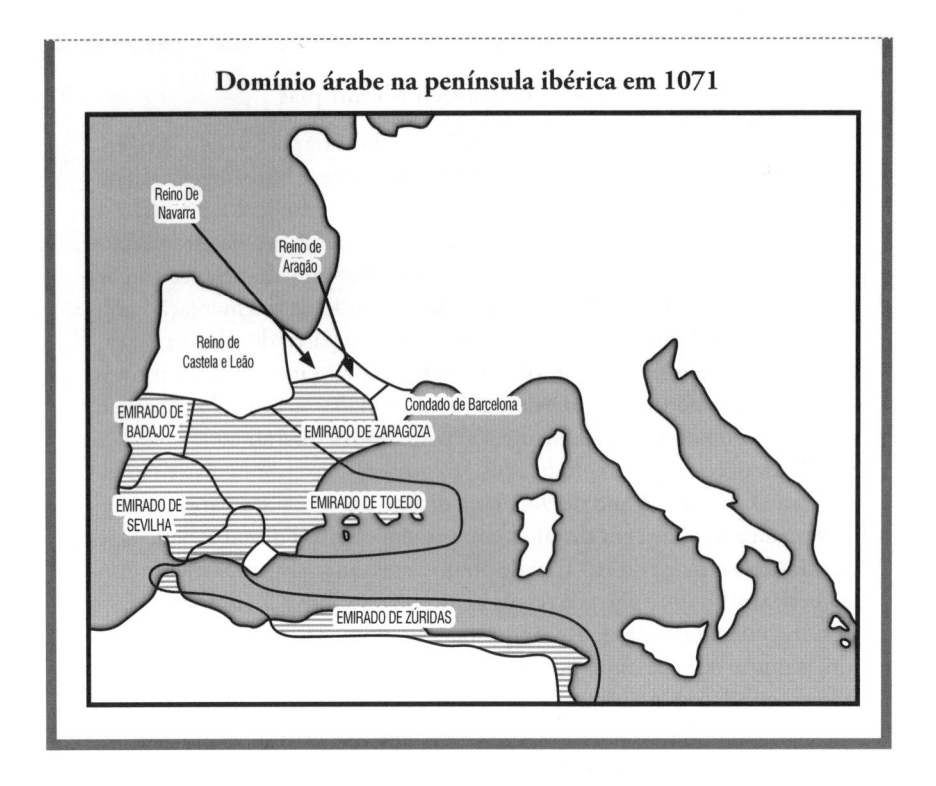

Domínio árabe na península ibérica em 1071

Foi neste contexto que se formou o Condado Portucalense, no século XI. Henrique de Borgonha, príncipe capetíngio, estabeleceu um domínio sobre as terras em torno da foz do rio Douro e, a partir delas, lutou com cristãos ao norte e muçulmanos ao sul, conseguindo com suas vitórias militares o reconhecimento de sua soberania sobre o território pelo Reino de Castela e Leão. A consolidação do chamado Reino de Portugal sob a dinastia de Borgonha e sua expansão ao sul se deu por meio do mecanismo de fortalecimento do poder real de recompensar com terras nobres a seu serviço, até a expulsão dos últimos mouros do Algarve em 1249.

A dificuldade do Califado de Córdoba em garantir a unidade levou à formação de novas *taifas* e favoreceu o crescimento dos reinos cristãos na península ibérica entre os séculos XI e XIII, especialmente por meio da formação de condados que deviam vassalagem a algum dos reinos cristãos que então se expandiam. O enfraquecimento das *taifas* permitiu que o Reino de Castela e Leão retomasse Toledo e deslocasse a fronteira para o rio Tejo. Isso levou os árabes da península ibérica a se aliar aos almorávidas, muçulmanos do Saara ocidental que estabeleceram o Emirado dos Almorávidas no século XI. Neste processo, no final do XIII, os árabes acabaram confinados ao Reino de Granada. Ao mesmo tempo, foi sendo alimentada uma rivalidade entre portugueses e castelhanos, já que estes, após a conquista do Algarve por Portugal, perderam portos de saída atlânticos, fato que explica a existência de conflitos de fronteiras entre Castela e Portugal até o século XV.

O processo de expansão dos reinos cristãos na península ibérica implicou a formação de hierarquias e estruturas que fortaleciam a soberania real, mas também criavam mecanismos de legitimação recíproca entre os reinos por meio da distribuição de cartas forais e de feiras, que ofereciam jurisdição autônoma e isenção de tributos para a nobreza local, como aconteceu entre Castela e os Reinos de Navarra e Basco.

Disputas e guerras dinásticas foram uma constante na península ibérica entre os séculos VIII e XV, com estabelecimento de vassalagens, cobranças de impostos em estradas, rotas de comércio e atividades mercantis que aproximavam ou distanciavam reinos ou condados cristãos de *taifas* e emirados muçulmanos em busca de proteção contra rebeliões internas e avanços sobre suas fronteiras. Desta forma, não parece adequado considerar uma linha de continuidade entre o Reino Visigodo e os reinos cristãos responsáveis pela derrota final dos muçulmanos no século XV. Mas é fato que, em 1212, os principais Reinos (Navarra, Aragão, Castela e Leão e Portugal) estiveram juntos, evidenciando uma mudança na forma de expansão dos reinos cristãos em relação aos muçulmanos da península ibérica. No final deste século, apenas Granada restaria aos muçulmanos. A expansão dos reinos cristãos tratou-se de um longo processo de territorialização ancorado na distribuição de forais, com privilégios para os grupos de nobres cavaleiros que lideravam as guerras e a presença de ordens militares, como a dos Hospitalários e a Ordem de Cristo em Portugal, que articulavam valores de cavalaria com princípios cristãos de caridade e acolhimento da pobreza. Os interesses envolvidos nos conflitos, disputas e guerras dinásticas eram múltiplos e se articularam com a ampliação da intolerância religiosa, o início das navegações e problemas sociais efetivos, como aqueles decorrentes da peste, da existência de uma nobreza que se formava e pretendia garantir privilégios, além da competição por terras e rotas de comércio.

No Reino de Aragão, por exemplo, havia interesses ligados às áreas fundiárias do interior e interesses comerciais catalães voltados para o

Mediterrâneo. Castela, por sua vez, criara mecanismos políticos de integração de outros reinos que incluíam acordos com as tradições forais locais, como as dos bascos, e participava do comércio de lãs na Europa. A dinastia Trastâmara de Castela, no entanto, reivindicava sua origem visigoda, além de reclamar o título de Imperador para seu soberano e a tutela legítima sobre os povos e terras da península ibérica, por eles denominada de Hispânia. No caso do Condado Portucalense, até então parte da rede de vassalagens castelhanas, a situação dinástica que levaria ao domínio Trastâmara provocou um levante liderado pela dinastia de Avis e a derrota de Castela na Batalha de Aljubarrota no ano de 1383. A chegada da casa de Avis ao trono português deu início à formação de uma burocracia estatal de nobres de serviço, com formação em leis, independente das chancelarias dos clérigos. Ela também fortaleceu os já existentes vínculos com o mar, celebrou a proteção de Deus a suas tropas no imaginário popular (que seria reproduzido pela historiografia romântica do século XIX), e marcou um primeiro momento de aproximação com a Inglaterra, que rapidamente reconheceu a soberania da dinastia de Avis sobre Portugal (estabelecendo uma aliança que se fortaleceria nos séculos seguintes).

Em uma vertente historiográfica, a derrota em Aljubarrota evidencia a fragilidade do projeto Trastâmara. No mesmo sentido, a união dos Reis Católicos em 1469, ao contrário de indicar os primeiros passos da nação espanhola, como muitas vezes se afirma de maneira ufanista, permite observar as dificuldades de unificação efetiva, já que a legitimidade do monarca/imperador se baseava na aceitação de privilégios forais locais, de Cortes específicas dos reinos com autonomia de reuniões, e de alfândegas também autônomas, características que implicavam dificuldades para estabelecer tributação e configurações jurídicas nacionais. Esses são problemas que denunciam conflitos políticos e sociais existentes até os dias de hoje, como se discutirá nos capítulos relativos aos séculos XIX, XX e XXI, nomeadamente na Espanha. Outras vertentes, no entanto, consideram a relevância desta união dos Reis Católicos para a definitiva articulação entre catolicismo intolerante, expansão marítima e consolidação da dinastia dos Habsburgo, que, por linhagens de casamento e sucessão, substituiria a Trastâmara em 1512.

Os Reis Católicos

Isabel de Castela e Fernando de Aragão se casaram em 1469, e tornaram-se reis em seus respectivos reinos em 1474 e 1479, efetivando a união das Coroas católicas. Isso fortaleceria a figura dos monarcas, as armas do Reino e os processos de organização jurídica a partir dos quais se esperava controlar a nobreza e o desenvolvimento comercial e marítimo. Os Reis Católicos, como ficaram conhecidos, consideravam sua guerra contra os muçulmanos de caráter religioso e cristão, e, portanto, universal – um princípio que marcaria a monarquia espanhola nos séculos XVI e XVII, e que se enraizaria nos espaços do Império em relação ao "gentio", que deveria ser resgatado, convertido ao catolicismo e submetido à soberania espanhola.

Fernando de Aragão e Isabel de Castela, conhecidos como Reis Católicos, no retrato feito em ocasião do casamento deles, sem autoria conhecida.

Em 1483, a península contava com os Reinos de Navarra da Catalunha, de Portugal, de Castela e Leão e de Aragão (que incluía os condados) e o Emirado de Granada. A união dinástica de Isabel de Castela e Fernando de Aragão, efetivada em 1479, constituiu-se no primeiro passo para a unificação do território que daria origem à Espanha como conhecemos hoje. Mas a unificação ainda teria que esperar a conquista de Granada em 1492 e a de Navarra a partir de 1512.

A península na época dos Reis Católicos em 1478

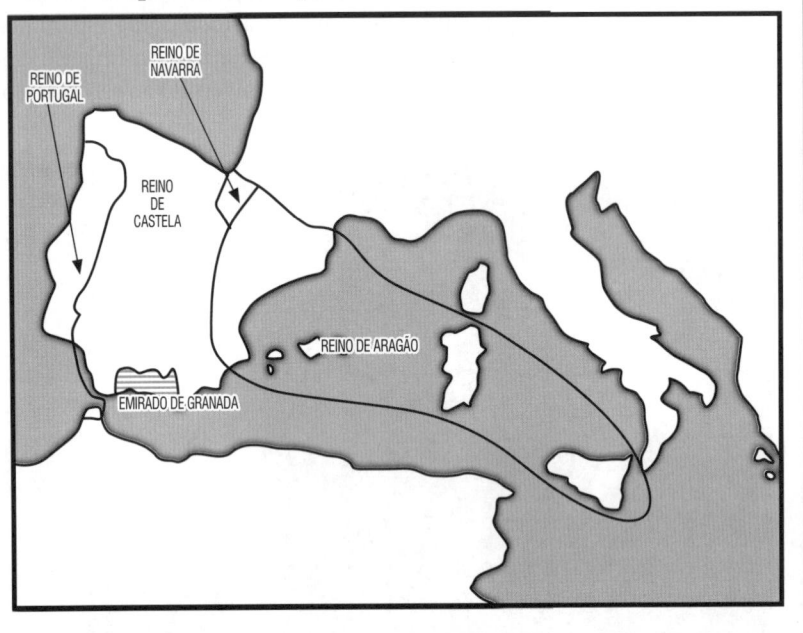

A convivência religiosa entre muçulmanos, judeus e cristãos na península ibérica sempre esteve ameaçada por extremismos. No século XIII, o papa Gregório IX criou o Tribunal do Santo Ofício, ou Inquisição, com o objetivo de combater heresias, feitiçarias e modos de viver e crer considerados desviantes em relação aos princípios católicos. As inquirições resultavam em pedidos de perdão e sentenças lidas publicamente, o que na península se chamou de "Autos de fé". Se os primeiros passos da Inquisição foram dados nos espaços onde hoje se encontram a Alemanha e a Itália, na península sua presença legitimaria os avanços dos reinos cristãos sobre os muçulmanos, diminuindo os lugares de convivência entre judeus, cristãos e muçulmanos, que eram mais comuns no período chamado de Medieval.

Francisco Rizi, *Auto de fé na praça Maior de Madri* (tradução livre).
Representação de um Auto de fé do ano de 1680.

Tem sido consenso entre historiadores que o século XIV teria rompido uma convivência relativamente pacífica entre as três religiões, quando já eram comuns perseguições aos judeus acusados de terem matado Jesus Cristo e de todo um conjunto de atrocidades contra crianças, além de praticarem usura e serem responsáveis por epidemias e muitas outras catástrofes. Os Reis Católicos, desta forma, acirraram a tendência, buscando unificar a Espanha em termos políticos e religiosos. A aproximação das lutas contra os árabes na península ibérica e daquelas para "a libertação de Jerusalém", entre os séculos XIII e XV, ganhou tintas de "luta contra os infiéis", com forte presença de ordens militares. A defesa da fé, assim, era alçada ao desígnio político de consolidar o poder real: em 1478, os Reis Católicos foram autorizados por bula papal a constituir o Tribunal. Em Portugal isso aconteceria entre 1531 e 1536.

A vitória dos reinos cristãos significava o estabelecimento de nobres em terras sobre as quais passavam a ter jurisdição, como afirmado, mas esta é uma situação que também beneficiava abadias e dioceses católicas vinculadas às monarquias e ao Vaticano.

Ciência e medicina na península ibérica

Um argumento central deste livro, já bem desenvolvido pela historiografia, afirma a importância de se estudar os séculos de XV a XVII sem considerar os nacionalismos vinculados à construção do Estado-nação no século XIX, já que a formação dos reinos e a construção de vassalagens a partir de soberanias partilhadas em hierarquias e entre diferentes instituições não permitem observar nacionalismos da forma como seriam elaborados no XIX.

As tensões características do período, que implicavam a articulação entre convivência e intolerância religiosa em diferentes conjunturas e espaços peninsulares, podem ser bem observadas nos processos de desenvolvimento e de difusão da ciência e da medicina. Para muitos historiadores da medicina a desorganização das estruturas do Império Romano, a partir do século V, e o incêndio da biblioteca de Alexandria, no século VII, esta última acontecida em meio à expansão árabe no Mediterrâneo e ao enraizamento do cristianismo na Europa, teriam marcado inflexões importantes nos estudos médicos. Muitos textos antigos, como os dos médicos gregos Hipócrates e Galeno, poderiam ter se perdido, mas havia na Pérsia um conjunto de médicos cristãos conhecidos como nestorianos, que praticavam a medicina grega desde o século IV e traduziram essas obras para o árabe e o latim e as usavam em sua prática cotidiana e em seus estudos. Eles formavam seus aprendizes médicos nos hospitais, onde os alunos eram ensinados e treinados. No processo de expansão dos árabes muçulmanos, esses conhecimentos e práticas se difundiram com eles, acompanhando a sugestão de Maomé sobre a existência de duas ciências, uma para a salvação da alma, a Teologia, e outra para a salvação do corpo, a Medicina. Em direção às Índias e à China, pelo norte da África mediterrânica e até a península ibérica, chegaram, desta forma, os livros de Medicina que os persas traduziram e que conviviam, nas Casas de Saberes muçulmanas, com conhecimentos de outros povos em álgebra, farmacopeias etc. O livro *Cânone da Medicina*, do persa Avicena (908-1037), por exemplo, foi ensinado até a época do Renascimento.

Foi com a intenção de acumular saberes e práticas, especialmente em medicina, que se fundou em Córdoba, a "Joia do Mundo", em 929, uma biblioteca de enorme fama. Moisés Maimônides (1135-1204), médico judeu nascido em Córdoba e que escreveu um grande tratado médico reunindo escritos gregos e talmúdicos, precisou fugir para o Cairo por conta de perseguição religiosa, mas os tratados médicos continuavam a ser utilizados e guardados nas Casas de Saberes e Bibliotecas, bastante apreciadas pelos muçulmanos. Também eram apreciadas suas tradições hospitalares, de treinamento e cuidado com os doentes. A noção de "cura" e de tratamentos em hospitais, que para os ocidentais faria sentido apenas a partir do século XIX, já que até então vinculavam hospitais à caridade, hospitalidade e morte, era já operada pelos árabes e seria apreciada pelos cruzados, que se impressionaram com a sua organização. Nesta época, os árabes conheciam a cirurgia de catarata e suas experiências podem ter inspirado a criação da Ordem cristã dos Hospitaleiros no século XII, que se espalharia na Europa com casas de assistência na rota de peregrinações. Seus hospitais chegariam a ter autonomia financeira e seriam objeto de regramento pelas Coroas, em função da sua relevância para a população, na época moderna.

O que quero reforçar aqui é a presença entre os médicos cristãos europeus dos conhecimentos e práticas árabes, que traziam também saberes acumulados dos povos sobre os quais estabeleciam seu império e com os quais realizavam comércio. Além da experiência hospitalar, é de se citar a prática do isolamento para casos de contágio e a das dissecações, mesmo que proibidas pelo cristianismo mais radical. Tratados árabes foram traduzidos para o latim, assim como os de judeus, e todos eles estavam presentes nas primeiras universidades que foram criadas a partir do século XII. Judeus e cristãos, filósofos ou médicos, depois de expulsos de Córdoba, puderam continuar estudos e guardar textos em Montpellier e Salerno. Tal movimentação de saberes e práticas, que viria a conviver com as conquistas marítimas, sugere, no mínimo, cuidado com a noção bastante difundida pelos europeus do Ocidente sobre sua "supremacia" na produção de conhecimento científico e filosófico, supremacia em muito legitimada pelo que os letrados chamariam de "Renascimento".

O médico judeu português, Garcia de Horta (1501-1568), considerado um estrangeirado por ter feito sua carreira movimentando-se em diferentes espaços do Império, fez parte da diáspora judaica e pode tipificar o argumento. Ele estudou nas universidades de Salamanca e Alcalá de Henares, conhecia artes, filosofia natural e medicina. Por conta de seu judaísmo e por medo da Inquisição, viajou para Goa, onde se tornou amigo de Camões e descreveu plantas e remédios das Índias, sendo sua obra traduzida para o latim e o castelhano. Em Bombaim, descreveu a cólera pela primeira vez e ensinou medicina no Hospital Real de Goa.

Muitas outras trajetórias de médicos/filósofos judeus, árabes e cristãos evidenciam um diálogo que, muitas vezes, a história escrita a partir da experiência da Europa ocidental não permite ver, e isso se deve à diáspora imposta quando a jornada de intolerância se tornou irreversível na península ibérica e foi reforçada pela necessidade de controlar os fluxos das riquezas que vinham do Ultramar. Mesmo assim, a Corte de Felipe II receberia Andreas Vesalius, um dos responsáveis pela construção da cultura visual renascentista expressa em tratados médicos, quando se procurava utilizar geometria e proporção matemática articulando ciência e arte, para demonstrar a perfeição do corpo humano. *De humani corporis fabrica libri septem* [Sete livros sobre a estrutura do corpo humano, em tradução livre] é o título do tratado publicado por Vesalius em 1543. Seu frontispício infringia dogmas cristãos e apresentava uma dissecação em aula de Medicina, atividade que Vesalius desenvolveu como professor de Anatomia em Pádua, já que em Roma era proibida. Seu conteúdo detalhava partes do corpo humano com desenhos precisos, provavelmente feitos por Jan van Calcar, originário da Holanda, como Vesalius.

Reprodução do frontispício da obra
De humani corporis fabrica libri septem (1543), de Vesalius.

Seria possível afirmar a convivência de cosmopolitismo e tradições na península ibérica, em meio à intolerância religiosa, às navegações e ao processo de formação de Estados modernos? A história da Medicina sugere que sim.

Cabe ressaltar aqui que, nesse processo de convivência e conflito ao longo dos séculos, nas épocas ocidentalmente conhecidas como "Moderna" e "Contemporânea", viria a se fortalecer a noção de uma *hierarquia epistêmica* em que a Cristandade seria superior a muçulmanos e judeus como também aos povos das áreas coloniais conquistadas a partir do século XV. Tal noção ancorava-se em uma ordem genealógica tida como universal, cuja construção histórica de saberes e práticas vinha sendo edificada pela experiência da Europa ocidental. Entre os séculos XV e XVI, Portugal e

Espanha estiveram à frente deste processo, reunindo conhecimentos de diferentes povos na ciência e nas navegações e aprofundando práticas e tradições cristãs. As guerras de religião, a crise do século XVII e os ventos iluministas, no entanto, tornariam esses impérios secundários diante dos outros que ampliavam suas áreas de domínio sobre rotas de comércio e povos conquistados, como holandeses, ingleses e franceses, o que será mais bem discutido nos próximos capítulos.

Neste capítulo, cabe apontar, e aquilatar devidamente, as ações de centralização política e religiosa que se evidenciaram no avanço final sobre Granada em 1492, fundamentais para fixação da jornada oficial de intolerância, na conquista da América no mesmo ano e na conquista de Navarra por Castela a partir de 1512, acontecimentos que estão na origem da construção da hierarquia epistêmica acima referida.

O primeiro *Estatuto de limpeza de sangue* de que se tem notícia na península ibérica é de 1449, em Toledo, onde então os conversos judeus (chamados de cristãos-novos) e muçulmanos (chamados de mouriscos) foram proibidos de ocupar cargos públicos, já que se desconfiava de sua conversão e de que mantinham seus cultos privadamente. Os Estatutos de limpeza, aos poucos, foram se espalhando, e outras instituições criaram os seus, como guildas e ordens militares, assim como outras esferas de jurisdição e poder, disseminando-se também por Portugal no século XVI e, ao final deste século, sendo incorporados pelo papa. Observe que a "limpeza de sangue" deveria ser medida pela ancestralidade, fato que ofereceu às paróquias enorme centralidade política e religiosa, já que eram elas que realizavam os registros das pessoas, desde o nascimento, passando pelo batismo, o casamento e a morte, e que, portanto, podiam atestar a pureza de sangue pretendida. Como unidades territoriais, as paróquias administravam as vidas privada e pública dos moradores do seu entorno, o que se expressava principalmente nas confissões e nas chamadas "visitas pastorais". As confissões e suas penitências atuavam no âmbito do sigilo privado, entre o cristão e o padre, mas as visitas pastorais conduzidas pelos bispos atingiam o "pecador público", que é aquele cuja ausência de arrependimento colocaria em risco a salvação da comunidade. Ele é denunciado pelo vizinho paroquiano, uma testemunha que se dirige à justiça episcopal que, neste caso, operava com grande autonomia em relação aos poderes régios.

Desenvolveu-se, nesta lógica, um conceito de "ordem universal" aplicada a todos e cuja manutenção era controlada por poderes eclesiásticos, paroquiais e régios. Mas de qual "ordem universal" se está falando? Trata-se uma visão de mundo que considera a existência de uma ordem natural, neste caso oferecida pela Criação divina, imutável e infensa a transformações temporais. Eventos particulares e ações políticas são explicados por pessoas, mas a partir da articulação entre experiência, razão e fé, subsumidas em uma lógica na qual as histórias do passado, presente e futuro constituem temporalidades cósmicas definidas pelo poder divino e implicam a reencenação constante da vida cotidiana. Nessa lógica, o futuro não seria construído, mas revelado pela Providência e, do ponto de vista social, eram também revelados as ordens do Antigo Regime, o tempo de trabalho marcado pela chegada do Sol ou da Lua e o destino dos povos. Tal ordem universal, embora questionada pelo confronto com muitos "outros", fossem os povos muçulmanos, os judeus ou aqueles conquistados com a expansão marítima, pelos avanços da ciência, das rotas de comércio e das técnicas de navegação, e pela crise do século XVII, pelas articulações e complementaridades entre saberes e práticas de todos esses povos, manteve-se operativa, ou seja, com capacidade de reprodução e controle pelos poderes eclesiásticos e reais até entrado o século XVIII.

E é exatamente em torno dessa tensão entre poderes, práticas, dogmas, saberes e experiências, que protegiam uma ordem imutável, e aqueles surgidos das transformações por que passaram as sociedades da Europa ocidental a partir do século XIV, que se encontram diferenças nas trajetórias dos povos peninsulares em relação a outros povos europeus: na península ibérica, os poderes e oficiais régios estiveram sempre mais imbricados aos eclesiásticos, numa lógica de legitimação recíproca que se reproduzia nos modos de conduzir as oficinas, as guildas, as ordens monásticas ou militares, a plantação e a colheita, as atividades mercantis etc. E, ao contrário do que boa parte da historiografia dos séculos XIX e XX indicou, isso não se explica apenas pelo catolicismo enraizado no processo (mal) chamado de Reconquista, mas por um conjunto de interesses institucionais e sociais que envolviam a nobreza, os homens de negócio, os navegantes, os letrados, os poderes reais, as paróquias e bispados, as alfândegas, as novas feitorias, as áreas coloniais que foram criadas e, junto a essas, os produtos e mercadorias que modificaram hábitos europeus e destruíram modos de vida pelo Atlântico e pelo Pacífico. E quando falamos de mercadorias, é preciso destacar o infame comércio de africanos escravizados, iniciado pelos portugueses no século XV e responsável por uma diáspora de povos africanos que se prolongou até o século XIX. A riqueza auferida no Ultramar, desta forma, inseria-se nas hierarquias e ordens que se estabeleceram a partir do século XV e que imbricavam poderes eclesiásticos e seculares. Assim, na península ibérica, essa ordem universal, exatamente por reduzir o entendimento dos acontecimentos particulares, locais e transitórios a leis divinas, produziu uma pluralidade de centros de poder nas "vésperas do leviatã", nas palavras do historiador de Direito António Manuel Hespanha, ou seja, antes da efetiva absolutização dos poderes. A centralização de fato, como projeto político, a península só conheceria com Pombal e os Bourbon na segunda metade do século XVIII. Vejamos alguns exemplos.

Em uma mesma localidade encontravam-se poderes familiares, paroquiais, municipais e episcopais, esses manifestos especialmente nas "visitas pastorais". Além disso, cada grupo social, como nobres, homens de negócio, camponeses, párocos, letrados etc., podia estar submetido, também, a soberanias externas à localidade, como aquelas definidas pelas ordens religiosas e as militares, aquelas vinculadas à administração real, aquelas relacionadas a laços de vassalagem, ou aquelas definidas pelas corporações, entre outras. Em todos esses poderes, dogmas cristãos/católicos expressavam maneiras de conduzir a vida privada e a pública, fato que tornava as fronteiras entre essas esferas bastante tênues. Em uma sociedade "dominada pela angústia da salvação", novamente nas palavras de António Manuel Hespanha, e na qual a noção de futuro se resumia à conquista do paraíso após a morte, estatutos e posturas exarados pelas diferentes instituições e poderes políticos implicavam obediências, temores, comportamentos e ações que aumentavam a vigília entre vizinhos e cimentaram a intolerância que permitiria a sobrevivência do Santo Ofício da Inquisição até o início do século XIX.

Note que não se está afirmando a ausência de poder centralizado, ou falta de controle das rotas de comércio e da organização da fazenda e do fisco pelo rei, mas sim a convivência do poder real com poderes seculares locais e eclesiásticos em uma lógica de legitimação e tensão recíprocas que garantia o represamento de riquezas coloniais para o Reino e o exercício da soberania real. Desta forma, o aumento do poder real nos reinos ibéricos, a partir dos séculos XIII e XIV, conviveu sempre com outras esferas de poder e Concelhos que poderiam enfraquecer ou fortalecer as dinastias dominantes. No caso da Espanha, trata-se essencialmente do poder de Castela sobre as outras espanhas, nos termos dos castelhanos, por ela conquistadas e a ela submetidas, como a Andaluzia e Navarra, mas, reitero, uma submissão que implicava aceitação de poderes e Cortes locais e cujo amálgama era oferecido pelo catolicismo e sua luta contra os infiéis. No caso português, embora marcado por forte pluralismo jurídico até o século XVII, não havia territorialidades definidas por identidades historicamente construídas, como havia na Espanha e se pode exemplificar com Países Bascos, Catalunha ou Navarra.

Na luta contra os infiéis, cabe destacar o lugar dos judeus. Vinculados a atividades de comércio, letras, medicina e financeiras, e com forte presença em áreas urbanas, a comunidade judaica ocupava espaços junto à administração real, nomeadamente em funções financeiras e de coleta de impostos, mas, aos poucos, precisou se fechar em guetos, de modo a se proteger das incursões violentas dos cristãos. Os avanços da Inquisição, as exigências de conversão e as guerras contra os muçulmanos cimentaram a trajetória de intolerância que levaria à expulsão oficial dos judeus da Espanha, começando em 1483, em algumas dioceses da Andaluzia, até a decisão oficial dos Reis Católicos pela expulsão de todos os judeus do Reino em 1492, mesmo ano da conquista de Granada contra os muçulmanos e da chegada na América. Desta forma, ao mesmo tempo que edificava politicamente a Espanha peninsular, o Reino de Castela e Aragão iniciava a jornada de construção do Império Espanhol, para a qual a Inquisição oferecia elementos de legitimação do poder real, as conquistas ultramarinas ofereciam recursos que enriqueciam o Reino e as muitas esferas de poder existentes no Reino se movimentavam nas novas carreiras de comércio que se desenvolviam.

Em Portugal não foi muito diferente. Boa parte dos judeus expulsos da Espanha deslocou-se para Portugal, onde os níveis de tolerância eram um tanto maiores, mas de onde também seriam expulsos por pressão castelhana. Portugal, sob D. João II (reinado de 1481 a 1495), fortalecera as navegações e o comércio no litoral atlântico africano por meio de feitorias e, a partir de 1488, com o contorno do cabo da Boa Esperança, a carreira das Índias transformaria o pequeno reino peninsular no mais rico da

Europa. Nesse processo, os recursos financeiros operados pelos judeus e toda a artesania por eles desenvolvida cresceram bastante, por isso os monarcas portugueses tentaram evitar a expulsão impondo a conversão como alternativa em 1496. Mas os avanços da Inquisição e sua capilarização no tecido social acabariam por realizar a expulsão, fato que em muito prejudicaria o financiamento das estruturas imperiais necessárias ao controle das rotas e espaços conquistados pelos reinos peninsulares.

Os primeiros passos das Reformas protestantes, entre o final do século XV e o início do século XVI, com suas críticas à corrupção da Igreja Católica e propostas de autonomia e liberdade na leitura da Bíblia, sem a interferência ou mediação do Vaticano e seus dogmas, provocariam guerras de religião nos espaços da Europa e a reação católica por meio do Concílio de Trento, reunido entre 1545 e 1563. Este evento fortaleceria o Tribunal da Inquisição, o papel das duas monarquias católicas peninsulares junto ao Vaticano e de instituições cuja atuação permite afirmar a simbiose já referida entre Igreja Católica e poder real na península ibérica, como as Ordens Militares e de Hospitalários nos dois reinos e as misericórdias em Portugal.

As guerras de religião nos ducados germânicos incomodavam sobremaneira a Carlos V, imperador do Sacro Império Romano Germânico e rei das espanhas (títulos adquiridos em 1519 e 1516, respectivamente) por direito dinástico, motivo pelo qual se voltaria para a península ibérica, especialmente depois dos acontecimentos de 1492, cujas consequências econômicas tornaram Castela, por sua liderança no processo de expansão marítima, a principal responsável pelo aumento dos recursos disponíveis no Reino.

Lembrando que a união dos Reis Católicos de Castela e Leão e de Aragão tinha por objetivo principal vencer os árabes e unir os reinos cristãos, já que moedas, línguas e leis jamais foram objeto de unificação completa. A empreitada marítima foi de Castela, Fernando de Aragão não quis envolver seu reino. Por isso, as terras das Índias se incorporaram à Coroa de Castela, acontecimento legitimado por bula papal de 1493, que afirmava serem as conquistas decorrentes da viagem de Colombo uma continuação do Sacro Império Romano Germânico. E é por isso, ainda, que se fala castelhano na América de colonização espanhola, e que muitos historiadores consideram a conquista da América como uma continuação da Reconquista peninsular.

Mas se a legitimação da expansão dos reinos cristãos na península, no Mediterrâneo, no norte da África e no Atlântico, vinculava-se à luta contra infiéis sob as bênçãos do Vaticano, em Portugal e Espanha o significado prático dessa luta tinha nuances. Para os portugueses, tratava-se de unir a Cristandade dispersa. Para Castela era preciso converter os infiéis. O *objetivo* da construção do Império era o comércio e as riquezas e terras que poderiam ser conquistadas, e a *justificativa* se encontrava na expansão da Cristandade, seja para sua união ou para a conversão de infiéis. De qualquer forma, a conquista territorial alinhavava-se à "conversão universal".

O debate sobre o papel do Concílio de Trento na conformação política das monarquias ibéricas ainda é objeto de polêmicas, já que a historiografia do século XIX normalmente vincula a decadência dos dois Impérios, abordada com maior cuidado no capítulo "Os cristãos, a razão e a decadência", ao catolicismo radicalizado pelas reformas tridentinas, ao aumento do poder real, diminuindo as soberanias partilhadas acima apontadas, e às navegações, que teriam exaurido as forças da "nação". Fato é que o Concílio impôs duas linhas principais de transformação: uma definição clara das ortodoxias cristãs católicas no que se refere a casamentos, heresias, dogmas, hierarquias sociais e às legitimações recíprocas entre justiça secular e justiça eclesiástica; e estratégias de controle social mais eficazes de comportamento e que incidiam sobre a população a partir de territórios administrativos reais e eclesiásticos, o que transformou a consciência privada das escolhas religiosas em conteúdo de controle público. Este é um fenômeno histórico bastante característico da experiência peninsular, já que, nos outros reinos europeus, a justiça secular manteve-se menos imbricada à justiça eclesiástica no processo de construção do Estado Moderno e de absolutização dos poderes que se verificou a partir do século XVII.

O caso das "visitas pastorais" é bastante elucidativo. Ao contrário da Inquisição, que atuava preferencialmente sobre os princípios fundamentais da fé e as heresias, a visita pastoral constituía atividade regular episcopal conduzida pela Igreja. Mas ambas necessitavam de delações e testemunhos, os chamados "familiares" do Santo Ofício para a Inquisição e os "paroquianos" para as vistas pastorais. E ambas foram radicalizadas por Trento, acirrando mecanismos de ascensão social, como o recebimento de títulos de nobreza e isenção de impostos pelo testemunho oferecido, e implicando perda de patrimônio para os denunciados, o que tornava também o Tribunal mais rico e, por isso, muitas vezes parceiro da governança em termos de financiamento.

As misericórdias em Portugal e no Império

As misericórdias portuguesas eram confrarias laicas cujas ações de assistência, como o acolhimento de órfãos e viúvas, os cuidados em saúde e com os pobres, eram pautados por valores cristãos e por fortíssima atuação local. Tendo sido a primeira fundada em Lisboa, em 1498, a Santa Casa de Misericórdia de Lisboa, as misericórdias se espalharam pelo Império Português e, junto às Câmaras Municipais, na assertiva definição do historiador Charles Boxer, estruturariam as redes de poder nesse Império.

No século XVI, em meio às guerras religiosas, seus estatutos foram negociados no âmbito do Concílio de Trento (1545-1563), o que reforçou seus sentidos cristãos/católicos, garantiu sua autonomia local em relação aos bispados e manteve seus privilégios para o recolhimento de esmolas.

Em uma época de guerras, crescimento populacional e urbano acelerado, circulação de doenças em meio às peregrinações e navegações, a pobreza tornou-se problema da governança, e por isso as misericórdias foram incentivadas pela Coroa portuguesa, assim como nas espanhas as ordens religiosas faziam o acolhimento da pobreza e tinham também seus hospitais. As pequenas casas de assistência criadas nos caminhos de peregrinação, com sua tradição hospitalar e hospitaleira (palavras não por acaso relacionadas), teriam que crescer, e por isso deram origem aos primeiros hospitais modernos que conhecemos. Além disso, Coroas europeias financiaram a edificação de hospitais chamados de "Gerais", já que acolhiam pobres, ofereciam abrigo e ainda cuidavam de doenças, muitas vezes criando lugares separados para as pessoas com doenças infecciosas e para pessoas com doença mental. Em Lisboa, o Hospital Real de Todos os Santos, inaugurado por D. Manuel I em 1501, é o maior exemplo.

Na segunda metade do século XVI, a Coroa portuguesa passaria a administração de todos os hospitais para as misericórdias, época em que também houve esforço da Coroa por manter médicos, cirurgiões e boticários fora dos grandes centros urbanos, criando um modelo assistencial mais racionalizado e mais afeito à realidade dos Estados modernos que se formavam. Conviviam, assim, nos termos da governança, poderes laicos, ungidos pelo exercício da "misericórdia cristã", e a ação real, que centralizava ações e buscava legitimar seus poderes e riquezas por meio da caridade para com os pobres e necessitados. Os médicos municipais, sustentados pelos Concelhos, sobreviveriam na experiência portuguesa até entrado o século XX.

Não é possível compreender essa articulação entre as lutas contra infiéis na península, a formação de reinos, com Cortes e Concelhos relativamente autônomos, e o fortalecimento das monarquias de Portugal e da Espanha sem considerar a construção de estruturas administrativas que deveriam equilibrar na equação o controle, o governo e a tributação das terras e rotas de comércio do Ultramar. Nos séculos XV e XVI, os reinos ibéricos ampliaram a luta contra os infiéis que ocupavam a península e o Mediterrâneo, expulsando os mouros e ocupando espaços e rotas comerciais pela costa da África. Tal fato, no entanto, precisa ser compreendido em uma lógica na qual os muçulmanos, fossem otomanos ou iranianos, também estavam em expansão e controlavam rotas de comércio importantes nas áfricas, no Índico e na Ásia, assim como os chineses. Embora este seja um livro sobre a história da península ibérica, é preciso observar a dimensão das navegações em relação aos povos comerciantes com os quais os europeus entraram em contato. No caso dos muçulmanos, e aqui podemos referir árabes, otomanos, persas, africanos e asiáticos, autores como Marshall Hodgson há muito tempo apontam que o Islã esteve forte até bem entrado o século XVIII, tendo atingido o auge no século XVI, apesar de ter sofrido derrotas em Constantinopla e nos Pirineus, ao contrário do que uma história mais "ocidentalizadora" enuncia.

Se é verdade que havia um aviso aos navegantes para que as colunas abertas por Hércules não fossem ultrapassadas à saída do Mediterrâneo para o Atlântico, posto que dali para a frente estaria o fim do mundo, ou o abismo – sendo, portanto, a península ibérica o extremo ocidental conhecido por esses povos que se movimentavam entre a Rota da Seda, o Oriente Próximo e o Mediterrâneo –, também é verdade que os povos que habitavam as costas atlânticas da península, assim como venezianos, genoveses e muçulmanos do norte da África, conheciam o litoral atlântico da África, ou ao menos seu contorno acima do Bojador, no Saara ocidental. Além disso, havia rotas terrestres que movimentavam produtos e saberes entre a África subsaariana, os povos do Mediterrâneo e a Rota da Seda no Extremo Oriente. Para os historiadores da ciência, que estudam projetos de naus e caravelas portuguesas e de galeões espanhóis, cartas com esboços dos regimes de correntes marítimas e de ventos (os portulanos), mapas e objetos de localização em alto-mar (como o astrolábio, o quadrante e a bússola), as técnicas desenvolvidas pelos portugueses nessa época se beneficiaram do aperfeiçoamento de conhecimentos produzidos em diferentes lugares e por diferentes povos, caracterizando um hibridismo possível pela circulação de produtos, pessoas e saberes nas rotas de comércio e de expansão religiosa. Entre a navegação costeira com pequenas embarcações no Atlântico e no Mediterrâneo, para comércio de produtos como sal, peixes e vinho, e o caminho "por mares nunca dantes navegados", os navegadores e mestres de ofício portugueses desenvolveram técnicas e instrumentos a partir de muitos saberes aprendidos nos caminhos percorridos e em diferentes lugares. Seus resultados eram disputados por outros reinos que se interessavam pelas riquezas descobertas. Por isso, os navios tornaram-se maiores ao longo dos séculos, e equipados com cada vez mais canhões. As técnicas de navegação à vela e de registro dos caminhos e fronteiras em mapas tornaram-se cada vez mais exatas e motivo de disputas e de sigilo pelos monarcas que financiavam as expedições. O estudo do período das navegações considerando o paradigma do Estado-nação, realidade efetiva apenas no século XIX, supõe uma hierarquia de povos a partir de riquezas auferidas e conquistas tecnológicas que, no mais das vezes, inibe a compreensão dessas circulações de experiências e visões de mundo que permitiram o desenvolvimento de uma racionalidade científica na organização das viagens e nos registros feitos sobre elas e que fizeram parte da cultura renascentista.

Entre a conquista de Ceuta, em 1415, a chegada em Calicute, nas Índias, em 1498, a conquista das terras hoje chamadas de Brasil, em 1500, e os primeiros contatos com o Japão, em torno de 1543, Portugal instituiu um grande Império entre os oceanos Atlântico e Índico. Estabelecendo feitorias e fortalezas pela costa africana e em Goa e Calicute, o pequeno Reino europeu conseguiu quebrar o monopólio das especiarias do Oriente pelos árabes otomanos no Mediterrâneo e garantir o controle do comércio de produtos africanos para a Europa. O empreendimento implicou um processo de reorganização dos poderes no Reino e de constituição de novos poderes para garantir o domínio e a soberania sobre as novas áreas do Império. Em primeiro lugar, é preciso mencionar a nobreza de serviço que se foi criando em torno da dinastia de Avis e os cargos criados para o projeto expansionista. Tanto os cargos dos letrados junto ao governo no Reino quanto os cargos militares, civis e religiosos, criados para garantir o controle sobre o Império, envolviam recompensas em terras, *mercês* e *tenças*, ou seja, pensões vitalícias oferecidas pelo rei "em agradecimento aos serviços prestados". Desta forma, em meio às conquistas marítimas, o Reino de Portugal alinhavava o espírito das Cruzadas contra os infiéis ao domínio do comércio de especiarias e escravos e à exploração de territórios ricos em metais preciosos. Por isso, principalmente em função dos efeitos da crise do século XIV e do empobrecimento causado pelas guerras peninsulares, já que os Reis Católicos pretendiam manter Portugal sob a sua soberania, o Atlântico parecia um caminho novo que garantiria a soberania política e econômica dos portugueses. Nobreza, sempre querendo alargar suas terras e manter seus privilégios, homens de negócio, em busca de produtos lucrativos, e religiosos, responsáveis por "cuidar" dos vícios dos infiéis, articularam, assim, suas ações em torno dos chamados do rei, que distribuía os cargos de governança e de controle comercial no Ultramar, e canalizaram seus ganhos para o Reino, na maior parte das vezes amortizando-os em terras e edificações.

A distribuição de terras e privilégios para os colaboradores da empresa marítima, assim como a amortização dos bens obtidos e a criação de uma burocracia vinculada a funções de governo no Reino e no Ultramar também caracterizaram a experiência espanhola. Os dois reinos peninsulares construíram seus impérios a partir de ações privadas dos agentes sociais envolvidos, fossem navegadores, nobres, homens de negócio, religiosos, pessoas mais pobres na hierarquia do Antigo Regime ou letrados. Mas à Coroa cabia financiar a empreitada, disponibilizando capitais, tributar e organizar os modos de exploração das riquezas e da mão de obra, aspecto no qual a evangelização tinha papel vital.

O ano de 1492 é fundamental para a história das navegações ibéricas. Enquanto lutavam para estabelecer um único soberano para os reinos das espanhas, fazendo a guerra contra os infiéis da península e negociando alianças com os outros reinos cristãos, os Reis Católicos observavam a expansão portuguesa. Se sob D. João II, no século XV, Portugal estabeleceu o projeto de chegada às Índias contornando a África, sob os Reis Católicos esquadras espanholas já desafiavam os portugueses em suas viagens costeiras atlânticas, assim como contestavam o domínio português sobre a Madeira e os Açores, fato só resolvido em 1479 pelo Tratado de Alcáçovas, no qual Portugal ainda reconheceu o domínio espanhol sobre as Canárias. Apostando na passagem para as Índias pelo cabo da Boa Esperança, descoberto e nomeado por Bartolomeu Dias em 1488, e nas lucrativas rotas de cabotagem pela costa africana, Portugal não quis investir no financiamento da viagem proposta por Cristóvão Colombo que, acreditando na esfericidade da Terra, pensava poder chegar ao Oriente navegando pelo ocidente. Mas os Reis Católicos aceitaram financiar a aventura de Colombo e projetaram a conquista das Índias pelo ocidente, conquistando o arquipélago das Bahamas, na atual América central, e acreditando serem as Índias, em novembro de 1492. Os portugueses imediatamente protestaram a posse do território, já que vinham construindo a carreira das Índias há quase um século. A viagem de Colombo, desta forma, provocou disputas entre as chancelarias dos dois reinos ibéricos que ampliariam os esforços pelo sigilo nas navegações e descobertas e levariam à assinatura do Tratado de Tordesilhas, em 1494.

A linha imaginária desenhada para o Tratado dividia o mundo, com o acordo do Vaticano, que participou das negociações, em duas partes: a ocidente para espanhóis e a oriente para portugueses, ao menos segundo a letra do Tratado. Tal divisão, no entanto, nunca foi integralmente cumprida de fato nem por portugueses e nem por espanhóis, e menos ainda por outros reinos europeus que, saindo das guerras de religião, lançaram-se às aventuras marítimas. Mas é fato que, ao evitar-se uma guerra entre os dois reinos, os projetos de conquista das rotas das Índias pelo oriente e pelo ocidente se tornariam o motivo principal da governança ibérica, sempre apoiada na legitimação que o catolicismo oferecia, já que era preciso reunir os cristãos e evangelizar os infiéis.

As principais rotas de conquista e de navegação portuguesas e espanholas

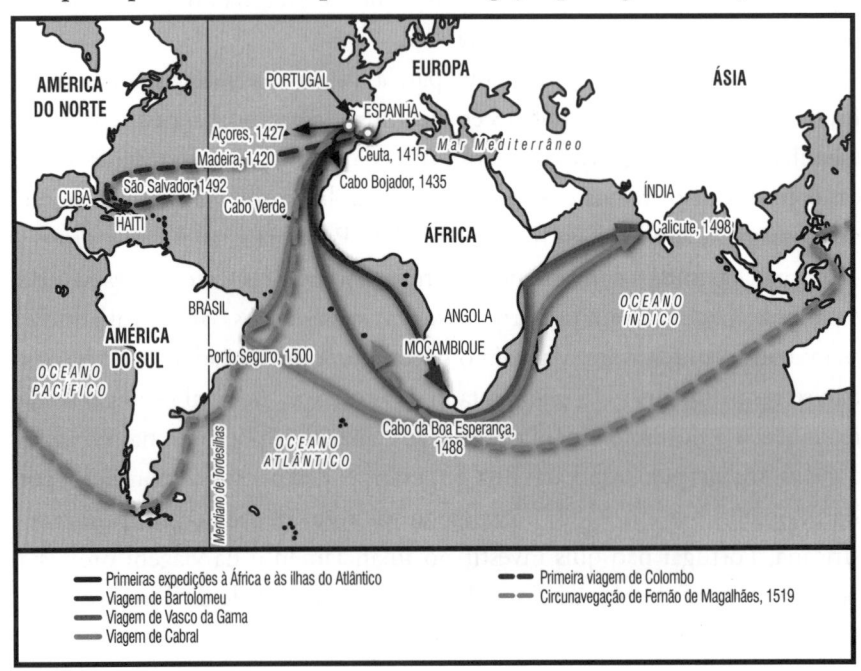

Neste contexto, a grande esquadra montada para a viagem de Pedro Álvares de Cabral, com 13 embarcações e algo em torno de 1.200 tripulantes, em 1500, reunia em seus objetivos motivos religiosos de evangelização, motivos diplomáticos de consolidação do domínio militar e comercial sobre lugares e povos do caminho que Vasco da Gama havia cumprido em 1498 até Calicute e, segundo alguns historiadores, motivos de reconhecimento oficial das terras que cabiam ao Reino pelo Tratado de Tordesilhas. Este último motivo, no entanto, ainda provoca polêmicas, já que não há documentos que comprovem ordens do monarca para desvio da esquadra para ocidente antes de seguir para as Índias, embora seja bem difícil acreditar que uma tal esquadra pudesse ter se desviado por acaso considerando os relatos anteriores de aventureiros por essas terras. Fato é que as terras ricas em pau-brasil ganhariam maior relevância no Império Português apenas a partir da segunda metade do século XVI, quando a concorrência da Espanha e de outros reinos europeus forçou a retirada de Portugal de parte de seus domínios no Oriente.

Castela conquistou terras na América antes de consolidar seu domínio na península nas guerras de Navarra, em 1512, e constituir o Império Espanhol. E em meio à expansão marítima, a Espanha lutou junto aos Estados Pontifícios, aos Cavaleiros de Malta e à República de Veneza, participando da Liga Santa que derrotou os mouros na Batalha de Lepanto em 1571, travando a expansão muçulmana pelo Mediterrâneo, embora sem finalizar os conflitos. Desta forma, se por um lado no século XV é possível afirmar que muçulmanos-otomanos, chineses e portugueses viveram contextos de expansão marítima, procurando aumentar suas áreas de domínio e de trânsito, e que povos da África subsaariana estavam inseridos em rotas de comércio que se ligavam ao Mediterrâneo, ao Índico e ao Oriente Próximo, por outro, a partir do século XVI, os dois reinos ibéricos tornaram-se senhores dessas rotas. Com isso, criaram atritos, guerras, diásporas de escravizados e uma enorme circulação de produtos, saberes, registros e povos, que não passaria desapercebida pelas outras monarquias europeias.

O pintor Paolo Veronesi (1528-1588) representou em 1571
a Batalha de Lepanto a partir da bênção de Jesus Cristo aos soldados cristãos.

Na sua interpretação da obra *Dom Quixote*, de Miguel de Cervantes, o historiador Rafael Ruiz destaca o fato de o escritor ter participado da Batalha de Lepanto junto aos cristãos e ter saído dela com sequelas que o tornaram conhecido como o "Manco de Lepanto". Na sequência dos combates entre cristãos e mouros ainda seria capturado em Argel em 1575, tendo sido libertado apenas em 1580. Cervantes viveu em Lisboa por dois anos e depois retornou a Madri, onde conseguiu exercer cargos junto ao governo, principalmente como coletor de impostos na região de Granada, motivo pelo qual chegou a ser preso, já que regularmente atrasava a prestação de contas. Em uma dessas prisões, acredita-se, teria escrito, ou ao menos "engendrado", a história de Dom Quixote de La Mancha, publicada em 1605. O livro, para além da crítica ao mundo das cavalarias que marcou a luta contra os infiéis no Mediterrâneo e na península ibérica, permite entrever tradições e modos de vida da Andaluzia e da Mancha, onde a presença árabe era marcante depois de oito séculos de ocupação. Por isso, no prefácio do volume II, Cervantes afirma que o autor da história seria um tal árabe de nome Cid Hamed, cuja história Cervantes teria encontrado em um sebo. À moda de *troteras,* um engano ou trote, Cervantes informa ao leitor que os espanhóis talvez sejam mais árabes do que castelhanos, aragoneses ou mesmo espanhóis.

A península ibérica é um lugar de passagem. Desde as primeiras tribos, as invasões de romanos, godos, e árabes muçulmanos, em meio ao processo de cristianização que começara já sob os romanos, ali chegavam e dali saíam produtos, credos e saberes que se amalgamaram e chocaram, até que se cumprisse a unificação cristã e a uniformização jurídica projetada por Castela e Aragão a partir da união dos Reis Católicos. Mas exatamente porque o comércio catalão no Mediterrâneo, os vínculos de Aragão e Navarra com a França e a expansão para o norte da África e para o Atlântico (na qual castelhanos tiveram papel de liderança) envolviam agentes sociais com histórias e interesses distintos, a unificação e a uniformização não se fariam sem violências e acomodações. A dimensão de violência tinha tintas de guerra religiosa contra infiéis, fossem judeus, muçulmanos ou populações indígenas da América. E a dimensão de acomodação se expressava nos acordos com a nobreza e entre os reinos cristãos, que implicavam autonomias para as Cortes dos reinos da península e alguma tributação pela Coroa sedentarizada em Castela. A grande tributação e enriquecimento, no entanto, vinha do Ultramar, das minas de prata e ouro das américas, fato que legitimava a pretensão castelhana de ser o centro do Império que se espalhava sobre vários reinos.

Portugal foi o reino que alcançou independência e soberania de fato, e o fez ancorado no entrelaçamento da memória da Batalha de Aljubarrota e das disputas com Castela por meio da força econômica que as carreiras das Índias lhe ofereciam.

Castela e Leão, Navarra, Andaluzia, Astúrias, Aragão e os condados da Catalunha, além de outras regiões históricas cujas fronteiras se movimentavam sob esses reinos, negociavam soberanias sobre seus territórios e para suas instituições políticas, como as Cortes e Concelhos locais. Nesse processo, os Reis Católicos estabeleceram uma soberania que, de um lado, permitiu criar o Império e suas redes de exploração econômica e evangelização, mas, de outro, não foi capaz de superar os conflitos entre as regiões históricas, a não ser pelo aumento da autonomia dessas regiões, o que deixava os poderes centrais sempre algo mais fracos do que o processo de centralização sugeria.

Supostamente, no mesmo ano da Batalha de Lepanto, em 1571, Luís de Camões finalizou a obra *Os Lusíadas,* cantando a epopeia portuguesa no Atlântico para cruzar o cabo da Boa Esperança, também chamado de cabo das Tormentas. Se em todo o Quixote se destaca uma crítica ao mundo de cavalarias que marcava a vida dos envolvidos nas Cruzadas e na expansão marítima, na obra de Camões os feitos portugueses pelo Atlântico são enaltecidos em uma gesta que sobrepõe militantismo cristão e heroísmo nobilitador diante de "mares nunca antes navegados e além da Taprobana". Não por acaso ele receberia de D. Sebastião, rei de Portugal, uma pensão pelos serviços prestados à Coroa. Mas se o "engenho e a arte" permitiram ao poeta cantar a aventura portuguesa, sendo navegador e viajante, Camões também observou os riscos da empreitada, registrados em uma passagem de *Os Lusíadas*, no Canto IV, intitulada "O Velho do Restelo". Nesse trecho, os que pela primeira vez "colocaram velas sobre lenha seca" teriam levado os portugueses ao desastre com promessas de novos reinos e de ouro. O Velho do Restelo, observando partir embarcações, e baseado em suas experiências e saberes, denuncia a "vã cobiça" que levava os portugueses ao mar.

O Velho do Restelo

Mas um velho, de aspecto venerando,
Que ficava nas praias, entre a gente,
Postos em nós os olhos, meneando
Três vezes a cabeça, descontente,
A voz pesada um pouco alevantando,
Que nós no mar ouvimos claramente,
C'um saber só de experiências feito,
Tais palavras tirou do experto peito:

– Ó glória de mandar! Ó vã cobiça
Desta vaidade, a quem chamamos Fama!
Ó fraudulento gosto, que se atiça
C'uma aura popular, que honra se chama!

Que castigo tamanho e que justiça
Fazes no peito vão que muito te ama!
Que mortes, que perigos, que tormentas,
Que crueldades neles experimentas!

– Dura inquietação d'alma e da vida,
Fonte de desamparos e adultérios,
Sagaz consumidora conhecida
De fazendas, de reinos e de impérios:
Chamam-te ilustre, chamam-te subida,
Sendo digna de infames vitupérios;
Chamam-te Fama e Glória soberana,
Nomes com quem se o povo néscio engana!

– A que novos desastres determinas
De levar estes reinos e esta gente?
Que perigos, que mortes lhe destinas
Debaixo dalgum nome preminente?
Que promessas de reinos, e de minas
D'ouro, que lhe farás tão facilmente?
Que famas lhe prometerás? Que histórias?
Que triunfos, que palmas, que vitórias? [...]

– Deixas criar às portas o inimigo,
Por ires buscar outro de tão longe,
Por quem se despovoe o Reino antigo,
Se enfraqueça e se vá deitando a longe?
Buscas o incerto e incógnito perigo
Por que a fama te exalte e te lisonge,
Chamando-te senhor, com larga cópia,
Da Índia, Pérsia, Arábia e de Etiópia?

– Ó maldito o primeiro que no mundo
Nas ondas velas pôs em seco lenho,
Dino da eterna pena do profundo,
Se é justa a justa lei, que sigo e tenho!
Nunca juízo algum alto e profundo,
Nem cítara sonora, ou vivo engenho,
Te dê por isso fama nem memória,
Mas contigo se acabe o nome e glória.

Ao mesmo tempo que as conquistas e o navegar por mares desconhecidos transformam-se em uma epopeia que definia os portugueses na época, nelas estão guardadas as sementes dos problemas que viriam. Os perigos da "vã glória e fama" que as conquistas traziam, assim como da força do espírito de cruzadas que se mantinha na experiência ibérica, aparecem, desta forma, entre o final do século XV e os inícios do XVI, como elementos que apontam para o fracasso que poderia ser iminente.

Os Lusíadas e *Dom Quixote de La Mancha* podem ser considerados registros da experiência peninsular no século XVI. Tais registros tinham potencial para dar origem a pensões ou mercês reais aos seus autores, resultando em proventos e/ou terras, como foi o caso de Camões, ou permitir a entrada do letrado no restrito quadro de servidores da Coroa, como foi o caso de Cervantes. Por isso, fazer circular informações e saberes, impressos ou manuscritos, em forma de canto, romance, conselho, carta ou notícia, segundo a historiadora Ana Paula Megiani, em volumes utilizados pelos letrados dos dois reinos ibéricos, fazia parte da experiência de governar à distância, de aproximar as instituições que se iam criando nas partes do Império daquelas que se iam centralizando nos reinos. As ordens religiosas, importante braço dos processos de conquista e expansão ibéricos, também desenvolveram formas de recolher, guardar e compilar informações e visões de mundo em notícias escritas.

Criava-se, assim, um novo modo de produzir conhecimento e guardar a memória para o qual contribuíram, também, os naturalistas, que registravam maneiras de viver, plantas e seus usos medicinais, animais etc., em um processo no qual se construíam, também, modos de governar e perspectivas científicas renovadoras, desde a percepção da esfericidade do planeta até a afirmação da razão humana como articuladora da produção de conhecimentos e de governos não mais definidos pela providência divina. Mas a articulação dos interesses de homens de negócio, Coroas, nobrezas e catolicismo tridentino transformaria a expansão ibérica em um processo de hierarquização das diferenças sociais, das crenças e saberes de acordo com o crivo da leitura ibérica. Observe que não se está afirmando que o domínio dos reinos ibéricos sobre os povos conquistados e seus saberes implicou o desaparecimento dos conhecimentos autóctones, muito ao contrário: tais saberes passaram a fazer parte do conjunto de registros que se iam compilando para fortalecer as redes de comércio e de domínio político dos conquistadores. O pó extraído das cascas de uma árvore chamada de *kina* (*Cinchona Ledgeriana*) pelos incas do Peru, que a utilizavam em chás para febres, por exemplo, passou pela construção erudita dos jesuítas, segundo se acredita, e tornou-se fundamental para as febres comuns nas áreas tropicais. No século XIX, cientistas europeus isolaram seu princípio ativo, denominando-o de *quinina,* que passou a ser manufaturada e comercializada. No século XX, com a invenção dos compostos sintéticos, a *quinina* daria origem à *cloroquina,* de nas terras brasílicas durante a pandemia de covid-19. Uma longa história de circulação de saberes que em nada beneficiou aos incas depois da conquista. Quando outras Coroas disputaram partes dos impérios ibéricos, do ponto de vista da dominação dos povos submetidos, não fariam diferente, apenas criariam outras formas de exploração das riquezas, especialmente no que diz respeito às aplicações delas no Reino, como se verá no capítulo "Os cristãos, a razão e a decadência".

Segundo o historiador Diogo Ramada Curto, essa tradição de "ir aos lugares e contar o que viu", compilar experiências e incorporar e transformar saberes, constituiu um "humanismo cívico" na península, já que, desde o primeiro século da expansão, surgiram vozes que reclamavam que os benefícios da aventura marítima não chegavam a "todos" da península, apenas à Coroa, aos nobres que movimentavam suas armas, aos homens de negócio que conseguiam controlar rotas de comércio e aos cortesãos que ocupavam cargos e postos na governação. A denúncia da "vã cobiça" pelo Velho do Restelo também apareceria em humanistas cristãos espanhóis, como Domingo de Soto.

Conviviam na experiência ibérica do Ultramar memórias de cavalaria tradicional, nobres chamados de cortesãos, homens de negócio em busca de enriquecimento e lugar junto à Corte, todos devidamente abençoados pela Igreja Católica, e a maior parte da população que, embora também "abençoada" e acolhida em sua pobreza pelas misericórdias e casas de caridade, pouco conheceu das riquezas auferidas. Assim, entre os cronistas dos séculos XV a XVII, há pessimismo e otimismo em relação aos impérios, tradução de textos da Antiguidade que serviam de argumentos poderosos em favor ou contra ações das Coroas, registros de saberes e de modos de mensurar o tempo à medida que se elaborava uma nova racionalidade para esses relatos, cada vez menos com elementos de uma história universal que se reificava, e cada vez mais com a demonstração mundana daquilo que se vive e de como se deve viver e governar.

Esse *humanismo cívico* expressou-se principalmente nos debates acerca da violência da conquista e colonização e nos motivos e modos dos processos de evangelização. A ideia da reunião de todos os cristãos sob o Império Português perdeu sua força depois do fracasso da aventura na Etiópia, em 1541, onde os portugueses esperavam reunir o reino peninsular com o de Preste João na África, mas os muçulmanos expulsaram os cristãos. Desde então, os princípios sugeridos pelo Concílio de Trento tornaram-se o principal argumento para a uniformidade pretendida pela Coroa, já que não havia tantos cristãos nas carreiras para as Índias. No caso do Império Espanhol, a crítica que Francisco de Vitória escreveu à ideia de que, sendo ímpios e tendo pecado contra a natureza com práticas de sacrifício humano e homossexualidade, os povos indígenas não teriam direito às terras nas quais viviam teve enorme repercussão. E nos dois casos, encontramos cronistas, juristas e teólogos desenvolvendo argumentos e contrapontos sobre os modos de governar as novas terras e de evangelizar seus habitantes autóctones.

Francisco de Vitória (1483-1546), teólogo e professor na Universidade de Salamanca, estabeleceu uma forte crítica à violência quando argumentou que as guerras de conquista não podiam ser justas, já que os povos indígenas tinham governo, costumes e propriedade, o que os tornaria legitimamente ocupantes e donos dos lugares onde viviam. Além disso, "guerra justa" só existiria quando um povo fosse atacado por outro, quando reagisse a uma agressão, e neste caso os povos indígenas é que haviam sido violentamente atacados, o que não constitui conversão verdadeira. Para justificar a presença dos castelhanos em terras americanas, Vitória então formulou dois princípios: o direito de comunicação e o de crimes contra a humanidade. O primeiro trata da possibilidade da conversão pacífica, baseada na liberdade de contratar, casar, negociar ou comunicar, o que constituiria direito de todas as gentes e *pueblos*. O segundo, baseado na ideia de uma "comunidade humana" que deveria ser preservada, apontava que a conquista violenta dos povos americanos pela Espanha era um crime contra a humanidade, já que os povos indígenas possuíam governo legítimo. Desta forma, Vitória estabeleceu o que considerou serem motivos justos para a conquista: a conversão pelo diálogo, o comércio acordado pacificamente e, no limite, o consentimento livre que a todos os seres humanos concerniria. Em um mundo marcado por guerras de conquista, a proposta não deixa de ter algum tom de retórica, mas provocou forte debate entre os humanistas cristãos dos reinos peninsulares, assim como a controvérsia de Valladolid entre Bartolomeu de las Casas (1484-1566) e Juan Ginés de Sepúlveda (1489-1573). O ponto de partida deste último era exatamente a noção de que os povos indígenas eram semi-humanos e, portanto, feitos por natureza para obedecer, o que justificava o domínio e a violência. Las Casas, por sua vez, embora reconheça humanidade nos indígenas, constrói uma imagem de "bons selvagens" que precisam ser tutelados, já que seriam inimputáveis, fato que justificava a presença espanhola na América. Nenhum deles, porém, desconsiderou a relevância de aproximar a fé católica dos povos indígenas, tampouco eles estenderam o debate para contestar a legitimidade da escravidão africana atlântica.

O português Fernão de Pina, guarda-mor da Torre do Tombo e cronista-mor do Reino, também criticou a conversão pela violência e a imposição da fé pela força, um dos motivos pelos quais foi preso pelo Santo Ofício e perdeu seus cargos em 1548, já que também era acusado de heresia. Pina afirmava que "todos se salvarão, cada um na sua lei", mas este é um provérbio que também se encontra nas espanhas e que define um certo modo de governar e uma cultura jurídica que marcou os reinos peninsulares e seus espaços do Ultramar. O historiador Stuart Schwartz se utiliza do provérbio para destacar as muitas possibilidades de interação e dissidência que se desenharam na história peninsular anterior a Trento. Depois disso, o Tribunal da Inquisição exerceu poder uniformizador do ponto de vista religioso, condenando a possibilidade de salvação fora dos dogmas professados pelo Vaticano, embora a constante presença do Tribunal indique que judeus, muçulmanos e pagãos, conversos ou não, buscaram caminhos para continuarem em seus cultos e leis. Desta forma, se havia normas políticas e dogmas religiosos que emanavam dos centros dos Impérios Português e Espanhol, também havia processos de acomodação de poderes e soberanias que se movimentavam localmente, criando circunstâncias diferenciadas nos reinos e no Ultramar e oferecendo a juízes, governantes e elites locais maior autonomia. Os foros locais, resultantes das soberanias compartilhadas comuns na construção dos reinos na península ibérica, podem ser vistos como liberdades concedidas a burgos, universidades e jurisdições de nobres nas quais vigoravam o costume, e este fundamentava as sentenças dos juízes em um diálogo que ora se distanciava ora se aproximava das leis gerais, como eram as *Ordenações Filipinas,* mas sempre em acordo com a Teologia moral católica.

À medida, no entanto, que Lisboa e Madri concentravam cada vez mais poderes, as tensões entre as Coroas e seus vassalos tendiam a aumentar, assim como os poderes da nobreza e dos homens de negócio, que se beneficiavam com cargos e atividades econômicas na expansão e construção dos Impérios. Evidentemente, tal pluralismo jurídico, ancorado no universalismo da fé cristã, não sobreviveria às urgências de controlar as terras e riquezas do Ultramar e às disputas entre os Estados que se iam formando na Europa em meio à expansão ibérica e às guerras de religião.

A política da intolerância

"Na Península Ibérica, como em grande parte da Europa ocidental, a questão da liberdade de consciência e da diversidade religiosa sempre teve implicações políticas. A imposição de uma unidade religiosa parecia contrariar a defesa eclesiástica da liberdade de consciência, mas por várias razões doutrinárias e práticas a política da intolerância ganhou o apoio da Igreja e da Coroa. A posição teológica sobre a validade exclusiva da Igreja, imposta pela Inquisição, era defendida por teóricos políticos que consideravam a unidade religiosa como a melhor garantia de segurança para a integridade e a paz do reino. Religiões alternativas pareciam promover a dissidência e a discórdia, e mesmo que sempre houvesse em outros lugares da Europa alguns autores e cortesãos, os chamados 'politiques', que defendiam que soluções de compromisso eram a melhor maneira de lidar com as diferenças religiosas e que a lealdade não derivava necessariamente da unidade religiosa, tais pensadores exerciam pouca influência na Espanha e em Portugal. Pelo contrário, homens como Diego Saavedra Fajardo, o teórico político mais importante da época, sustentavam que era impossível a paz interna sem a unidade religiosa. A Igreja e a Coroa usaram todos os seus poderes para impor essa política, mas muita gente continuou em dúvida, sem se converter plenamente, e alguns se mostraram dispostos a arriscar uma visão alternativa de salvação e sociedade." (Stuart Schwartz, *Cada um na sua lei: Tolerância religiosa e salvação no mundo atlântico ibérico.* São Paulo, Companhia das Letras; Bauru, Edusc, 2009, p. 73.)

Se o século XV foi o século da montagem do "império da pimenta" de Portugal e do fortalecimento de Castela na península ibérica, o século XVI veria os dois Impérios se voltarem para as riquezas da América e para o enfrentamento da concorrência que viria dos Reinos da Inglaterra, França e Holanda. As expedições guarda-costas que Portugal organizava pelo litoral das terras de pau-brasil enfrentavam também corsários espanhóis. Desta forma, em uma época de expansão marítima e guerras religiosas, os dois reinos peninsulares precisariam organizar burocrática e militarmente o domínio das terras conquistadas e garantir a segurança das suas carreiras comerciais, o que se mostraria bastante difícil, já que os custos dos empreendimentos não eram de pequena monta. No caso espanhol havia, ainda, as cartas de franquia e foros locais que, oferecendo privilégios a *pueblos*, condados e reinos, diminuía a tributação no território das espanhas sobre o qual Castela possuía soberania, deixando todo o custo do Império sobre Castela.

A equação que reunia intolerância religiosa, reforçada pela missionação, especialmente da Companhia de Jesus, e poderio de fogo da esquadra portuguesa no século XV, forjou o império da pimenta no Oriente, mas atraiu a concorrência de ingleses e holandeses que, ainda naquele século, impuseram derrotas a Portugal e perdas de entrepostos no Índico. Entrado o século XVI, Portugal reforçaria suas posições no Atlântico, fortalecendo o trajeto que vinculava escravizados africanos ao desenvolvimento das plantações nas terras brasileiras – experiência que havia sido exitosa nos arquipélagos atlânticos. A escravização africana já era marcante nas terras de Lisboa no século XV, fato sem dúvida relacionado à discriminação das artes mecânicas que caracterizava o mundo do Antigo Regime e seria transportado para a grande colônia da América, com enormes lucros para a Coroa e as elites que participavam do processo de conquista e colonização no Ultramar. Assim, nos espaços conquistados construíram-se estruturas novas sobre sociedades submetidas, como as capitanias hereditárias, o Governo geral, as plantações com mão de obra escrava e voltadas para a exportação, os municípios e as Santas Casas de Misericórdia.

Em Portugal, no entanto, pouca transformação se viu, para além dos escravizados africanos levados para o trabalho mecânico e dos fidalgos, letrados e nobres que formavam grupos palacianos. A expansão ultramarina pouco alterou a vida dos portugueses. Neste espaço do Império havia pouquíssima mobilidade social, fato que corrobora o vaticínio do Velho do

Restelo antes citado: muita energia movimentada para fora das terras de Portugal, ou, nas palavras de Fernando Pessoa, "cumpriu-se o mar, mas não Portugal". Além disso, todo processo de enriquecimento nas carreiras das Índias ou na colonização do Brasil passava pelo reconhecimento real, pela distribuição de títulos e mercês controlada pela Coroa, o que aprisionou os agentes sociais nas redes formadas e legitimadas a partir do Palácio. Tais agentes, no mais das vezes, amortizavam os lucros do Ultramar em bens que não podiam ser vendidos, como terras e edificações urbanas, uma tendência só revertida no século XIX.

Não bastasse a concorrência inglesa e dos Holanda no Oriente e a espanhola e francesa do lado de cá do Atlântico, o jovem rei D. Sebastião I, para quem o Império tinha caráter religioso e militar, temendo a expansão dos otomanos sobre as praças marroquinas do Império Português, resolveu organizar uma Cruzada cujo desfecho se deu na Batalha de Alcácer-Quibir, em 1578, onde desapareceria deixando o trono sem herdeiros diretos. A dinastia de Avis terminaria com a profecia sebastianista que acreditava na volta do rei desaparecido, evidenciando a fraqueza do Reino para controlar suas conquistas. Felipe II da Espanha, da Casa de Habsburgo, reivindicaria o trono por direito dinástico, já que era neto de D. Manuel I, e seria reconhecido pelas Cortes como rei de Portugal em 1581 (neste caso, como Felipe I de Portugal), dando início ao período conhecido como "União das duas Coroas".

Para as elites portuguesas vinculadas às rotas do Império, inclusive o clero, a União parecia um bom negócio, já que a Espanha se tornara um grande Império militar contra o qual Portugal não poderia lutar naquele momento. Além disso, o regime de *polisinodia* da monarquia espanhola, que conferia autonomia aos reinos a ela submetidos por relações de legitimação recíproca, garantiu ao Reino de Portugal privilégios como os desfrutados pela Coroa de Aragão, inclusive na manutenção de legislação, foros e língua próprios e controle do governo das colônias. Em política externa, o Reino de Portugal acompanharia os projetos de Felipe II da Espanha que, a partir de Madri, parecia cumprir a trajetória de união de todos os reinos ibéricos conforme fora desejo da dinastia Trastâmara. No que diz respeito ao lucrativo comércio de escravizados no Atlântico, os mercadores portugueses aumentaram significativamente o transporte de africanos para as américas de colonização espanhola, caminho que, na sequência, seria aberto para as colônias britânicas da América.

**Mapa com a extensão do Império Espanhol na época
da União das duas Coroas, portuguesa e espanhola**

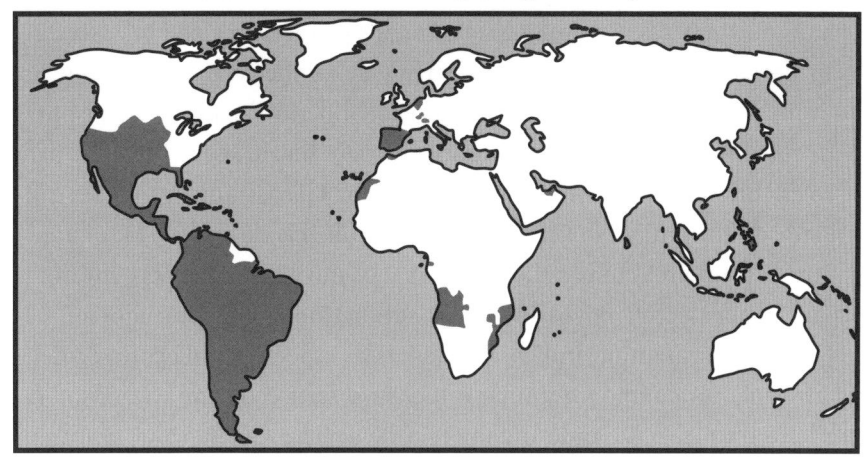

O Império construído por Castela e Leão, responsável pelo espalhamento da língua falada em Castela para Andaluzia e Aragão, rivalizava com Portugal na conquista da América, com protestantes na Europa (principalmente no Sacro Império e na Holanda e contra a Inglaterra), com turco-otomanos no Mediterrâneo e com franceses pelas repúblicas e reinos italianos. Assim, se as disputas entre os Estados modernos que se iam formando na Europa em meio às guerras de religião e dinásticas trouxeram ingleses e holandeses para as rotas do império português da pimenta, também trariam ingleses, holandeses e franceses para as costas atlânticas da África e da América, ameaçando as Coroas ibéricas unidas em 1581. As frentes de guerra assumidas por Felipe II, e secundadas pela Coroa portuguesa a ele submetida, eram mantidas por um enorme poderio militar edificado pelos Habsburgo, tipificado pela alcunha de "Felicíssima Armada" com que se referiam à sua esquadra, e por um processo de centralização verificado na sedentarização da Corte em Madri, para onde confluíam as riquezas do Ultramar e a burocracia letrada e togada formada em torno do imperador e seus secretários do Reino. A conservação do Império dependia do poderio naval que protegia os galeões que carreavam o ouro e a prata das américas e que deveria, também, proteger as carreiras das Índias que ainda restavam aos portugueses.

Eram muitas e dispendiosas as frentes de batalha e de proteção. O crescente poderio inglês, também emblemado na construção de forte esquadra naval, traria duplo problema aos espanhóis: a pirataria oficialmente incentivada pela monarquia britânica contra os galeões espanhóis e as naus portuguesas, e o apoio à rebelião dos protestantes na Holanda que, além de navegar em disputa pelos mares desconhecidos e suas riquezas, lutavam pela independência em relação ao Império Espanhol. As disputas pelas rotas de comércio e de colonização trariam holandeses e franceses para as costas brasileiras, em um movimento que as Coroas unidas tiveram dificuldade de enfrentar. No mais das vezes, a violência da conquista foi usada contra os primeiros conquistadores, já que os novos postulantes e invasores faziam alianças com povos indígenas submetidos pelos portugueses. Os holandeses atacaram no Índico, em busca das especiarias, na costa ocidental africana, procurando dominar o lucrativo tráfico de escravizados, e no nordeste brasileiro, visando o comércio de açúcar. Os franceses atacaram no Rio de Janeiro e no Maranhão, contestando o Tratado de Tordesilhas entre os séculos XVI e XVIII, muitas vezes por meio de pirataria.

Desta forma, entre 1580 e 1640, os portugueses se viram envolvidos nos conflitos espanhóis sem, no entanto, que a esquadra espanhola pudesse de fato proteger as carreiras das Índias, a colonização atlântica e o tráfico de escravizados africanos, fato que logo desfez o inicial apoio das elites portuguesas à União das Coroas. O primeiro sinal de que o Império Espanhol não poderia manter suas posições e nem as da Coroa lusitana veio já em 1588, quando a sua Armada pretendeu desembarcar seus *tercios*, como eram chamadas as unidades militares ibéricas, na Inglaterra. Este conflito misturava motivos católicos contra o governo protestante de Elisabeth I e a reação aos seguidos ataques de corsários ingleses contra as frotas espanholas do Atlântico. A derrota da Armada espanhola, jocosamente chamada de "Invencível" pelos ingleses, e as perdas que se foram acumulando, constituíram o auge e, ao mesmo tempo, a decadência da soberania ibérica, já que as riquezas do Ultramar não podiam fazer frente às crescentes despesas com guerras e controle dos espaços do Império.

A Coroa espanhola tentou reorganizar a tributação em toda a península, em um esforço para acabar com os privilégios que as cartas de franquia e foros ofereciam, mas tradições antigas não se desfazem assim, especialmente quando envoltas em problemas fiscais e costumes reconhecidos pela população. Como se não fossem poucos esses conflitos, a Coroa ainda envolveria as espanhas na Guerra dos Trinta Anos que acontecia na Europa Central, nos espaços do Sacro Império Romano Germânico, por motivos de disputas entre ducados e reinos acirradas por lutas entre protestantes e católicos. Os Habsburgo da Espanha eram ligados aos do Sacro Império por razões dinásticas e religiosas, já que se consideravam defensores do credo católico por vocação e destinação do Vaticano. Além disso, a Coroa espanhola tentou instituir uma *união de armas* entre os reinos peninsulares, de modo a equilibrar o custeio das guerras também em termos de efetivos militares, fato que alimentou revoltas peninsulares. Rebeliões surgiram de todas as partes, sendo as mais fortes as que levaram à Restauração da monarquia em Portugal com a dinastia de Bragança, em 1640, e aos levantes dos condados da Catalunha, que foram submetidos apenas em 1659, mesmo assim com a perda de parte deles para a França.

Se o império português da pimenta conheceu seu auge no século XV e o império militar espanhol o conheceu no século XVI, no século XVII era já voz corrente na Europa a *decadência* dos impérios ibéricos, fato que se explicitaria nos termos do Tratado de Westfália, de 1648, que colocaria termo à Guerra dos Trinta Anos e efetivaria o processo de periferização deles no cenário político europeu.

Entre a Reconquista e a União das duas Coroas ibéricas, entre 1580 e 1640, os reinos ibéricos movimentaram-se em meio às disputas com os árabes, os infiéis de toda sorte e as navegações, edificando dois Impérios no Ultramar e provocando a cobiça dos vizinhos europeus. Seus modos de governar configuraram forte pluralismo jurídico ancorado em não menos forte intolerância religiosa cristã e inquisitorial. Entre os séculos XVI e XVII, do ponto de vista da construção dos saberes, e dos conflitos e práticas entre os muitos povos que se foram alocando dentro da economia-mundo, criou-se uma *hierarquia epistêmica* que se revelava em tipologias de saberes e de impérios que serão abordados no próximo capítulo.

Os cristãos, a razão e a decadência

P ioneiros na conquista das rotas do Índico e do Atlântico, responsáveis pela incorporação geográfica da África, Ásia e América aos fluxos de comércio e produção europeus e pela formação de uma *economia-mundo*, nos termos do sociólogo Immanuel Wallerstein, os impérios ibéricos, após a Paz de Westfália de 1648, sofreram um intenso processo de periferização no xadrez político europeu, sucumbindo à concorrência de holandeses, franceses e ingleses. O mapa abaixo é ilustrativo das praças e espaços ocupados pelas duas Coroas na época em que estiveram unidas, entre 1580 e 1640.

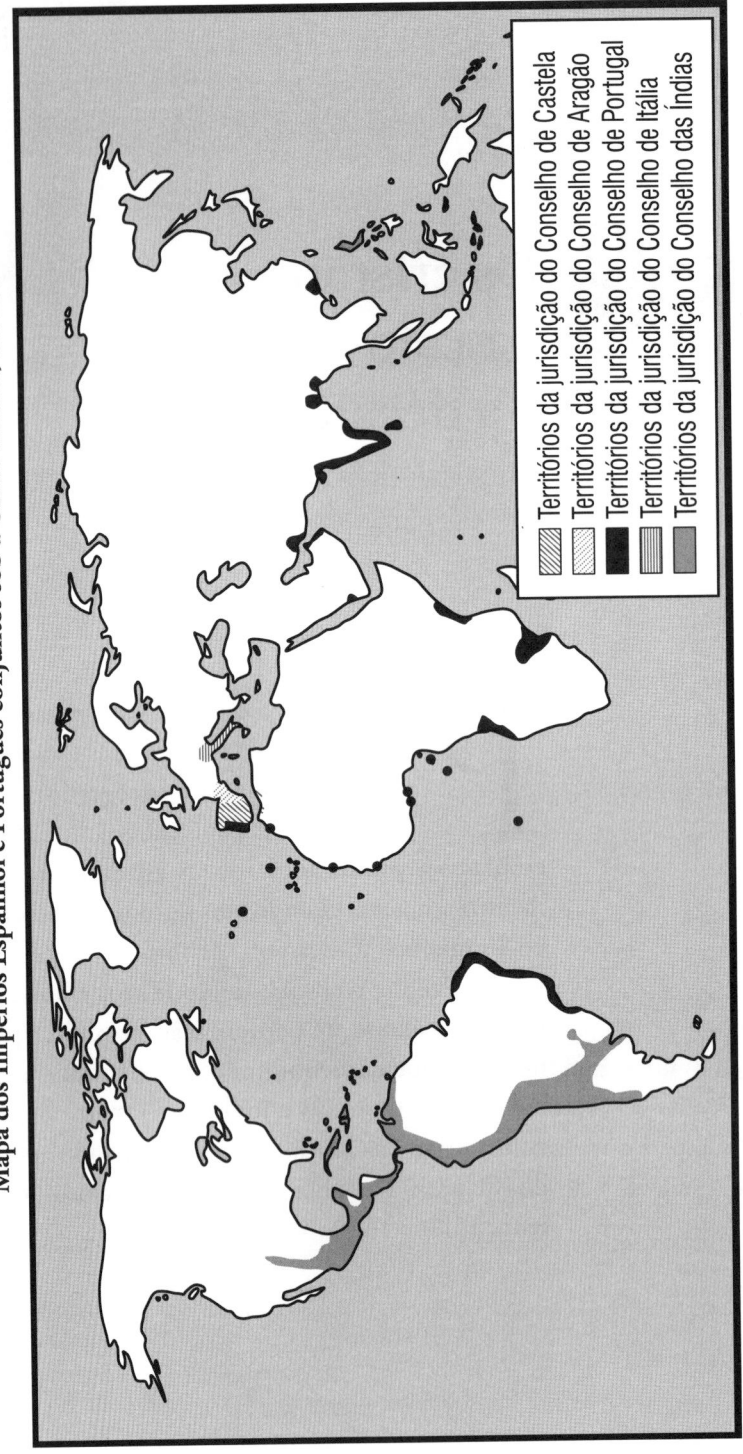

Mapa dos Impérios Espanhol e Português conjuntos sob a União Ibérica, em 1598

Territórios da Jurisdição do Conselho de Castela
Territórios da Jurisdição do Conselho de Aragão
Territórios da Jurisdição do Conselho de Portugal
Territórios da Jurisdição do Conselho de Itália
Territórios da Jurisdição do Conselho das Índias

Os Conselhos reportavam-se ao imperador Habsburgo das espanhas, mas tinham níveis de autonomia, já que a base político-administrativa do Império não era marcada pelo pressuposto do Estado-nação.

O termo *economia-mundo* parece interessante para compreender a ascensão e a queda dos impérios ibéricos. Isso porque boa parte da historiografia reputa às suas dimensões cristãs e de intolerância religiosa as dificuldades que demonstraram para enfrentar a concorrência de outros impérios que, após as guerras de religião, foram aos mares organizados em companhias de comércio e protegidos por poderosas frotas navais financiadas pela Coroa. No limite desse argumento, encontra-se a afirmação de que os impérios ibéricos não tinham caráter econômico, mas sim motivações religiosas como mote principal para as suas conquistas, o que se evidenciaria no fato de não terem organizado companhias de comércio nos princípios da expansão e de terem privilegiado a circulação de produtos e o enraizamento de riquezas em bens amortizados. Essa discussão encontra forte inflexão quando se trata de observar como os Estados modernos que edificaram impérios a partir dos séculos XVI e XVII, nomeadamente Inglaterra, França e Holanda, organizaram suas economias considerando a nação, sua territorialidade e seus poderes nos espaços europeus e do Ultramar, e não apenas soberanias partilhadas a partir de jurisdições forais negociadas entre a Coroa e seus vassalos, prática que se espalhou pelos espaços dos impérios ibéricos. Trata-se, assim, de destacar o processo de construção de uma economia-mundo no qual as trajetórias das monarquias europeias manifestaram distintas possibilidades, em acordo com opções e escolhas dos seus agentes históricos, como navegantes, comerciantes, letrados, nobreza e burocracias vinculadas à governação que, articulando-se com o Estado, movimentaram povos, saberes, práticas, fluxos e rotas comerciais, edificando hierarquias entre povos e novos modos de dominação. Cabe especificar um pouco mais algumas das diferenças nas trajetórias de alguns dos Estados modernos europeus em relação aos ibéricos, de modo a aquilatar as dimensões religiosas e econômicas e observar as transmutações dos usos da ideia de nação em suas histórias.

Os impérios ibéricos formaram monarquias compósitas, mais radicalmente o espanhol. Isso significa afirmar que se havia motivos religiosos relacionados à experiência da Reconquista, como apontado no capítulo "Os Reinos, os cristãos e as navegações", os motivos mercantis, também presentes, eram recortados por essa dimensão. As territorialidades que se foram desenhando a partir da Reconquista, baseadas em soberanias negociadas conjunturalmente entre reinos, condados, cidades e vassalos em geral, criaram uma pluralidade de poderes que se espalhariam, também, pelos espaços do Ultramar conquistados, por meio do controle da Coroa, que distribuía privilégios resultantes das ações dos agentes históricos que se movimentavam em nome de Deus e da Coroa. Note que a pluralidade jurídica engendrada na península implicava a coordenação de homens de nações e lugares diferentes que orbitavam em torno dos interesses das Coroas ibéricas: comerciantes e banqueiros judeus, capitais de genoveses e de banqueiros do sul da Alemanha, navegantes de cidades italianas, comerciantes mouros, entre outros. Mas, nos séculos XV e XVI, ao passo que portugueses e espanhóis expulsavam judeus e cumpriam sua jornada de intolerância, a Holanda atraía comerciantes de distintas nações e religiões para sua arena política e econômica, dado o princípio de tolerância religiosa adotado por este Reino. A aproximação dos Estados modernos à ideia de nação definida em territórios marcados por alguma afinidade cultural e interesses econômicos não fundamentava as práticas políticas da época, a economia-mundo que se ia desenvolvendo nessa época se ancorava na força das praças e rotas de comércio conquistadas e das casas bancárias que financiavam as ações das Coroas. Por isso, a expulsão dos judeus da península tornou suas Coroas mais dependentes de capital estrangeiro para financiar o arcabouço do Império ou as suas guerras, ao mesmo tempo que a estrutura de poderes múltiplos e partilhados paralisava a movimentação de atores sociais peninsulares, já que os lucros decorrentes da expansão marítima não criavam atividades produtivas na península.

Do estudo desta articulação entre motivos religiosos e mercantis estruturados no padroado régio (o direito concedido pelo Vaticano à Coroa de administrar assuntos religiosos no Ultramar), no forte pluralismo jurídico e na amortização de bens a partir de privilégios distribuídos pelas Coroas, desenvolveram-se hipóteses historiográficas que afirmam a resiliência desses elementos em relação aos conteúdos de transformação que vinham se enraizando a partir das novas conexões entre povos. Autores como Vitorino Magalhães Godinho, Immanuel Wallerstein, Fernand Braudel, e mesmo John Elliott, embora com diferentes enfoques, preocupados em dimensionar as estruturas dos impérios ibéricos e suas conexões no Ultramar a partir dos reinos, destacaram a ausência de grupos vinculados às atividades bancárias e à circulação e produção de riquezas dentro do Reino com interesses fortes, capazes de transformar o Estado negociante em um Estado indutor de atividades produtivas na península, e capazes, acima de tudo, de ombrear o controle de distribuição de privilégios que, ao longo de toda a época Moderna, mas especialmente a partir da Paz de Westfália, reforçou o processo de isolamento da nobreza chamada de "Grande" em torno das duas Coroas. Desta forma, as Coroas ibéricas eram responsáveis pela circulação de muitas riquezas, especialmente metais preciosos no caso espanhol, mas as inversões em atividades produtivas na península não aconteceram, o que se torna mais evidente quando se verifica que os responsáveis por trabalhos manuais e por comércio não se qualificavam para solicitação de privilégios. Se é fato que há algum determinismo na afirmação de que as burguesias portuguesa e espanhola não cumpriram seu papel histórico, já que, do ponto de vista da racionalidade desejada na escolha das atividades mais lucrativas, o enraizamento de bens mostrava-se mais interessante na península, é também fato que, neste momento, Coroas como a inglesa, a holandesa e a francesa, desenvolveram políticas mercantilistas que projetavam suas balanças de comércio e suas ações no Ultramar e no Reino considerando novos elementos na equação, quais sejam, a territorialidade da nação a ser considerada na organização da balança de comércio e o papel do Estado na indução das atividades que melhor garantissem o fortalecimento da fazenda nacional com fronteiras nitidamente definidas, sendo o Ultramar lugar de organização de atividades econômicas em favor dos interesses do Reino.

Desta forma, em um primeiro momento, entre os séculos XIV e XVI, a expansão europeia como um todo, considerada a partir de praças comerciais urbanas que protagonizavam conjunturas de riqueza e hegemonia, como foi o caso de Lisboa, Sevilha e Antuérpia, forçou as fronteiras árabes/mouras, africanas, chinesas e das Índias Orientais, assim como se impôs nos mares atlânticos e índicos. A partir do século XVII, monarquias compostas como as ibéricas tiveram maior dificuldade em organizar suas atividades econômicas diante dos novos elementos da equação: nação territorializada e definida como centro do Império, Estado regido por uma Coroa que utiliza suas conquistas em favor dos interesses do Reino e, por isso, induz a inversão de capitais e lucros internamente substituindo, inclusive, as antigas casas financeiras, e incentivando grandes companhias de comércio que atuavam no escopo dos interesses dela. As Coroas/Estados criaram instituições políticas e econômicas que permitiam tributar os fluxos de comércio e a organização da produção nos lugares conquistados, criando hierarquias e especializações mais evidenciadas entre produção e escoamento de matéria-prima e de manufaturados. São estruturas conhecidas como *mercantilistas*, e que se prestam a diferenças e adaptações nos reinos europeus, já que são construídas em meio ao processo de conquistas e às guerras que ele engendra, dentro e fora do território do Reino, o que dificulta generalizações rápidas acerca das "vocações" dos diferentes reinos em termos econômicos. Mesmo assim, é possível nomear as ações políticas e econômicas desenvolvidas no século XVII: *conservar impérios*, motivo das Coroas ibéricas em um tabuleiro internacional de grande concorrência, e *edificar estruturas modernas*, motivo das Coroas que se lançaram ao Ultramar mais significativamente após as guerras de religião, nomeadamente Holanda, França e Inglaterra.

Não é por acaso que o termo "moderno" aparece, a partir dos séculos XVI e XVII, como sinal de mudança, e que a Coroa/Estado assumiu funções nesta direção, fortalecendo sua marinha mercante, protegendo o comércio e a Fazenda Real, organizando a tributação para resguardar a nação e considerando interesses de homens de negócio e nobres que se articulavam de modos diversos nos diferentes reinos. Mas, de novo, é preciso cuidado para não concluir por "vocações" definidas em trajetórias mais ou menos "religiosas", mais ou menos "modernas", já que motivos religiosos fizeram parte da construção dos Estados modernos em toda a Europa, e que experiências de técnicas de navegação, construção de embarcações e mapas e de estudos de marés e ventos, nos quais árabes, chineses e portugueses foram protagonistas, faziam parte do conjunto de mudanças que se iam conhecendo e aprofundando em meio às novas instituições políticas e econômicas criadas. O Estado moderno que, a partir do século XVII, ganharia tintas conhecidas como *absolutistas*, tanto quanto suas políticas mercantilistas, teria especificidades nos diferentes reinos europeus.

As duas Coroas ibéricas operaram o processo de centralização e aumento do poder real a partir de estruturas criadas em meio à Reconquista e às primeiras conquistas do Ultramar, portanto considerando soberanias partilhadas que, de um lado, fortaleciam, mas de outro lado diminuíam os poderes régios em relação às jurisdições clericais, nobres e citadinas, e acima de tudo diminuíam sua capacidade de tributação e de definição de uma política econômica para o Reino relacionada às possibilidades das áreas coloniais. A Inglaterra conheceria a centralização negociada com o Parlamento a partir de uma jurisprudência edificada entre a Carta Magna de 1215 e o *Bill of Rights* de 1689, fato que ancorou as articulações entre burgueses e nobres, um conjunto de homens de negócio que construiu o processo dos *cercamentos*, de transformação da produção fabril e de conquista de espaços no Ultramar a partir de regramentos saídos do Parlamento. A nobreza francesa caminharia para os braços da Coroa, seria protegida e privilegiada por ela, mas não a ponto de inviabilizar o projeto mercantilista de manter uma balança comercial favorável controlando a produção de áreas coloniais e carreando suas riquezas para inversões no Reino. Os Bourbon da França, principalmente a partir do reinado de Henrique IV (1589-1610), enfrentariam espanhóis e ingleses no Ultramar, conseguiriam manter os espanhóis sob suas hostes e sofreriam fortes derrotas para os ingleses na América do Norte e nas Índias.

Diante da agressiva concorrência pelos fluxos comerciais e lugares do Ultramar entre as Coroas europeias, às Coroas ibéricas colocou-se o desafio de conservar seus impérios, o que deveria ser negociado junto às outras Coroas e considerando o acesso dessas aos portos do Ultramar e aos interesses enraizados nos forais partilhados por elas. São exemplos significativos o debate nas Cortes de Valladolid, pertencentes à região histórica de Castela e Leão, que pretendiam comprar manufaturas diretamente da Inglaterra em vez de ter Castela como intermediadora, e as discussões sobre os portos dos impérios ibéricos que se abririam no Ultramar ao comércio de embarcações inglesas ou francesas.

Ao final da Guerra dos Trinta anos, a Coroa espanhola continuou a declarar Portugal rebelde, e recebia apoio da Santa Sé em seus intentos de evitar a autonomização portuguesa com a dinastia dos Bragança. Ao pequeno reino peninsular restava buscar um aliado forte que pudesse ajudá-lo a conservar as fronteiras do Reino e do Império. A Inglaterra, que havia se apressado em reconhecer a dinastia de Avis em 1383, aparecia como ótima opção: possuía uma forte esquadra marítima, já que a portuguesa sofrera intensas perdas com a continuação da guerra com a Espanha entre os anos de 1640 e 1649, oferecendo condições de proteção e de melhor circulação das riquezas entre o Reino, suas colônias e rotas de comércio e as praças inglesas. Os acordos assinados entre as Coroas portuguesa e inglesa selariam a presença dos mercadores ingleses nas terras portuguesas do Ultramar e do Reino, assim como a perda do controle de praças e feitorias na Ásia, mas garantiriam a colonização das terras do Atlântico, no Brasil e em Angola, fixando um novo momento do Império Português, agora definitivamente voltado para as conexões entre Brasil e Angola que permitiram uma mais efetiva exploração de riquezas. No mesmo sentido, a Coroa espanhola, em meio à crise econômica generalizada enfrentada no século XVII, com as rotas e lugares do Ultramar sofrendo ataques que não conseguia evitar, fossem corsários ou a chegada de mercadores protegidos por companhias de comércio, que podiam agir legal ou ilegalmente, haveria que cuidar da conservação do seu Império, e por isso também negociou a abertura de alguns de seus portos na América para mercadores e companhias inglesas e francesas. Por isso, afirma-se que, após a Paz de Westfália, as Coroas ibéricas ocuparam lugares periféricos nas relações internacionais que se desenharam, já que as Coroas que se apresentavam com maiores recursos econômicos e militares puderam forçar as fronteiras dos impérios ibéricos e passaram a disputar entre si essas fronteiras, negociando com as Coroas ibéricas novas soberanias e modos de estabelecer os fluxos comerciais e de produção.

Assim, embora a historiografia recente priorize a compreensão das intercessões, aproximações e dissonâncias entre povos, culturas e modos de governar e registrar experiências quando estuda os primeiros passos de uma economia que se mundializava a partir dos séculos XV e XVI, é de se considerar as hierarquias que se foram criando e modificando entre Estados/Coroas mais ou menos ricos, mais ou menos hegemônicos, além das alianças decorrentes dessas hierarquias, já que elas deixaram rastros para a época chamada de Contemporânea.

Esse processo de reorganização de fluxos e de especialização de produção, assim como de enraizamento de políticas mercantilistas ancoradas em um conceito de nação que se distanciava dos lugares partilhados definidos em jurisdições tradicionais, foi bastante discutido na península no século XVII. Chamados de *arbitristas*, letrados espanhóis versados em análise econômica e social escreveram projetos para informar a governança dos Habsburgo no sentido do que chamavam de "regeneração", ou seja, reorganizar a Fazenda Real e as atividades econômicas de modo a melhor utilizar as riquezas e territórios conquistados no Ultramar em favor do Reino. Os argumentos desses arbitristas construíram a tese da *decadência*, que marcaria a trajetória moderna e contemporânea dos dois reinos ibéricos. Todos eles descreveram uma evidente involução agrícola, o menosprezo pelo trabalho manual, as dificuldades da construção naval e a amortização das riquezas em bens de mão morta, que favoreciam a Igreja e a nobreza, como fatores que inviabilizavam a movimentação da sociedade, as atividades produtivas e o engrandecimento do Reino a partir das riquezas auferidas no Ultramar, já que mesmo os comerciantes buscavam amortizar os lucros decorrentes das suas atividades. Martín González de Cellorigo (1570-1620) que, segundo consta em seus textos, teria sido advogado da Chancelaria Real de Valladolid e da Inquisição, talvez tenha escrito a principal memória desses arbitristas, intitulada *Memorial de la Política necesária, y útil restauración a la Republica de España, y estados de ella, y del desempeño universal de estos reinos*, publicada em 1600. Cellorigo diagnosticou o inevitável declínio espanhol a partir da ausência de circulação e produção de riquezas dentro do Reino, afirmando que as riquezas pareciam chegar das áreas coloniais e passar por cima do Reino, indo criar circunstâncias produtivas em outros lugares. Os remédios, por isso, deveriam ser incentivar a proteção da indústria, a produtividade agrícola e a reorganização da tributação, de modo a comprometer todas as partes do Império com o enriquecimento da monarquia espanhola.

Em Portugal, os apontamentos do padre Vieira (1608-1697) tipificam a mesma percepção dos arbitristas espanhóis em relação à evidente possibilidade de perda do Império e enfraquecimento político e econômico de Portugal entre as monarquias europeias. Assim como eles, Vieira criticou os "Estatutos de limpeza" que expulsavam mercadores judeus e mouros da península, enfraquecendo o conjunto dos homens de negócio que poderiam aumentar a riqueza do Reino por meio de inversões e dinamização das atividades produtivas.

Proposta do padre Vieira

Vieira destaca a urgência de se promover atividades produtivas incentivando mercadores e capitalistas a migrarem para Portugal, em vez de expulsá-los, como vinha sendo a prática ibérica. Trata-se de considerar uma política de Estado voltada para dentro do Reino, de vincular as práticas econômicas do Ultramar aos interesses do Reino, visto este como o território europeu. Em suas palavras:

E não seria muito que a ambição francesa aspirasse ao domínio de Portugal, quando em vida do seu Cardeal trataram da entrega da nossa ilha de São Lourenço e outros lugares das Conquistas, como Vossa Majestade foi avisado. [...]

Porque, posto que o poder militar conste e se componha de gente, armas, munições, cavalos etc., tudo isso se reduz a dinheiros; e é certo que, perseverando as cousas de Portugal no estado presente, nunca o Reino poderá socorrer a Vossa Majestade com maiores somas do que fez estes anos; porque, além dos direitos das décimas e mais tributos, acresceram donativos, confiscações e cunho das moedas e outros aumentos da fazenda, que se não podem esperar cada ano. [...]

Porque as confiscações e cunho de moeda foram acidentes que não se podem repetir; *as rendas e as comendas estão empenhadas para muitos dias e anos*; os juros, as tencas e os salários não se pagam com um levantamento da moeda, que cresce o preço às mercadorias e faz que os estrangeiros tragam prata em vez de drogas, com que quebram muito os direitos de alfândegas; *as terras das fronteiras, infestadas do inimigo, deixam de se cultivar por muitas léguas, as lavouras e as artes, levando-lhes os oficiais e lavradores para a guerra, se diminuem*; o que tudo vai consumindo e atenuando as forças do reino com passos tão largos, que em poucos anos não poderão os homens manter as vidas, quanto mais pagar os tributos e sustentar as despesas de guerra. [...]

Por todos os reinos e províncias da Europa está espalhado grande número de mercadores portugueses, homens de grandíssimos cabedais, que trazem em suas mãos a maior parte do comércio e riquezas do mundo. Todos estes, por amor que têm a Portugal, como pátria sua, e a Vossa Majestade, como seu rei natural, estão desejosos de poderem tornar para o Reino e servirem a Vossa Majestade com suas fazendas, como fazem aos reis estranhos. [...]

E não só virão para este Reino os mercadores que agora são de Holanda e Castela, mas os de Flandres, França, Itália, Alemanha, Veneza, Índias ocidentais e outros muitos, com que o Reino se fará poderosíssimo e crescerão os direitos das alfândegas de maneira que eles bastem a sustentar os gastos de guerra, sem tributos nem opressão dos povos, com que cessarão os clamores e descontentamentos. [...]

[Caso retornem homens de nação, judeus ou mouros, a Portugal]
Terá Vossa Majestade número grande de poderosos navios de
seus vassalos, sem os comprar nem alugar aos estrangeiros, ou
os conservar próprios, quando queira fazer armadas ou mandar
socorrer as Conquistas. Engrossarão as frotas do Brasil [...], se os
holandeses quiserem vir em alguma conveniência sobre as praças
que nos têm tomado. Terá Vossa Majestade vassalos que lhe possam emprestar quantidade de dinheiro e esperar as consignações
com que se resgatem. E quando os holandeses continuarem na
falsa paz com que se vão senhoreando de nossas Conquistas, terá
Vossa Majestade quem levante companhias contra as suas [...].

Verdadeiramente dificultosíssima de entender a razão de Estado de
Portugal, porque, sendo um reino todo fundado no comércio, lança os seus mercadores para reinos estranhos, e aos estranhos os ad-
mite dentro de si mesmo, para que o interesse da negociação e comércio venha a ser todo dos estranhos, e nada seu. (Antonio Vieira,
"Proposta feita a El-Rei D. João IV em que se lhe representava o
miserável estado do reino, e a necessidade que tinha de admitir os
judeus mercadores que andavam por diversas partes da Europa",
em *Obras inéditas*. Tomo II. Lisboa, 1856. Destaques meus.)

Os termos "declínio", "regeneração" e "reforma" não são fortuitos nos
discursos de Vieira e Cellorigo. Esses letrados estão discutindo a "razão de
Estado", sua conservação e as formas de ampliação do seu poder, um diálogo
que supõe o conhecimento dos debates propostos por Nicolau Maquiavel
(1469-1527) e Jean Bodin (1530-1596) e que considera a separação entre
política e moral, ou seja, um debate que supõe estruturas de Estado não marcadas pela providência divina ou pela Teologia moral cristã. Desta forma, o que
então se passa a chamar de "razão de Estado" supõe interesses de organização
de esferas de atuação e exercício de poder nos quais a justiça do Príncipe se fun-
damenta exatamente nos interesses que defende e fortalece, e não na religião
ou na temperança. Mesmo que se o considere ungido por Deus, seus motivos
são vinculados aos interesses do Reino. Se o debate nascera no século XVI, ou
na época da *Tempestade*, conforme se pode afirmar a partir da última aventura narrada por Shakespeare, quando muito se movimentavam e muito se
modificavam as certezas de uma sociedade europeia ocidental que se percebia
para além de limites temporais, tradicionais e espaciais até então conhecidos,

foi durante a crise do século XVII que se considerou responsabilizar o Estado diante da desorganização social verificada e dos remédios buscados para garantir a paz nos reinos. E é também neste contexto que se inscrevem as memórias de Vieira e Cellorigo e que se retomam os vaticínios quinhentistas, como o do Velho do Restelo, acerca do enfraquecimento da nação pelo Império.

Note que a palavra nação começa a ganhar tintas de "pacto", ou seja, um povo que se reconhece em um conjunto de tradições pactuadas em lei e protegidas pelo Estado/Coroa. Mas as trajetórias do Estado e suas razões pensadas a partir de uma nação e definidas em pacto seriam múltiplas pelas europas e seriam inflexionadas pela experiência do Ultramar. No caso das Coroas ibéricas, as navegações se articularam com a formação do Estado moderno, preservando tradições forais edificadas nas guerras contra os mouros e na condenação da usura e do trabalho manual. Na Inglaterra, por sua vez, a caridade cristã, também presente nos fundamentos do Estado moderno como para as Coroas ibéricas, esteve sempre recortada por uma noção de utilidade dos pobres recebedores dela para com a nação, e esta não desprezava o trabalho manual. Tais princípios eram discutidos no Parlamento e, a partir deles, praticaram-se jurisprudências que não permitiram confundir o Ultramar com o Reino: a nação esteve sempre na Europa. Desta forma, as Coroas ibéricas, por meio de políticas reformistas desenhadas nos séculos XVII e XVIII, buscaram voltar suas práticas econômicas para dentro dos reinos, incentivando políticas fiscais e de produção melhor uniformizadas juridicamente e capazes de garantir uma balança comercial favorável, como parecia ser o caminho das Coroas inglesa e francesa, mas os interesses vinculados às tradições forais e os laços mercantis com o Ultramar mostrar-se-iam resilientes.

As distintas trajetórias políticas e sociais das Coroas europeias – perceptíveis nos modos de auferir, controlar e inverter as riquezas do Ultramar – evidenciaram-se em Westfália e viriam a ser acirradas com a Guerra de Sucessão espanhola e as consequentes negociações de paz nos inícios do século XVIII, no qual as esferas de participação política se alargavam, e não apenas pela ação dos arbitristas no século anterior, mas pela ampliação das práticas de leitura que aumentaram significativamente o interesse pelos relatos de viagem e descrições de povos, lugares, tradições e modos de viver entre o público letrado. Além disso, práticas de circularidade por meio de leituras coletivas vinham se tornando mais comuns e propiciavam algum conhecimento pelas camadas populares acerca dos conteúdos debatidos nos salões. Claro está que apenas aos letrados coube a fortuna de interferir diretamente no debate, mas também é claro que as experiências cotidianas dos povos representados no "Terceiro Estado" se faziam presentes e buscavam se articular aos novos termos que se iam publicizando. Conforme sugere o historiador Reinhart Koselleck, trata-se de um movimento em que a política, antes reservada aos âmbitos privados da convivência social, busca espaços públicos, o que significa dizer que, na península ibérica, entre os arbitristas do XVII e os reformadores do XVIII desenvolveram-se os conteúdos da política moderna e das relações internacionais conforme as conhecemos ainda hoje, e isso se faria em meio às políticas mercantilistas e às negociações entre as monarquias europeias.

Camões (1524-1580), Cervantes (1547-1616) e Shakespeare (1564-1616): a construção de uma ideia universal do humano

Se podemos afirmar algo de comum entre esses três grandes nomes da literatura ocidental é sua ligação com as transformações que marcaram a segunda metade do século XVI e que se vinculam à *construção da noção de indivíduo*, e, portanto, de personagens fictícios cujas histórias se reportam a experiências e circunstâncias específicas e não tanto exemplares, à *expansão marítima*, diante da qual uma pluralidade de povos e culturas entrou em conflito alterando visões de mundo, e à *construção da noção de razão de Estado*, quando se discutia modos e interesses de governar. Entre o registro das aventuras e coragens de Portugal pelas costas da África atlântica, a dimensão humana das escolhas, da gesta, da conquista e do proveito da leitura, os bons governos, e ainda os diferentes significados que se podia atribuir à vassalagem, podemos afirmar a construção de uma ideia universal sobre o que seria o "humano". Embora essas ideias estejam presentes na península ibérica, para muitos autores que nela viveram entre os séculos XVI e XIX, o processo de centralização dos poderes, além de não ter separado claramente poderes régios e clericais, promoveu, especialmente após o Concílio de Trento, um fechamento de fronteiras que teria impedido que essas noções caras aos séculos XVI e XVII fossem incorporadas nos tratados, nas escolas e nas universidades peninsulares.

Interessante notar que os saberes e práticas que se podem observar nas páginas dos três letrados citados, para os arbitristas do XVII e os historiadores do XIX, teriam participado dos processos de expansão marítima, mas não compuseram textos e debates de colégios e universidades. Se juntarmos esta percepção às *tipologias dos impérios* que se iam criando, temos aí alguns dos conteúdos que afirmam a pouca participação dos povos da península e suas áreas coloniais na chamada *experiência ocidental*, o que também se configura como mais um passo na construção da tese de parte dos iluministas sobre a hierarquia possível de se estabelecer entre os povos. Afinal, se seria possível afirmar a existência de uma natureza humana, também seria possível defini-la e verificar os povos que melhor caminharam na direção de expressar as possibilidades dos seres humanos, ou seja, o melhor uso da razão e a civilidade, os povos/raças mais "adiantados" e os mais "bárbaros". A história e sua escrita, assim, também ganham ar de universalidade, de sentido e caminho a seguir e a conquistar. A *escrita da história* – empiricamente descrevendo e classificando vidas, acontecimentos, objetos da natureza e da cultura – poderia encontrar princípios ordenadores e regularidades da experiência humana em sua diversidade apenas aparente, e, claro, revelar uma hierarquia entre povos na qual a experiência ocidental se sobressairia em suas conquistas. No âmbito dos debates iluministas, construiu-se assim uma forte noção de *evolução da humanidade* que, embora ancorada na diversidade encontrada e demonstrada em registros, supunha um único caminho para todos os povos e, acima de tudo, um único exemplo a ser seguido.

A morte do rei Habsburgo espanhol Carlos II, em 1700, não sem antes indicar como seu herdeiro Filipe de Anjou (1683-1746, assumiu o trono como Filipe V), neto do soberano francês Luís XIV, deu início à dinastia dos Bourbon na Espanha, e ensejou disputas que trouxeram todos esses elementos para o tabuleiro das monarquias europeias. Um Bourbon no trono das espanhas provocava incômodos para as monarquias europeias, temerosas de uma união das Coroas francesa e espanhola. Internamente, nas espanhas havia medo de que Filipe V desrespeitasse o sistema tradicional da monarquia habsbúrgica em relação aos seus muitos Conselhos. Filipe V trazia modos de governar da Corte francesa, o que implicava maior centralização em torno da Coroa/Estado e menores possibilidades de pluralismo jurídico. O ordenamento jurídico tradicional dos Habsburgo, por meio de seus Conselhos, Concelhos e forais, cobraria lugar junto ao novo rei, já que desde as tentativas reformistas do conde-duque de Olivares (1587-1645), na primeira metade do XVII, havia receios acerca da centralização de poderes em torno da Coroa. Levantes se espalharam pelas espanhas, pelo Leste Europeu e pelo norte da Itália (onde os Habsburgo da Espanha também exerciam sua soberania), o que levou à formação de uma Grande Aliança entre os Habsburgo do Leste Europeu (príncipes alemães e austríacos que pretendiam colocar o arquiduque Carlos, 1685-1740, no trono espanhol), a Coroa inglesa, devidamente secundada por Portugal, a Holanda e a Coroa de Aragão (junto aos condados da Catalunha), contra os Bourbon, que dominavam os tronos da Espanha e da França. Estava montado o cenário da Guerra de Sucessão espanhola, que aconteceu entre os anos de 1701 e 1714.

A guerra expressa as pretensões hegemônicas de Luís XIV na Europa, que rivalizava com os Habsburgo da Espanha e do Sacro Império desde a segunda metade do XVII. O rei Bourbon francês tinha, à época, o principal exército continental europeu. Em épocas de razão de Estado acima de princípios religiosos, a Inglaterra e a Holanda, de orientação protestante, unir-se-iam aos católicos Habsburgo do Leste Europeu para refrear as intenções francesas. A Coroa de Aragão, por sua vez, tentaria aumentar os níveis de sua autonomia em relação à Coroa espanhola, entendida como de Castela, o que, considerando-se as soberanias partilhadas de que vimos falando aqui e o fato de ser Castela a responsável pela exploração colonial do Ultramar, parece assertivo. No escopo das disputas por soberanias europeias, imbricavam-se as soberanias sobre as áreas coloniais: franceses, ingleses e espanhóis tinham territórios na América do Norte, e disputavam especialmente as terras em torno do rio Mississipi; portugueses e espanhóis disputavam entre si o coração da América do Sul, já que os limites de Tordesilhas jamais se constituíram em limites de fato, assim como franceses, ingleses e holandeses forçavam a entrada de seus comerciantes pelos litorais da América. Assim, a Guerra de Sucessão espanhola demonstrou interesses de equilíbrio político e econômico entre as Coroas europeias, o que tornava as disputas pelo Ultramar e a proteção de uma frota marítima bastante relevantes.

As negociações pela paz, definidas nos acordos firmados em Utrecht (1712 a 1715) e em Rastadt (1714), selaram a aliança entre as Coroas bourbônicas da França e da Espanha e reforçaram os laços entre Portugal e a Inglaterra, o que significa afirmar que o desenvolvimento econômico das duas Coroas ibéricas, a partir de então, seria marcado pelas possibilidades e imposições construídas dentro dessas alianças. Do ponto de vista do equilíbrio europeu, um grande passo fora dado: o monarca Bourbon da Espanha renunciou a qualquer direito sobre o trono francês, inviabilizando uma aliança dinástica da Espanha com outra Coroa europeia, mas não alianças políticas e estratégicas que garantiam proteção recíproca.

Catalunha na Guerra de Sucessão

Cerco de Barcelona, acontecido entre 1713 e 1714,
em gravura anônima da época.

Localizados na região nordeste da península ibérica, os condados da Catalunha começaram a se formar no século XI, ora sob soberania do Reino Franco ora sob soberania de Aragão e, depois, dos Reis Católicos de Aragão e Castela reunidos no final do século XV. Só aqui já temos uma enorme discussão historiográfica, posto que existem aqueles que consideram a Catalunha francesa e outros que a consideram espanhola. Na Guerra de Sucessão espanhola, Aragão, assim como os condados da Catalunha, buscaram alianças para escapar da soberania castelhano-espanhola. Aragão conseguiu acordos que garantiram a continuidade de boa parte das suas tradições históricas, nomeadamente seus foros territoriais e privilégios fiscais. Os condados da Catalunha, por sua vez, vinham sofrendo um processo de periferização dentro da península, já que as conquistas do Ultramar deslocaram o polo de produção de riquezas do Mediterrâneo para o Atlântico e a soberania política para Madri. Nas suas disputas por autonomia, a Catalunha chegou a ter proteção da França para se tornar uma república independente no século XVII, mas na Guerra de Sucessão os catalães desagradaram franceses e espanhóis, ambos governados por Bourbons, e por isso a Catalunha ficaria isolada após a Paz de Utrecht e seria fortemente atacada pela Espanha. A Espanha reestabeleceu sua soberania sobre a Catalunha sem fazer as concessões que fez a Aragão. O Cerco de Barcelona, que parece ter feito 20 mil mortos, marcou a derrota dos catalães, que tiveram que renunciar a seu Parlamento e ao seu sistema legal próprio. Isso aconteceu em 11 de setembro de 1714, que é considerada a data do início da luta pela independência da Catalunha, para os catalães que a defendem. É por isso que, durante os jogos do Barcelona Futebol Clube pelo campeonato espanhol, aos 17 minutos e 14 segundos do primeiro tempo, os torcedores se manifestam pela Catalunha livre. Esta relação entre o clube e a Catalunha, no entanto, é mais complicada, envolve dimensões da Guerra Civil Espanhola e da era Franco, e será objeto de discussão no capítulo "Ditaduras e cidadãos" deste livro.

No escopo da Grande Aliança da qual participara, Portugal desfaria qualquer política de proteção à sua manufatura de tecidos e conseguiria garantir o mercado inglês para os seus vinhos, um evidente desequilíbrio na balança comercial entre as duas Coroas que favorecia a Inglaterra. Mas Portugal imaginava compensar isso com a entrada do ouro e dos diamantes do Brasil. As dificuldades de circulação interna em Portugal encareciam os produtos estrangeiros em sua comercialização, o que leva parte da historiografia a não considerar que esses tratados tenham de fato inibido a produção de tecidos em Portugal.

Em sentido parecido, a Espanha precisava manter a paz com a Inglaterra, já que não podia fazer frente à sua esquadra e precisava garantir a circulação de navios nos espaços do Império. Tal paz não se faria sem pequenas concessões de navegação aos ingleses em portos do Ultramar, por exemplo, com o direito de fornecer escravos africanos e manufaturas às colônias espanholas. A guerra enfraquecera a Espanha, e em um momento no qual a Inglaterra expandia sua produção interna e buscava mercados consumidores para suas manufaturas.

No que diz respeito às colônias, os tratados que colocaram fim à Guerra de Sucessão espanhola demonstram o fortalecimento econômico da Inglaterra: a Espanha perderia Gibraltar e a França perderia a soberania na baía de Hudson (América do Norte) para a Inglaterra, Portugal conseguiria manter a colônia de Sacramento e Cabo Verde, mas suas fronteiras foram abertas em alguns pontos para navegação e comércio inglês, como já referido. Ainda no que diz respeito às colônias, estavam em disputa as navegações na Amazônia e as rotas que levavam aos Goyases, de onde se tinha notícia de pedras preciosas, o que envolvia os braços colonizadores das duas Coroas ibéricas, neste momento preocupadas com suas conexões atlânticas e a garantia de suas soberanias na América. E é observando a relevância da conjuntura posterior aos Tratados de Utrecht que o historiador Charles Boxer afirma que o ano de 1750 teria fechado uma época para o Império Português: neste momento, pela assinatura do Tratado de Madri entre as duas Coroas ibéricas, as colônias tornavam-se o centro das suas políticas mercantilistas, como elemento central da balança de comércio, argumento que se pode estender à Espanha. O Tratado de Madri, assinado em 1750 entre as Coroas ibéricas sob os olhares interessados de França e Inglaterra, favorecera Portugal com apoio inglês, já que conseguira evitar a presença francesa na Amazônia, colocando limites para seus aliados espanhóis na América. No mesmo sentido, o Tratado oficializou a posse, pela Coroa portuguesa, do Rio Grande do Sul/Prata e Mato Grosso, portanto, o território das minas descobertas que se encontravam para lá da linha de Tordesilhas. Portugal perdia os Sete Povos das Missões, mas cumpria seus objetivos de interiorizar a colonização. Mesmo tendo sido anulado em 1761, retomado em 1777 pelo Tratado de Santo Idelfonso, novamente anulado em 1801 e tendo sido ultimado pelo Tratado de Badajós do mesmo ano, as linhas gerais do Tratado de Madri desenharam as fronteiras que de fato definiram as soberanias portuguesa e espanhola na América do Sul.

O historiador Luis González Antón afirma que o grande desafio para as monarquias europeias do século XVIII era *conciliar mudança e tradição*, o que se expressava nos modos de governar das Coroas, nas possibilidades e limites de organização de uma balança de comércio favorável e de controle sobre a nobreza, o clero e seus privilégios. "Mudança", no mais das vezes, aparecia como sinônimo de "moderno" e, no caso das duas Coroas ibéricas, o desafio era majorado pela percepção da decadência. Nos salões, clubes e Cortes europeias, e por meio de impressos que se popularizavam com relatos, contos, instruções políticas e novelas de iluministas, era comum a afirmação de que portugueses e espanhóis eram maus colonizadores, intolerantes e conquistadores apenas, incapazes de desenvolver valores de comércio. Esta é uma *lenda negra*, ou uma narrativa negativa, que se formou em torno dos impérios ibéricos que não conseguiam substituir suas comunidades tradicionais, expressas em foros e costumes de distintos conteúdos e práticas, por um ordenamento jurídico nacional, racional e legitimado em leis pactuadas. Não por acaso, o termo mais comum entre os reformadores ibéricos era "regeneração", já que uma época de decadência só poderia ser superada pela recuperação das forças sociais que compunham a nação, o que exigiria refazer ordenamentos políticos, comerciais, tributários e sociais. Os debates da época, assim, reverberaram *tipologias de impérios* que, no mais das vezes, apresentavam os ibéricos como decadentes, muitas vezes simples saqueadores, incapazes de transformar suas estruturas, além de destacar o poderio continental francês e a grande capacidade inglesa, ancorada em sua marinha mercante, para conquista de rotas atlânticas e índicas.

Voltaire e os espanhóis

No conto "História de Jenni ou o ateu e o sábio", de 1775, o filósofo francês François-Marie Arouet (1694-1778), conhecido pelo pseudônimo de Voltaire, nos apresenta o jovem inglês Jenni, que participara da invasão da Grande Aliança à Espanha em 1705, em meio à Guerra de Sucessão espanhola, e fora feito preso. Segundo o narrador do conto, o relato da prisão de Jenni teria sido oferecido por uma catalá e apresenta um "fiel retrato dos costumes do país". Do ponto de vista da catalá, os bárbaros que vinham cercar a Espanha eram os ingleses, e a esses os costumes espanhóis parecem indecifráveis.

Voltaire opera com os termos em que se iam construindo as *tipologias de impérios*, ao passo que se pode ampliar o argumento, considerando seus escritos sobre as Índias, e afirmar suas dúvidas acerca dos avanços efetivamente conquistados pela Europa iluminista pretensamente civilizada. Ao mesmo tempo, as crenças manifestadas pela personagem da catalá mostram-se bem pouco ilustradas, permitindo considerar a religião como elemento principal da falta de racionalidade que se imputava aos impérios ibéricos. Voltaire, em outros escritos, apontaria claramente a negligência das elites espanholas para com a organização da produção e o bom aproveitamento de seus recursos naturais internos. A Inquisição, neste sentido, seria responsável pela ausência de filosofia na Espanha, e a decadência resultado direto da alienação por ela promovida.

> Quando nos disseram que os mesmos selvagens que tinham chegado pelos ares, de uma ilha desconhecida, para tomar-nos Gibraltar, vinham cercar a nossa bela cidade de Barcelona, começamos por fazer novenas à Santa Virgem de Manreze, o que é sem dúvida a melhor maneira de nos defendermos.

> Esse povo, que nos vinha a atacar de tão longe, tem um nome difícil de pronunciar, pois é english. Nosso reverendo padre inquisidor Dom Jerónimo Bueno Caracucarador pregou contra esses salteadores. Lançou contra eles uma excomunhão-mor em Nossa Senhora del Pino. Assegurou-nos que os *english* tinham cauda de macaco, patas de urso e cabeça de papagaio; que na verdade falavam algumas vezes como homens, mas que silvavam quase sempre; que eram, aliás, notoriamente heréticos; que a Santa Virgem, que é muito favorável aos outros pecadores e pecadoras, jamais perdoava aos heréticos, e que por conseguinte seriam todos infalivelmente exterminados, sobretudo se se apresentassem diante de Montjuic. Mal acabara ele de ler o seu sermão, soubemos que Montjuic fora tomado de assalto.

À noite soubemos que nesse assalto havíamos ferido a um jovem english e que ele se achava em nossas mãos. Gritaram por toda a cidade: "Vitória! Vitória!", e acenderam-se luminárias.

Doña Boca Bermeja, que tinha a honra de ser amante do reverendo padre inquisidor, sentiu extremos desejos de ver como era feito um animal english e herético. Era minha amiga íntima. Sentia-me tão curiosa quanto ela. Mas foi preciso esperar que ele se curasse do ferimento, o que não demorou. [...]

– São Tiago – disse-me ela – e Santa Virgem! É assim que são os hereges? Oh! Como nos enganaram.

Saímos o mais tarde que pudemos. Boca Bermeja foi logo acometida do mais violento amor pelo monstro herético. [...]

Um dos familiares da Inquisição, que ouvia quatro missas por dia para obter de Nossa Senhora de Manreze o aniquilamento dos *english*, foi informado dos nossos atos de devoção. O reverendo Padre Dom Caracucarador mandou-nos vergastar a ambas. [...] Resolveram queimá-lo no domingo seguinte, em grande cerimonial, paramentado com um grande sambenito e um chapéu em forma de pão-de-açúcar, em honra de nosso Salvador e da Virgem Maria, sua mãe. Dom Caracucarador preparou um belo sermão, mas não pôde pronunciá-lo porque a cidade foi tomada às quatro da madrugada daquele mesmo domingo.

Terminado o relato de Doña Las Nalgas, o narrador conta como o pai de Jenni veio à Espanha liderando as armas inglesas e conseguiu encontrar o filho vivo. Ele entabulou conversa com o Padre Dom Caracucarador após a vitória inglesa na Catalunha, reproduzida abaixo.

– Sou Dom Jerónimo Bueno Caracucarador, inquisidor da fé; peço-vos humildemente perdão por haver querido assar vosso filho em praça pública: eu supunha que ele fosse judeu.

– E mesmo se ele fosse judeu – respondeu o nosso amigo com o seu sangue-frio habitual –, fica-lhe bem, Sr. Caracucarador, assar pessoas porque pertencem a uma raça que habitava outrora um pequeno cantão pedregoso próximo ao deserto da Síria? Que lhe importa que um homem tenha ou não prepúcio e que comemore a Páscoa na lua cheia de abril ou no domingo seguinte? Este homem é judeu; precisa pois ser queimado; e todos os seus bens me pertencem: eis um péssimo argumento; não se raciocina assim na Sociedade Real de Londres. E não sabia o Sr. Caracucarador que Jesus era judeu? Que ele nasceu, viveu e morreu judeu; que celebrou a Páscoa, como judeu, na lua cheia; que todos os seus apóstolos eram judeus; que foram ao templo judeu após a desgraça de Cristo, como está expressamente referido; e que os quinze primeiros bispos secretos de Jerusalém eram judeus? Meu filho não é judeu, é anglicano, como lhe deu na telha a ideia de queimar?

O inquisidor Caracucarador, aterrado com a erudição do Sr. Freind, e sempre prosternado a seus pés, respondeu:

– Ai de nós! *Não sabíamos nada de tudo isso na Universidade de Salamanca*. Mais uma vez perdão. Mas o verdadeiro motivo é que o senhor vosso filho me tomou a minha amante Boca Bermeja.

– Ah! *Se ele tomou sua amante, é outra história; não se devem tomar os bens de outrem. Todavia, não se nos depara aqui uma razão suficiente (como diria Leibniz) para queimar um jovem. As penas devem ser proporcionais aos delitos.* (Voltaire, "História de Jenni ou o ateu e o sábio", em *Contos*. Porto Alegre, Globo/Abril, 1972, pp. 533-6. Destaques meus.)

Em uma época na qual bibliotecas, academias de Ciências ou de História, círculos de leitores e produção de dicionários, libelos e panfletos tornavam-se cada vez mais comuns, era preciso registrar experiências, inventariar o mundo e seus povos e submeter todas as manifestações da vida humana ao crivo da crítica, à crítica possível pela razão ou, na frase de Immanuel Kant (1724-1804) que tipifica as ações, era preciso "ousar saber". A razão humana, e suas muitas possibilidades de crítica e de proposição de ordenamentos para a sociedade, tem aqui papel fundamental. Trata-se de submeter crenças e tradições à crítica possível pelas pessoas dotadas de razão. Na senda aberta por esse mundo que se move, e em meio ao fortalecimento dos poderes do Príncipe, forjou-se o que chamamos de política moderna. Na base da construção desta política se encontra a ideia de que as instituições políticas não possuem caráter imutável ou sagrado, mas são construções humanas e, por isso, podem ser contestadas no âmbito público. Definitivamente, os conteúdos privados da consciência dos homens voltavam a ocupar espaços públicos, mesmo que restritos pelas possibilidades da imprensa da época e pelos controles exercidos pela Coroa em Estados como Portugal, Espanha e França.

Reitere-se que a escrita da história, neste século XVIII, fundamental para se compreender os inventários que se pretendia registrar, aos poucos ganha características até então desconhecidas, ela deixa de ser lugar de exemplificação para se tornar lugar de projeção de futuro ou, nas palavras do historiador Reinhart Koselleck, ela se torna uma história do passado que se pretende fundadora do futuro, capaz de indicar caminhos de mudança e de reforma. Cabe, por isso, aprofundar os sentidos e conteúdos das reformas promovidas pelas Coroas ibéricas no século XVIII.

Os ventos iluministas implicaram a construção de uma nova linguagem política, na qual a defesa do comércio e a razão de Estado, considerada em relação à economia política então em formação, ganharam espaço nos debates e nas ações das Coroas. Historiando experiências, os letrados da época ofereciam "memórias" sobre temas sensíveis e "instruções políticas" para governantes com a intenção de pautar e informar as reformas desejadas e reconhecidas pela razão na perscrutação da história. Desta forma, o *despotismo esclarecido ibérico*, modo como as práticas iluministas se enraizaram na península, movimentou-se entre tentativas de evitar o enclausuramento da Coroa em torno dos interesses dos Grandes do Reino, que constituíam a principal e mais rica nobreza, e a necessidade de equilibrar as finanças públicas e conservar o Império. Mas precisaria equilibrar o entusiasmo pela razão com a fé religiosa e a resiliência da Igreja Católica como instituição estruturadora da vida social. Nos termos do historiador Luis Sánchez Agesta, a *utilidade racional*, voltada para os interesses da nação/Reino – que implicava diminuir os poderes das instituições com bens amortizados – e a *autoridade tradicional* opuseram-se e amalgamaram-se em um processo de lutas e de reestruturação social. Esse processo é objeto de debate pela historiografia ainda hoje.

Após a Guerra de Sucessão, a Coroa espanhola, capitaneada agora pelos Bourbon, iniciou um conjunto de reformas conhecidas como Direitos de Nueva Planta (Direitos de Nova Planta). A intenção era diminuir privilégios fiscais, registrados nos foros tradicionais, ter maior controle sobre as fazendas locais e incorporar juridicamente à Nueva Planta (Nova Planta) regiões históricas que passariam a ser províncias, teriam corregedores e intendentes vinculados à Coroa e responsáveis pelo território, além de juízes ordinários atuando em *pueblos* e cidades. Foram criadas 11 circunscrições na Espanha e a figura do Secretário de Estado, a quem cabia substituir as funções das deputações históricas e que atuava em profícuo diálogo com os letrados reformadores. Para o melhor desenvolvimento do comércio, criou-se uma malha de circulação interna na Espanha, facilitando o escoamento de grãos, mercadorias e comunicação entre as províncias, sempre no sentido de alcançar uma maior uniformidade administrativa e política interna. E de fato, conseguiu-se um aumento da produção nacional, especialmente lãs, tecidos e porcelana, e um maior comprometimento de alguns setores com a tributação nacional.

Mas as dificuldades se mantinham, e aqui é preciso citar o problema da *Mesta,* uma associação de pecuaristas que se originou no século XIII, em Castela, quando reunia pastores, e que controlava direitos de passagem (aduana) sobre as terras da meseta castelhana, reservadas para a transumância do gado, principalmente ovelhas, já que a lã castelhana tinha mercados na Europa. Não é exagero afirmar que foi mais fácil aos Bourbon do século XVIII e seus reformadores organizarem a abertura de todos os portos da Espanha, não mais apenas Sevilha e Cádiz, para o comércio com as colônias, o que se efetivou em 1778, do que levantar todas as suas fronteiras internas, o que nem o século XIX conseguiu resolver integralmente. No mesmo sentido, foi possível garantir que os produtos coloniais passassem pelos portos da Espanha antes de se dirigirem a outros mercados, e, também, aumentar o comércio intracolonial. Mas os homens de negócio dos portos espanhóis, que lideravam o "pleito das aduanas", assim como os reformadores das Cortes bourbônicas, não conseguiram suspender todas as tradições forais, atingiram alguma uniformidade, mas o resultado pode ser considerado uma confusão administrativa entre novos regramentos e tradições locais que cobraria seu lugar no século XIX e na Guerra Civil espanhola.

E é de se destacar que as elites tradicionais, vinculadas à Mesta e aos foros e que resistiam às mudanças, estavam pactuadas com a Coroa, já que o rei precisava delas para garantir e legitimar a sua soberania. Observe, por exemplo, o caso de Aragão. Ao passo que a Catalunha e a Andaluzia sofreram um processo de reorganização forte, em Aragão a abolição dos foros incidiu sobre a jurisdição criminal que os senhores exerciam sobre os vassalos, mas não sobre o domínio territorial. Além disso, essas elites vinculadas à Coroa mantiveram a administração da justiça, dos impostos e dos municípios em seus territórios, fato que se replicou em outros lugares das espanhas. E havia necessidade de se encontrar solução política para a contribuição aos serviços públicos, que essas mesmas elites se recusavam a cumprir, e para o recrutamento militar, já que este também era dificultado pelo sistema foral tradicional. A organização do serviço militar obrigatório, por isso, misturava corpos de soldados formados nos Concelhos e pelos senhores, mercenários e recrutados individualmente de acordo com as novas propostas. E embora os tribunais civis tenham avançado em suas atribuições e espaços de atuação, não foram capazes de suplantar os costumes foralistas, menos ainda os tribunais clericais e a Inquisição.

Em Portugal, embora não houvesse o problema dos foros tradicionais de regiões históricas territorialmente definidas, havia também forte pluralismo jurídico. A monarquia bragantina, desde a Restauração, aumentara os níveis de centralização e, para isso, buscou efetivar políticas de uniformização jurídica e tributária e de incentivo à indústria nacional, além de políticas mercantilistas protecionistas para suas manufaturas e políticas para garantir um processo de colonização mais efetivo no Ultramar. A aproximação com a Inglaterra, no entanto, mitigaria esses esforços e os reformistas portugueses conseguiriam avanços na uniformização jurídica e no controle das riquezas do Ultramar, mas em parceria com a Inglaterra, como já afirmado. Em tempos de política mercantilista, termos como a "Fazenda Real" e a "riqueza da nação" eram fundamentais na argumentação dos reformistas quando defendiam o retorno dos judeus, o fim da perseguição inquisitorial sobre eles e o equilíbrio da balança comercial em favor do Reino. Mas os judeus não retornaram, e apenas quando da instituição do Estado liberal no século XIX é que o Tribunal da Inquisição foi extinto. O equilíbrio da balança, por sua vez, dependeria sempre da chegada do ouro brasileiro.

A descoberta de ouro e diamantes nas terras do Brasil talvez seja o principal motivo pelo qual portugueses usaram o termo "nação" de modo um tanto distinto de outras monarquias europeias. Não se trata do

Estado-nação concentrado na metrópole europeia, mas de um império com muitas nações, e a Coroa poderia se localizar espacialmente onde lhe fosse mais interessante. Desta forma, sendo o ouro brasileiro, no entendimento da Coroa e parte dos seus letrados, capaz de garantir o desejado equilíbrio da balança comercial, a nação que se pretendia enriquecer e proteger a fazenda talvez não estivesse no território europeu do Império, como já apontara D. Luís da Cunha (1662-1749) nas suas *Instruções Políticas* a Marco António de Azevedo Coutinho (1688-1750). Ambos eram diplomatas portugueses devotados a garantir a segurança do Reino, constantemente assombrado pela Coroa espanhola, e a conservação do Império no intricado e conflituoso xadrez europeu.

Carta de Instruções a Marco António de Azevedo Coutinho

D. Luís da Cunha – diplomata em Londres por muito tempo, participou das negociações de Utrecht, era admirador das instituições inglesas, nomeadamente sua vida parlamentar – e Marco António de Azevedo Coutinho trocaram cartas entre 1736 e 1746, como a que escreveu D. Luís abaixo reproduzida.

> *Tudo isto assim suposto, considerei visionariamente que Sua Majestade se achou em idade de ver florentíssimo e bem povoado aquele imenso continente do Brasil, se nele, tomando o título de imperador do Ocidente, quisesse estabelecer sua corte, levando consigo todas as pessoas que de ambos os sexos o quisessem acompanhar, que não seriam poucas, com infinitos estrangeiros.*

E, na minha opinião, o lugar mais próprio da sua residência seria a cidade do Rio de Janeiro, que em pouco tempo viria a ser mais opulenta que a de Lisboa. Não me faria dificuldade a diferença do clima, porque meu irmão Dom João, que nela esteve, vindo da Índia, me assegurou que não somente era muito saudável e parecido ao nosso, mas que o país era também próprio para nele se cultivarem todos os frutos da Europa, tendo já os da Ásia e África, além de que, estando tão próxima das minas de ouro e diamantes, seria mais fácil prevenir os seus descaminhos, e cresceriam os seus descobrimentos, não só naquela e mais capitanias, mas principalmente na do Maranhão, como deixo dito, a que se juntaria a facilidade de tirar mais negros da costa de África e da ilha de São Lourenço, para a cultura de todos os gêneros que o Brasil produz.

A mesma conveniência teria Sua Majestade para sustentar o Estado da Índia, e os estabelecimentos que têm na dita costa da África, animando o comércio de Moçambique, da China, da Pérsia, do golfo de Bengala, e da costa do Coromandel.

Mas neste caso, me perguntaria V. S., que faria Sua Majestade do reino de Portugal? Para responder a esta questão, é necessário saber que coisa ele é, senão (como já considerei) uma ourela de terra, que divido em três partes: que a primeira não é (ainda que poderia ser) bem cultivada; que a segunda pertence às Ordens eclesiásticas, compreendendo as monásticas; e que a terceira produz um pouco de grão, que todavia não basta para subsistência de seus moradores, sem que lhe venha de fora. Também há bastante vinho, azeite e sal, gêneros que no Brasil se não acham, sendo tão necessários ao sustento da vida, mas quanto ao trigo, é constante que em grande abundância cresce no Rio de Janeiro e Colônia de Sacramento, cuja conservação ficaria sendo mais segurança pela vizinhança da corte para ser socorrida; além de que não seria necessário que a provisão deste gênero fosse tão grande como se pode imaginar, porque os moradores do Brasil vivem muito bem da farinha de pau, como as províncias do Minho, Trás-os-Montes e Beira, se sustentam de milho, cevada e centeio. (D. Luís da Cunha, *Carta de Instruções a Marco António de Azevedo Coutinho*. Documento de domínio público. Destaque meu.)

Os reformistas espanhóis e a monarquia bourbônica também encontraram dificuldades para delimitar a nação no território peninsular das espanhas, dado que regiões históricas como Aragão e Catalunha tendiam a formar alianças com inimigos de Castela/Espanha, e a Planta Nueva não foi capaz de superar tais tradicionalismos, mesmo quando se observa a maior uniformidade jurídica que conseguiu implementar.

É fato que as riquezas carreadas do Brasil para o Reino aumentaram a prosperidade de Portugal e as receitas públicas e privadas. Para atender à exploração das minas, Portugal deu novo impulso ao tráfico de escravos no Atlântico, no qual os ingleses já haviam colocado suas frotas mercantes, mas Portugal não enriquecia tanto quanto o afluxo de metais preciosos parecia indicar. Conforme se afirmava na *lenda negra* sobre os maus governos dos impérios ibéricos, do ponto de vista mercantilista, os resultados não foram bons, já que não havia inversões de riquezas em atividades produtivas dentro do Reino e os gastos suntuosos da Corte também eram impeditivos para inversões econômicas internas. Além disso, o chamado das minas era muito forte e contribuiu para um novo esvaziamento do Reino, fato que obrigou a Coroa a impor regimes de passaporte para controlar as saídas.

Quando Sebastião José de Carvalho de Melo, o marquês de Pombal (1699-1782) iniciou seu Consulado (1750-1777) como Secretário da Coroa, havia alguma percepção entre as elites letradas de que seria preciso aprofundar as reformas que vinham sendo debatidas e implementadas apenas parcialmente, principalmente por conta da crise na produção aurífera brasileira. Suas ações foram no sentido de fortalecer a Coroa e enfraquecer a nobreza e o clero, fortalecer o domínio colonial melhorando a tributação e a produção no Ultramar, diminuir a dependência dos produtos ingleses incentivando a indústria nacional (por exemplo, a cordoaria, as louças, a chapelaria e os tecidos), preparar uma aristocracia treinada nas ideias iluministas e modernas para conduzir o Reino reformando a educação, diminuir o papel da Igreja na educação dos portugueses e diminuir o poder do Tribunal do Santo Ofício, com o que esperava estimular os judeus a virem ou permanecerem nas terras do Reino. E tudo isso demandava reformas administrativas, o reconhecimento da soberania real em detrimento da Santa Sé e o enfrentamento dos tradicionalismos.

Pombal conseguiu acabar com os autos de fé da Inquisição e submeter o tribunal ao poder real. Também melhorou sensivelmente a tributação no Reino e no Ultramar, favoreceu a criação de companhias de comércio e investiu na marinha portuguesa. Cabe, no entanto, nuançar a percepção de que se tratou de ações que alteraram estruturas, ou ainda a noção de uma "viradeira" após a sua queda em desgraça a partir de 1777, conforme sugestão, por exemplo, do historiador Manuel Villaverde Cabral, que localiza no final do Consulado pombalino uma efetiva degradação da manufatura portuguesa. Mais em acordo com uma leitura de tempo longo ou "longa duração", é assertivo observar linhas de continuidade no século das reformas em que essas, no mais das vezes, amalgamavam-se aos tradicionalismos historicamente construídos como, por exemplo, os poderes das juntas comerciais em definirem os caminhos dos subsídios oferecidos pela Coroa.

Desta forma, com as tentativas de aprofundar as reformas, ao longo do século XVIII era possível perceber uma divisão no âmago das elites ibéricas. Grupos minoritários de ilustrados demonstravam seu interesse em tornar o Estado mais eficaz e em educar a população dentro de uma filosofia racional que pudesse afastá-los dos dogmas católicos e inquisitoriais. Contra este grupo, atuavam as elites conservadoras interessadas em manter o Estado do Antigo Regime, conforme denominação feita por Alexis de Tocqueville (1805-1859) no início do século XIX, especialmente o pluralismo jurídico que garantia privilégios e autonomias no âmbito dos reinos. As minorias ilustradas formadas, porém, não conseguiram, apesar de todos os projetos de educação e pedagogia social, ombrear a popularidade e a força da Inquisição. A expulsão dos jesuítas dos impérios ibéricos (1759 por Portugal e 1767 pela Espanha) respondeu à interpretação de que a Companhia de Jesus se tornara um corpo independente dentro do Estado, com enorme autonomia para educar os povos indígenas, que deveriam ser súditos do rei, o que configurou uma afirmação do poder régio sobre o papado, mas não enfraqueceu os outros poderes clericais com bens amortizados.

O equilíbrio internacional que se pretendera fundar desde Westfália era, no entanto, bastante tênue. As disputas mercantilistas pelo Ultramar provocavam tensões entre as monarquias europeias, especialmente sobrelevadas pelo avanço do Império Inglês sobre áreas coloniais da América e das Índias Orientais. Para a Espanha, a aliança com a França poderia conter a expansão britânica na América do Norte, onde os colonos ingleses disputavam as terras em torno do rio Mississipi e a Flórida. Por isso, a Espanha esteve aliada à França na Guerra dos Sete Anos (1756-1763), que aconteceu principalmente na América do Norte, onde a rivalidade franco-inglesa envolvia a disputa pelo lucrativo comércio de peles e os avanços para oeste do rio Mississipi, e nas Índias, onde os ingleses buscavam controlar a produção de tecidos. O apoio espanhol aos franceses foi importante, dado que permitiu a negociação da Luisiana, que passaria da soberania francesa para a espanhola após a guerra. A França saiu derrotada nas frentes americana e indiana, e o Império Inglês ampliou definitivamente o arco da sua circulação e controles no âmbito da economia-mundo já bastante fortalecida, conforme se verifica nos termos do Tratado de Paris, assinado em 1763, e que colocou fim às disputas. Os custos da guerra, como se podia esperar, seriam cobrados aos colonos, e os efeitos disso se traduziram em conflitos que, no caso das colônias inglesas da América do Norte, levariam à Declaração de Independência, em 1776, e à consequente Guerra de Independência, por muitos chamada de Revolução Americana.

Em uma sequência de tempo longo, é possível verificar, entre a Guerra dos Trinta Anos, a Guerra de Sucessão espanhola e a Guerra dos Sete Anos, a articulação dos processos de decadência e reforma dos impérios ibéricos, de fortalecimento econômico e naval da Inglaterra e de pujança política e militar da Coroa francesa sobre as europas. O despotismo esclarecido dos reformistas ibéricos, em meio a um mundo que rapidamente se transformava, movimentou interesses modernos e tradicionais que seriam inflexionados pela Independência dos EUA em 1776 e pela Revolução Francesa de 1789, acontecimentos históricos que demarcariam as fronteiras do *moderno possível* na península. Nos dois casos, as reações das duas Coroas ibéricas estiveram ancoradas nas alianças entre Portugal e Inglaterra, de um lado, e Espanha e França, de outro lado.

As advertências do conde de Aranda

Em 1783, o conde de Aranda (1719-1798), que havia sido presidente do Conselho de Ministros (1766-1773) e comungava os princípios do *despotismo esclarecido*, neste momento ocupando o cargo de embaixador espanhol em Paris, após o tratado que definira os termos da independência dos EUA, escreveu ao rei Carlos III uma "Memória secreta" com advertências que demonstram a fragilidade das alianças que definam o lugar das Coroas ibéricas nas relações internacionais da época.

A independência das colônias inglesas está reconhecida e isso é para mim motivo de dor e medo. Não cabe aqui examinar a opinião de alguns estadistas, tanto nacionais como estrangeiros, com os quais concordo, sobre as dificuldades de manter nosso domínio na América. Nunca tão vastas posses colocadas a uma distância tão grande da Metrópole foram preservadas por muito tempo. A esta causa, geral de todas as colônias, há que acrescentar outras especiais das possessões espanholas, nomeadamente: os vexames de alguns governantes para com os seus governados [...] a dificuldade de conhecer bem (o governo) a verdade a tal distância [...] circunstâncias que, em conjunto, não podem deixar de desagradar os habitantes da América, levando-os a fazer esforços para alcançar sua independência assim que a ocasião for propícia.

Assim, sem entrar em nenhuma destas considerações, limitar-me-ei neste momento àquela que me preocupa quanto ao receio de nos vermos expostos a graves perigos por parte da nova potência que acabamos de reconhecer, num país onde não há outro em condições de impedir seu vôo. Esta república federal nasceu pigmeia, por assim dizer, e precisou do apoio de dois Estados tão poderosos quanto a Espanha e a França para alcançar sua independência. Chegará o dia em que crescerá e se tornará um gigante e até um terrível colosso naquelas regiões. Então ela esquecerá os benefícios que recebeu desses dois poderes e só pensará em seu engrandecimento.

A liberdade de consciência, a facilidade de estabelecer uma nova população em terras imensas, bem como as vantagens de um governo nascente, trarão agricultores e artesãos de todas as nações, e dentro de alguns anos veremos dolorosamente a existência titânica desse colosso que estou descrevendo.

O primeiro passo desta Potência quando conseguir crescer será tomar as Flóridas para dominar o Golfo do México. Depois de nos incomodar assim, ela aspirará à conquista deste vasto Império que não podemos defender contra um poder formidável estabelecido no mesmo Continente e seu vizinho. Esses temores, Senhor, são bem fundamentados e devem acontecer dentro de alguns anos, se não testemunharmos antes outras convulsões mais fatais em nossa América.

Esta maneira de pensar é justificada pelo que aconteceu em todos os séculos e em todas as nações que começaram a crescer. Onde quer que o homem seja ele mesmo. A diferença dos climas não muda a natureza dos nossos sentimentos e quem encontra uma oportunidade de adquirir poder e ascender nunca a desperdiça [...]. Uma boa política aconselha a nos prevenir contra os males que podem vir. (Conde de Aranda, *Memória Secreta sobre América*, 1783. Tradução minha.)

A Espanha acompanhou a aventura francesa no apoio à Guerra de Independência dos colonos norte-americanos, o que significou deslocar tropas e recursos, mesmo que em bem menor monta do que o fizeram os franceses. Para a França, era uma oportunidade de enfraquecer seu rival mais forte na Europa com a perda das suas colônias na América do Norte. Uma guerra que foi muito cara aos franceses e cuja fatura viria com a crise econômica decorrente dos gastos em guerras e dos conflitos sociais que levaram à Revolução de 1789. Pedro Pablo Abarca de Bolea, o conde de Aranda, parece indicar o equívoco que havia sido a participação espanhola neste evento, por mais que o resultado parecesse positivo à Espanha.

A Flórida e a Luisiana seriam compradas aos espanhóis em 1803, as terras acima do rio Grande (Califórnia, Novo México e Texas) seriam incorporadas pelos EUA após a Guerra Mexicano-americana, entre 1846-1848.

Os acontecimentos de 1789 e a divulgação dos ideais revolucionários franceses vieram a agravar a situação dos ilustrados espanhóis, já que estes não se alinhavam com os conservadores, inimigos do processo liberal, mas também não se identificavam com a política de ação violenta para a transformação do Estado, impetrada pelos novos revolucionários da França. Assim, quando na Europa se inicia o processo de perseguição aos revolucionários, os ilustrados espanhóis tornaram-se também objeto de crítica dos governos conservadores que então se estabeleceram na península, a ponto de se igualar o evento da execução de Luís XVI a tudo que fosse moderno e mesmo à ciência moderna. Em Portugal, mesmo a forte presença dos ilustrados defensores do livre mercado na governança não foi capaz de derrotar os tradicionalismos, especialmente no que toca às amortizações. Não por acaso, o "Século das reformas" ainda provoca discussões: teriam os reformadores sido incompetentes no cumprimento de suas intenções e feito concessões excessivas a Inglaterra e França? Teriam cedido às injunções liberais e capitalistas obliterando as tradições que ancoravam a vida social ibérica, como sugere o historiador espanhol Marcelino Menéndez y Pelayo (1856-1912)? Ou teriam evitado declínio maior com suas políticas de *aggiornamento* à modernização das atividades econômicas e das estruturas sociais e políticas? Teria sido a centralização tímida o que permitiria afirmar, como faz o historiador António Manuel Hespanha (1945-2019), que Estado de fato só seria conhecido pela península com o liberalismo do século XIX? Na historiografia ibérica do século XIX, cabendo citar o historiador português Alexandre Herculano (1810-1877), que será retomado no capítulo "Os cidadãos, a nação e a Constituição", o avanço do Estado e dos reformistas sobre as soberanias partilhadas em foros significou o enterramento de liberdades precoces que haviam sido construídas na península.

O filósofo espanhol José Ortega y Gasset (1883-1955), um outro exemplo, crítico do utilitarismo e do consumismo das sociedades capitalistas, buscava na história argumentos para a crítica da Igreja Católica, a quem culpava pela decadência do Império e pelas dificuldades de divulgação cultural na Espanha. Nesta lógica, os reformistas deveriam ter sido mais eficazes nas tentativas de afastar os poderes clericais do Estado e da educação da população. O século XVIII aparece, no pensamento orteguiano, como o século no qual teria se instalado a *desorientação*, onde os espanhóis teriam perdido sua identidade devido à dificuldade em organizar um projeto que orientasse a vida pública. Isto em um momento em que toda a Europa se modificava no sentido de organizar um Estado moderno, nacional e racional. Para Ortega, foi exatamente neste momento que a Espanha inquisitorial mostrou estar em desnível profundo com relação à Europa. Pela ação da Inquisição, os espanhóis teriam perdido a chance de conquistar prerrogativas individuais para pensar sua realidade e atuar sobre ela. Teriam, também, se distanciado do desenvolvimento do pensamento europeu ocidental, apegando-se apenas às particularidades internas – notadamente aquelas referentes às ideias religiosas católicas vigentes entre os conservadores e à tradição do Império construído através das Grandes Navegações no século XVI. Sua atuação como deputado nos anos de 1930 seria voltada exatamente para construir uma Constituição capaz de equilibrar interesse nacional espanhol e as tradições das regiões históricas.

Nesta viragem do século XVIII para o XIX, quando se enraizou o movimento que denominamos iluminismo, elaboraram-se novos princípios e conceitos para legitimar uma ordem social que se vinha construindo desde a centúria anterior. A transformação seria grave, e mesmo abrupta: haveria que substituir uma sociedade baseada na noção de dever para com Deus e/ou o príncipe, por uma sociedade baseada na ideia de direitos, direito à consciência individual e à crítica, direitos do homem e do cidadão. O novo mundo a ser edificado seria ancorado nas noções de soberania, igualdade perante a lei e propriedade privada, e tais noções se efetivariam em sistemas legais na forma de direitos do homem e do cidadão. Na península, quando a linguagem dos direitos e da igualdade civil e os princípios liberais começaram ser discutidos, no final do século XVIII, vinham ainda recortados pelas noções de "vizinhança" dentro de uma comunidade/aldeia/vila e "vassalidade" vinculadas aos tradicionalismos territoriais com as quais a universalidade da ideia de "cidadão" conflitava. Evidentemente que, ao longo do XVIII, tais conflitos, entre a vassalagem ao monarca, a circunscrição da vida aos lugares avizinhados e os primeiros passos de noções mais universalizantes, também implicaram conflitos pelas europas, mas no caso da península os tradicionalismos se mostraram mais resilientes. Tal fato se tornava mais evidente, e, portanto, com maior capacidade de gerar atritos, quando se observa que havia uma noção de "direitos originais" que fundaram liberdades na península por meio das soberanias partilhadas em foros tradicionais e que eram anteriores às navegações e à centralização dos poderes do Príncipe. O que muitos iluministas chamavam de "privilégios", letrados peninsulares consideravam "exercício precoce da liberdade", ideia que, no mais das vezes, também apareceu em letrados franceses e mesmo ingleses, mas não encontrou terreno tão fértil quanto na península e, cabe lembrar, nos territórios de língua alemã que, por isso, desenvolveram a ideia de "espírito de um povo", perceptível apenas na cultura e nas tradições. Nesta conjuntura de virada de século, iluminismos e romantismos aproximavam-se e distanciavam-se nos textos dos letrados e nas ações políticas que se pretendiam reformadoras ou revolucionárias.

Iluminista e precursor do romantismo, Rousseau, por meio da noção de "vontade geral", indicou um caminho para alargar os horizontes da História que então parecia buscar um sentido universal para as trajetórias humanas. A "vontade geral" do povo, sempre operante na história, indicaria uma possibilidade de defesa dos seus próprios interesses. Foi com essa possibilidade aberta por Rousseau que os românticos imaginaram um povo capaz de guiar seu destino porque educado nessa direção. No que tange à escrita da história, a tese teria consequências profundas: iluminada ou não pela razão, a "vontade geral" sempre existira e, portanto, a divisão da história em épocas bárbaras, pouco afeitas à iluminação da razão, e épocas nas quais a razão indicava o caminho do progresso da humanidade, teria que ser revista. Assim, à noção de história como "manifestação do progresso da razão", os românticos opuseram a noção da história como "progresso da *vontade geral*", manifesta esta no passado e no presente. O estudo de épocas passadas teria que considerar, de um lado, o valor intrínseco ao tempo e ao lugar estudados e, de outro lado, o significado desses tempos, lugares e povos no desenvolvimento da humanidade. No entanto, o valor das épocas do passado, mesmo que ditas "primitivas" na conceituação iluminista clássica, estava dado à partida.

No mesmo sentido, considerada a "vontade geral" como fundamento da ação humana na história, haveria que pensar, também, nas dificuldades para definir uma natureza humana uniformizadora e aplicável a todas as experiências históricas. Na senda aberta por essas considerações, elaborou-se a ideia da "singularidade de povos" em oposição às teses universalizadoras sobre a natureza e o progresso humanos. Caberia ao historiador inventariar diferenças, investigar características específicas da natureza humana vista como variável e, portanto, histórica e singular. A experiência histórica é que poderia definir um povo ou uma nação; e foi em meio à possibilidade política de construção da nação e do Estado nacional, nesta virada de século XVIII para o XIX, que se configurou a historiografia ibérica no século XIX.

Cabe estudar dois casos concretos das transformações acima sumariadas na circunstância do mundo Ibérico: os tratados produzidos por dois reformistas iluministas, um português, Rodrigo de Sousa Coutinho (1745-1812), e um espanhol, Gaspar Melchor de Jovellanos (1744-1811), com o objetivo de colocar seus reinos à altura do tempo em que viviam. Os dois ilustrados movimentaram-se politicamente entre a urgência de conservar o Reino e salvar a Fazenda Real, por um lado, e modernizar as estruturas do Reino de maneira a enfrentar a *lenda negra* sobre os impérios ibéricos.

Letrados formados na ilustração europeia e comprometidos, cada um em meio às entranhas da governança de seus reinos, com políticas reformistas de reordenamento, tanto no que diz respeito à organização do trabalho e da produção em seus países, quanto nas colônias do Ultramar, Coutinho e Jovellanos buscaram construir caminhos de modernização para Portugal e Espanha em um momento extremamente adverso. Reformar Portugal e Espanha em meio aos processos revolucionários que permitiriam enraizar o capitalismo e o liberalismo, assim como contestar tradições em nome de direitos considerados universais, implicava rever os conteúdos que pautavam a governança e, a partir desta revisão, propor os conteúdos dos novos sistemas legais que vinham sendo debatidos nos salões literários do Velho Continente desde o século XVII, quando as possibilidades de leitura da experiência humana pela razão e não mais pela providência divina provocou o que Paul Hazard chama de "crise de consciência europeia".

Rodrigo de Sousa Coutinho fez parte de uma geração de letrados portugueses chamados de "estrangeirados", isso porque sua formação no Colégio de Nobres e no curso jurídico de Coimbra permitiu-lhe elaborar seus projetos para o Reino a partir da experiência da carreira diplomática no exterior. Sua trajetória como diplomata e ministro do Reino levou-o de propostas intervencionistas, quando tinha intenções de garantir a sobrevivência da Fazenda Real, a propostas liberais radicais, como forma de conquistar a inserção de Portugal e das partes do Reino no Ultramar no comércio internacional liderado pela Inglaterra. A transferência da Corte portuguesa para o Brasil em 1808 foi o momento político mais importante da carreira de Coutinho no que diz respeito à implementação do livre mercado no Império Português. Essa professada e desejada liberdade econômica baseada na noção de direitos, no entanto, esteve sempre em complexo diálogo e disputa com a sobrevivência das tradições do Antigo Regime. E essas últimas se pautavam, como já dito à exaustão, em privilégios garantidos por foros e mercês, e pareciam bastante enraizadas nos espaços públicos do Reino dos dois lados do Atlântico.

Gaspar Melchor de Jovellanos estudou filosofia na Universidade de Oviedo e direito canônico na Universidade de Santa Catalina. Foi magistrado, membro do Conselho de Castela e do Conselho de Ordens Militares, diretor da Sociedade Econômica de Madri e membro da Real Academia de História. A Revolução Francesa constituiu-se em um enorme obstáculo para o desenvolvimento de seus projetos reformistas, já que o rei Carlos IV da Espanha, a partir de então, buscou fechar os espaços de debate no Reino. Ao contrário de Coutinho, que em toda sua carreira foi sempre membro da governança em Portugal, Jovellanos teve momentos de participação no governo e momentos de afastamento forçado, especialmente quando os tradicionalistas criavam leis e normas para impedir reformas e a divulgação de ideias iluministas. Também ao contrário de Dom Rodrigo, Jovellanos não acreditava na completa racionalidade da governança e na sua capacidade de impor modernidades apenas pela implementação de novas leis.

Apesar dessas diferenças, é possível afirmar que os dois letrados repercutiam as transformações normativas localizadas entre o século XVII, o século da "crise de consciência europeia", o século dos iluminismos e a chamada "Era das Revoluções". Trata-se do momento em que se edificaram os fundamentos legais do mundo contemporâneo, quando foram dinamitados os fundamentos morais das ações jurídicas e políticas que caracterizaram o que a historiografia chama de Antigo Regime. Os novos fundamentos, pautados na ideia de direitos, implicaram a positivação das leis e das ações políticas, de maneira a diminuir a margem de interpretação dos cidadãos, dos governantes e dos juízes em relação ao ordenamento jurídico e à organização das suas vidas. E implicaram, ainda, no entendimento de que seria possível elaborar códigos aplicáveis a lugares, povos e circunstâncias distintas, já que o pressuposto era de que "todos os homens nasciam livres e iguais em direitos". Haveria que aprisionar a consciência privada nos limites daquilo que fosse legalmente pactuado. Haveria que diminuir as possibilidades de interpretação das leis, das normas e do próprio pacto que deveria fundar os novos regimes. O novo ordenamento passaria a ser visto como resultado de pacto entre iguais. Mas, na península, os tradicionalismos continuaram a ser argumento para conservação dos impérios, agora usados como forma de evitar qualquer possibilidade de autonomia de suas partes.

Coutinho e Jovellanos e as possibilidades dos impérios ibéricos

De modo geral, a oposição entre *utilidade racional* e *autoridade tradicional* conduz à crítica à nobreza e seus bens amortizados. Estudiosos de problemas agrícolas, como Jovellanos, no mais das vezes, acabam por propor o fim desses privilégios em favor do desenvolvimento econômico. Trata-se de pensar maneiras de desamortizar os bens vinculados, de colocar terras e edificações no mercado, fazendo aumentar a produção e a circulação de riquezas. No pensamento de Jovellanos, seria possível fazer isso mantendo poderes tradicionais jurisdicionais, já Coutinho tinha proposta liberal mais radical, e considerava necessário tornar livres mercados e contratos em geral. Jovellanos pensa especialmente o fortalecimento do Estado Nacional na península, Coutinho, por sua vez, acompanhando D. Luís da Cunha, não considera a riqueza nacional apenas a peninsular.

A Sociedade não conclui daqui que as leis não devam coibir os excessos do interesse privado, ela reconhece que este será sempre o seu santíssimo e salutar ofício, um dos primeiros objetos de sua proteção. Apenas conclui que resguardando a livre ação do interesse privado, contida nos limites indicados pela justiça, ela só deverá atuar quando começar a ultrapassá-los. Em uma palavra, Senhor, o grande e geral princípio das leis concernentes à agricultura deve se pautar pela remoção dos entraves que se opõem à livre ação do interesse de seus agentes na esfera indicada pela justiça. [...]

Se o interesse individual é o primeiro instrumento da prosperidade da agricultura, sem dúvida nenhuma das leis serão mais contrárias aos princípios da Sociedade do que aquelas que, em vez de se multiplicarem, diminuírem esse interesse, diminuindo a quantidade de propriedade individual e o número de proprietários privados. Tais são as leis que, por uma espécie de descaso político, deixaram sem donos nem colonos uma preciosa porção das terras aráveis de Espanha e, distanciando delas o trabalho dos seus particulares, subtraíram ao Estado todo o produto que o interesse individual poderia auferir deles. Assim são os terrenos baldios. (Gapar Melchor de Jovellanos, *Informe en el expediente de la Ley Agraria*. 1794. Disponível em: <https://www.cervantesvirtual.com/obra-visor/informe-sobre-la-ley-agraria--0/html/fedbbe9c-82b1-11df-acc7-002185ce6064_6.html>. Acesso em: 4 set. 2023. Tradução minha.)

Todos os homens célebres, e de maior nome na literatura e política, que têm considerado a influência das minas dos metais preciosos na indústria das nações que as possuem, as têm reputado como a principal causa da decadência das mesmas nações, e da ruína da sua indústria. [...]

Eis aqui quais seriam os próprios, e essenciais efeitos das minas sobre a indústria; que só viriam a ter os pretendidos mais efeitos de uma balança muito vantajosa. [...]

Não é de maior força o argumento que o célebre Montesquieu produz contras as minas: elas dobraram (diz ele) o numerário, abateram consequentemente o seu valor; e crescendo ao mesmo tempo a dificuldade de extrair na América os metais preciosos, diminuiu-se a riqueza que se tirava delas. É bem digno de reflexão, que Montesquieu, produzindo este argumento, não atendesse, que só podia ter força no caso de uma nação, que não tendo indústria pagasse uma balança desvantajosa com o produto das minas, que por consequência seria obrigada a pagar cada ano mais [...].

O reinado do senhor rei D. Pedro, época em que se descobriram as minas do Brasil foi também o do Tratado de Methuen, o qual destruindo todas as manufaturas do reino, e fazendo cair todo o nosso comércio nas mãos de uma nação aliada e poderosa, fixou contra nós a balança de comércio em tal maneira, que o imenso produto das minas foi limitado para soldar. (Rodrigo de Souza Coutinho, *Discurso sobre a verdadeira influência das minas dos metais preciosos na indústria das nações que as possuem, e especialmente da portuguesa*, 1789.)

O que é bastante significativo na virada do século XVIII para o XIX na península é que, como efeito das reformas, houve uma expansão das relações entre as duas metrópoles e suas colônias, com aumento da produtividade colonial e da participação dos dois reinos no comércio mundial ancorado no Ultramar. Ocorre, porém, que, mesmo com a perda das colônias da América do Norte, a Inglaterra havia edificado um império colonial em novas bases. Normalmente nomeado de "império de *free trade*", tratava-se de organizar a circulação de matérias-primas e manufaturas a partir dos interesses do Estado-nação que podiam, inclusive, renunciar ao comércio de escravos e criar formas de submissão vinculadas ao aumento da produtividade, com forte desenvolvimento tecnológico, e de circulação de produtos entre as partes do Império Inglês e os outros impérios. Desta forma, combinando poder naval, economia doméstica forte e sistema bancário estável, a Inglaterra submeteu povos e lugares, acirrando ainda mais as disputas com a França. A expansão napoleônica – talvez o último forte abalo da França contra esta sua inimiga histórica, já que ao longo do XIX Inglaterra e França encontrariam um inimigo comum, os Estados alemães – moveria as peças do xadrez novamente, e a península teria que se movimentar no tabuleiro acompanhando suas aliadas históricas.

O ano de 1808 foi, assim, um ano fatal para a península ibérica: a ausência do rei, a forte presença popular na luta contra os invasores franceses e a possibilidade de elaborar uma Constituição de caráter liberal e, em algum sentido, democrático, foram acontecimentos que colocavam o mundo, literal e dramaticamente, de ponta cabeça. A derrota de Napoleão traria a possibilidade de construir uma nova nação para portugueses e espanhóis também. Aos letrados da época coube a tarefa de preservar certo *sentido de continuidade histórica* em meio ao turbilhão e às convulsões sociais. À história caberia encontrar o caminho para a legitimação do liberalismo na península, para o seu enraizamento.

A invasão napoleônica de 1808 acabou por legitimar o processo de fortalecimento dos conservadores na península e de antagonismo entre ilustrados e tradicionalistas, na medida em que uma grande parte da população identificava o invasor com a modernidade e a ilustração, apegando-se à figura do rei na tentativa de expulsar o inimigo e reconstruir os dois reinos. Por isso, leitor, na península, quando os cidadãos foram às armas, tornou-se muito difícil estabelecer o que fosse moderno e o que fosse tradicional, o que fosse o indivíduo e o seu lugar nas corporações, casas e muitas outras formas de associação que eram comunitárias e não se remetiam a grupos de indivíduos livremente reunidos, assuntos que se espalharam pelo século XIX ibérico e serão abordados no capítulo "Os cidadãos, a nação e a Constituição".

Entre a Paz de Westfália, a centralização dos poderes dos príncipes e a invasão napoleônica, a península movimentou-se entre tradicionalismos e projetos de reforma e mudança, ao mesmo tempo que as duas Coroas desenvolveram políticas de conservação dos seus Impérios nas relações internacionais. As relações historicamente estabelecidas entre os reinos e povos peninsulares e os lugares e povos do Ultramar fariam com que a ideia de "nação" nucleada em "Estado", fundamental na nova linguagem política que se desenvolveu no XVIII, tivesse tintas bastante específicas na experiência ibérica, fato que, no mais das vezes, contribuiu para uma *lenda negra* sobre os seus modos de governar e para o desenvolvimento da noção de decadência. No mesmo sentido, entrado o século XIX, a continuidade dos tradicionalismos, mesmo quando um tanto modificados pelas reformas, criou atritos entre os novos termos políticos universalizadores, como "cidadão" e "direitos do homem", e aqueles comuns ao cotidiano do Antigo Regime, como "vizinho" e "comunidade", assuntos para o próximo capítulo.

Os cidadãos, a nação e a constituição

O debate sobre os impactos dos iluminismos e das invasões napoleônicas na península ibérica guarda questões que ainda hoje são motivo de polêmica. Para muitos historiadores, e principalmente para muitos letrados que viveram a passagem do século XVIII para o XIX, a península não teria, de fato, conhecido a nova linguagem política que se vinha desenhando antes de 1808. Reverberando a *lenda negra* sobre os impérios ibéricos e sua decadência ou atraso, as noções de cidadania, de direitos civis e de uma Constituição indicando modos de governar e fazer política teriam invadido a península ibérica em 1808, junto às tropas napoleônicas, sendo, por isso, "ideias estrangeiras". Não é por acaso que os letrados afeitos à ilustração eram chamados de "estrangeirados" em Portugal: eles teriam conhecido tais ideias em suas andanças por outros reinos e impérios, como estudiosos, médicos ou chanceleres.

A trajetória do médico José Pinto de Azeredo

José Pinto de Azeredo (1766-1810) nasceu no Rio de Janeiro e formou-se em Medicina pela Universidade de Leiden, na Holanda, mas também estudou retórica, filosofia e latim na Universidade de Edimburgo. Sua trajetória tipifica o movimento de letrados no Império e pelas europas, entre os iluminismos, as classificações de doenças, plantas, animais e povos, os avanços da medicina e da farmacopeia, a vassalagem ao príncipe e o serviço à Coroa. Desde 1789 teve reconhecido seu direito de atuar como médico em Portugal e no Ultramar, tendo exercido a medicina no Rio de Janeiro, em Angola, Portugal, Bahia e Pernambuco. Foi Cavaleiro da Ordem de Cristo, foi médico real de câmara de D. Maria I e participou de várias academias europeias. O trecho destacado de seus ensaios sobre enfermidades de Angola evidencia o exercício da observação de sintomas, prática a partir da qual, à época, procurava-se caracterizar as doenças, os modos de transmissão e as possíveis curas, relacionada à visão que afirmava serem os climas africanos e americanos "malignos" e propensos às febres. Nota-se que ele se dirige ao professor que, a partir da leitura de seu compêndio, cuidará de pacientes com a febre remitente de que fala no capítulo reproduzido parcialmente. Cabe lembrar que então as curas para as febres se resumiam a chás e comprimidos de quinina.

> Toda pessoa de qualquer idade pode ser atacada de febres remitentes, bem que os homens o são com mais frequência, que as mulheres, e os mancebos, que as crianças. Talvez que assim aconteça por serem os homens, e os mancebos, mais vezes expostos às causas remotas. É certo que aqueles, que chegam de novo à Costa d'África, e não se acautelam do sol, e de outras causas, pelo costume que trazem de outros climas benignos, são atacados com maior força e com maior perigo.

> O modo ordinário como atacam as febres remitentes, principiando por um langor, e pouca atividade, dores de cabeça, inclinação para se deitar, dores pelos lombos, articulações e olhos; inapetência, amargores de boca, náusea, arrepiamentos de frio pelas costas, um pulso frequente, e irregular, e vômitos biliosos.

Algumas vezes aparecem esses sintomas, outras vezes parte deles, os quais gradualmente crescem, e a febre se declara, aumentando-se sempre o calor. Estando ela no seu auge, o pulso vai subindo, fazendo-se cada vez mais forte, duro e frequente; as faces e as bocas se fecham, e excitam uma sede contínua, e impaciente; sobrevêm ânsias, desassossego, e opressão de peito; a língua se faz branca, as excreções se suprimem, e a respiração se embaraça. [...]

Se o professor não aproveita logo a remissão, aplicando os remédios competentes; ou se o enfermo não recorre imediatamente a ele, confiando-se nas forças da natureza, como ordinariamente acontece, sobrevém segundo paroxismo, o qual se faz muito perigoso, e funesto. [...]

Há remitentes que são perniciosas, quando os seus sintomas parecem benignos, e de nenhum cuidado. Eu as descrevo, para que o professor se acautele sempre, e seja pronto na administração dos remédios em semelhantes casos. [...]

A icterícia aparece em algumas remitentes, o que se conhece pelos olhos, narinas e por toda a cútis. [...]

Além do fígado, também o baço é muito sujeito a obstrução. [...]

Os médicos que observam cuidadosamente e às cegas as doutrinas de Hipócrates, ainda hoje esperam nas febres os dias críticos. Alguns autores do presente século, fazendo-se uns meros copiadores das doutrinas antigas, deixaram de refletir sobre elas e fizeram passar para os nossos dias o inviolável respeito das suas opiniões. O mesmo Cullen, meu sábio mestre, sendo um homem livre, e eclético, caiu no mesmo erro dos dias críticos. [...]

Mas querendo indagar a causa próxima das febres para entrar em um método de cura científico, e não empírico, me vejo obrigado a discorrer metafisicamente e tirar consequência que sirvam de noções genéricas para este mesmo fim. (José Pinto de Azeredo, *Ensaios sobre as enfermidades d'Angola, dedicados ao Sereníssimo senhor D. João Príncipe do Brazil*. Lisboa, Régia Oficina Tipográfica, 1799, pp. 5-6, 18, 26, 28.)

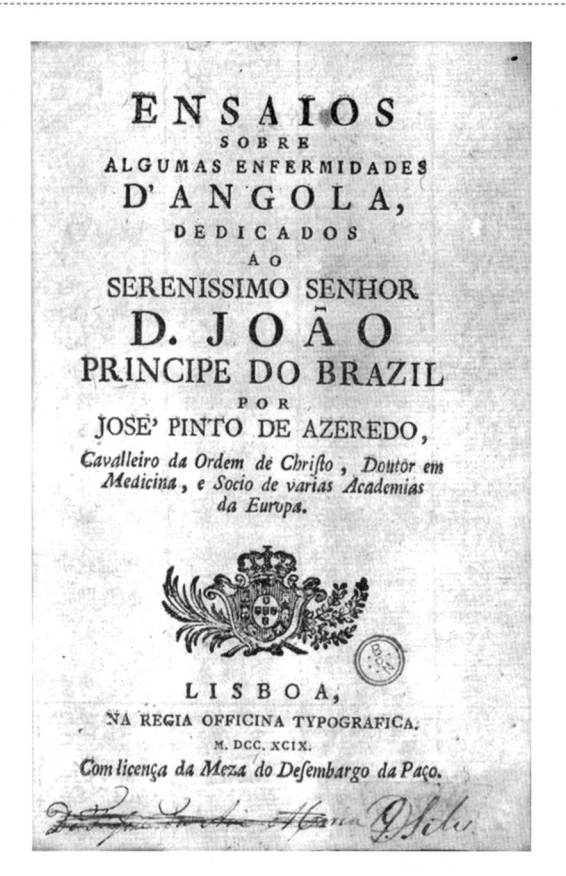

Os Ensaios sobre algumas enfermidades d'Angola,
publicado em 1799 e dedicado a D. João, então príncipe do Brasil.

Creio, no entanto, que é mais interessante considerar as invasões de 1808 dentro do contexto reformista que caracterizou o XVIII peninsular, acompanhando as interpretações e proposições de seus governos, letrados e povos, todos implicados no intricado e competitivo xadrez político internacional que articulava reinos, colônias e impérios, ao passo que ganhavam corpo as noções de "cidadania" e "soberania nacional".

O mundo do chamado Antigo Regime era marcado por rotinas, oralidades, convenções, corporações, tradições e costumes que se reencenavam ao longo da vida das pessoas em lugares de nascimento e vivência que pouco se alteravam e que legitimavam uma ordem considerada por muitos como sagrada. O mundo das letras e dos indivíduos com autonomia de pensamento e liberdade de ação, do progresso, das mudanças e das secularizações dos modos de compreender a vida e a história invadiu essas rotinas mais fortemente ao longo do século XVIII, criando sobreposições de corporações tradicionais com novas associações como as sociedades econômicas, as maçonarias e os clubes políticos e literários. Esses últimos formatavam, aos poucos, um espaço público de debates no qual comentários de assuntos cotidianos e fatos políticos, cartas e caricaturas, conforme afirmado pela historiadora Lúcia Bastos, formavam uma *literatura de circunstância* que esteve na origem da circulação de notícias e da imprensa contemporânea, além de frequentarem teatros, clubes, sermões de igrejas e tabernas. Mas entre as rotinas e as mudanças muitas temporalidades foram sendo experienciadas e sobrepostas, e por isso não cabe apontar um sentido único para as histórias vividas pelos europeus e suas áreas coloniais em meio a essas transformações. No caso da península ibérica, cabe observar como se articularam os *tradicionalismos vividos* em rotinas e as *modernidades fabuladas* em projetos de mudanças em meio às notícias sobre as revoluções e a expansão napoleônica.

Quando Napoleão Bonaparte (1769-1821) encaminhou seus exércitos para a invasão da península, já havia submetido a Bélgica, a Holanda, os principados alemães e italianos, e já havia se tornado imperador. Constrangida pelos acordos históricos e dinásticos que mantinha com a França desde os inícios do século XVIII, a Espanha se viu imbricada nas Guerras Napoleônicas, especialmente porque sua esquadra naval interessava a Napoleão, preocupado com os fluxos entre colônias e metrópoles e a necessidade de controlar os acessos ingleses a esses mercados. A derrota da Armada franco-espanhola para a Inglaterra em Trafalgar, no ano de 1805, fato que impediu Napoleão de controlar entradas para o Atlântico e aportar na Inglaterra, provocou o Bloqueio Continental contra a Inglaterra e a invasão da península pelos franceses. As disputas econômicas entre a França e a Inglaterra ganhavam novo capítulo: enquanto a França buscava fechar os portos e mercados europeus, e de suas colônias, aos ingleses, estes incentivavam a formação de coligações para derrotar Bonaparte e movimentos de liberação que fortaleceriam nacionalismos no continente e no Ultramar. Entre as muitas temporalidades que se foram imbricando nesta conjuntura e criando interpretações sobre o significado da expansão napoleônica, cabe destacar três: para muitos letrados afeitos à nova linguagem política que considerava as pessoas como cidadãos e não como servos, e que eram por isso chamados de "afrancesados", a chegada dos franceses podia significar a possibilidade de constitucionalizar a nação e libertar os servos, enterrando costumes e tradições de Antigo Regime; para as nações, obrigadas a integrar os exércitos do invasor, a pagar tributos e a organizar a sua produção de acordo com os interesses franceses, muitas vezes enfraquecendo suas indústrias, a chegada dos franceses era vista como conquista a ser combatida; para os reis, acostumados à linguagem política que lhes atribuía a soberania para bem governar o povo, a chegada dos franceses produzia o medo dos ideais revolucionários que vinham se enraizando desde as conjunturas de 1776 e 1789 e, por isso, deveria ser combatida.

A península ibérica era fundamental neste processo. Os portos de Barcelona, Cádiz e Lisboa tinham grande importância na guerra econômica que Napoleão fazia contra a Inglaterra: eram os portos de ligação com o Ultramar, entrada para o Mediterrâneo e passagem do Mediterrâneo para o Atlântico, para os mercados dos produtos ingleses que a França pretendia embargar e substituir. Se, diante das disputas entre a França e a Inglaterra, D. João VI de Portugal (1767-1826) pôde valer-se de alguma ambiguidade evitando posicionamentos precipitados e buscando retirar vantagens de comércio com as duas potências, Carlos IV da Espanha (1748-1819), por sua vez, não pôde fazer mais do que apoiar sua aliada histórica, a França, motivo pelo qual o Tratado de Fontainebleau foi assinado em outubro de 1807. Por este Tratado, Bonaparte pretendia invadir e controlar Portugal a partir da Espanha, de modo a forçar o cumprimento do Bloqueio Continental. Desta forma, em 1807, Portugal sofria ameaça de uma esquadra inglesa que chegava a Lisboa no outono exigindo a manutenção dos fluxos comerciais entre Inglaterra, Portugal e suas colônias, o que implicava cumprir o que já indicara D. Luís da Cunha no início do século XVIII e agora defendia D. Rodrigo de Sousa Coutinho, ou seja, a transferência da Corte para a parte mais rica do Império, o Brasil. Ao mesmo tempo, Portugal sofria a invasão do exército francês que, a partir da Espanha, chegava a Lisboa no dia seguinte à fuga da família real.

Fuga da família real

Na manhã do dia 29 de novembro de 1807, quem fosse ao Alto de Santa Catarina em Lisboa poderia ver, para o lado do mar, as velas de uma enorme frota a tentar afastar-se de terra. Eram os mais de quarenta barcos, entre navios de guerra e mercantes, que levavam o príncipe regente de Portugal para o Brasil. Com D. João, seguiam a família real e algumas das principais personagens da Corte, do Governo, dos tribunais e das Forças Armadas. Não há certeza, mas haveria talvez, contando com as tripulações, umas 5000 a 7000 pessoas a bordo, por entre papéis, roupas, mobília e mantimentos. (Rui Ramos, "Invasões francesas, tutela inglesa e Monarquia brasileira", em Ramos, Vasconcelos, Monteiro, *História de Portugal*, Lisboa, Esfera dos Livros, 2014. *E-book*, posição 9158.)

Os acontecimentos que se sucederam após a partida da família real permitem afirmar uma forte presença política da Inglaterra em Portugal, onde seu embaixador passou a fazer parte do Conselho de Regência de Lisboa e suas tropas, lideradas pelo general William Beresford e pelo duque de Wellington, comandavam a resistência portuguesa ao invasor. No Rio de Janeiro, no entanto, a Corte parecia demonstrar maior autonomia, resistindo à pressão pelo fim do tráfico de escravos e submetendo Lisboa aos interesses econômicos do Brasil.

A operação de transferência da Corte, para além de significar a aplicação de princípios liberais econômicos aos fluxos de comércio atlânticos do Império, conforme era desejo de D. Rodrigo e se expressou nos Tratados de 1810 por meio dos quais os portos brasileiros se abriram às nações amigas, significou a separação entre *razão de Estado* e *interesse nacional* do ponto de vista de Portugal. A abertura dos portos brasileiros prejudicou a economia portuguesa como um todo, já que a expansão do sistema colonial em função do reformismo ilustrado melhorara, e muito, a balança comercial de Portugal. Do ponto de vista do Império, no entanto, e aqui a razão de Estado separada dos interesses nacionais portugueses, interessava manter o controle sobre a economia brasileira, responsável pela melhora na Fazenda Real, e conservar Portugal na Europa, o que poderia ser feito com o apoio da Inglaterra.

Disputas políticas pelas riquezas vegetais

O historiador Nicolau Sevcenko explica como as invasões napoleônicas, acompanhando os primeiros passos do imperialismo do século XIX, implicaram disputas pela prospecção de plantas que poderiam ser comercializadas e ajudar a desenvolver a farmacopeia da época.

Em primeiro lugar, é Portugal mesmo que vai iniciar uma tentativa de prospecção mais completa do território brasileiro e para isso vai nomear um botânico formado na Universidade de Coimbra, Alexandre Rodrigues Ferreira, mas que era brasileiro, para fazer uma grande expedição composta de inúmeros auxiliares com os quais ele faria uma ampla exploração dos principais fluxos fluviais da Amazônia e do Pantanal. De 1783 a 1789, todo esse material foi sendo reunido, composto por espécies catalogadas, por manuscritos com descrições de paisagens da natureza e ilustrações. Esse material era todo encaixotado e remetido para Lisboa, ficando acumulado no Real Gabinete de História Natural de Lisboa e em 1789 o próprio Alexandre Rodrigues Ferreira partiu do Brasil para Lisboa, assumindo ele mesmo a organização desse imenso arquivo sobre os recursos da vegetação e da natureza brasileira.

Esse acervo ganha uma reputação tão notável na Europa, que quando Napoleão decide invadir Portugal, junto com o general Junot, ele manda à frente do seu exército um botânico, o naturalista Geoffroy de Saint-Hilaire, cuja função era exatamente de, no caso de Lisboa ser invadida, não correr para o tesouro do palácio, mas sim para o tesouro do Jardim Botânico, e saquear todo o acervo de Alexandre Rodrigues Ferreira, inclusive, e se possível, prendendo o próprio. Essa foi a primeira medida que os franceses tomaram assim que conquistaram a capital do Império Português, o que levou D. João VI a assumir uma medida de retaliação. Assim que ele chega ao Rio de Janeiro, a primeira coisa que faz é decretar a invasão da Guiana Francesa, com ordens expressas para que as tropas corressem para o Jardim Botânico de Caiena e lá prendessem o botânico chefe, o célebre mestre Martin, forçando a transferência de todas as espécies do jardim botânico de lá para os jardins botânicos de Belém, Pernambuco e Salvador. Era a guerra dos vegetais, em que a ação militar direta passou para o campo da espionagem, mais clandestinamente. (Nicolau Sevcenko, "O Front brasileiro na guerra verde: vegetais, colonialismo e cultura", em *Revista USP* – Dossiê viajantes, n. 30, pp. 111-8, junho/agosto, 1996.)

O mesmo movimento de fuga para a América tentaria a monarquia bourbônica da Espanha, mas seria aprisionada por Napoleão na cidade de Bayona, no sul da França, antes que pudesse cumprir a fuga. A derrota em Trafalgar enfraquecera a Marinha espanhola, dificultando o comércio atlântico e provocando desabastecimento na Espanha, e o Tratado de Fontainebleau, que permitia a entrada de tropas francesas em território espanhol para atingir Portugal, ajudou a aumentar a impopularidade do rei Carlos IV e seu principal ministro, Manuel de Godoy (1767-1851). A presença das tropas francesas provocava desconfianças, já que a prática de Napoleão Bonaparte era substituir dinastias reinantes por governantes afeitos ao seu projeto liberal e expansionista. A insatisfação popular provocou o Motim de Aranjuez, em março de 1808, quando a população capturou Godoy e forçou a renúncia de Carlos IV em favor de seu filho Fernando VII (1784-1833). Mas a intervenção francesa não tardaria: convencidos a encontrar Napoleão em Bayona, e pretendendo barganhar o apoio francês, os monarcas espanhóis foram obrigados a abdicar, e José Bonaparte I (1768-1844), irmão mais velho do general, foi proclamado rei da Espanha, com a incumbência de oferecer aos espanhóis uma Constituição. Ao mesmo tempo, Napoleão declarou a Casa de Bragança destituída em Portugal, nomeando o general Junot como governador geral de Portugal. Parecia bastante simples, mas a ausência dos reis e a resistência que o povo investido de soberania impôs às tropas francesas daria origem à *guerra peninsular*, ou *guerra de independência*, com episódios de guerrilha até então desconhecidos. O evento emblemático seria o Protesto de Dois de Maio de 1808, em Madri, quando a população se levantou contra o invasor e sofreu forte repressão, dando início à guerra.

Goya e os dias 2 e 3 de maio em Madri

Francisco José de Goya y Lucientes (1746-1828) formou-se pintor com um mestre de Zaragoza, onde viveu a infância. Chegaria a Madri em 1774, por indicação de um cunhado pintor, para desenhar tapeçarias na Real Fábrica de Tapeçarias de Santa Bárbara, onde inovou representando cenas da vida espanhola e divertimentos populares, em vez de motivos da Antiguidade clássica. Começaria a pintar retratos que lhe deixariam famoso como os cartões que fazia para as tapeçarias e, em 1786, se tornaria *pintor régio*, em 1789 *pintor de Corte* e, em 1799, o principal pintor da Corte. Seus retratos permitem observar sua aproximação com os ventos revolucionários e liberais, já que os tradicionalistas eram sempre pintados dentro de registros de Antigo Regime e os iluministas em cenas menos circunspectas que destacam seu comprometimento com as novas ideias, como no caso do quadro que pintou de Gaspar de Jovellanos, em 1798. Mas, a partir de 1793, usando a técnica de água forte em obras de formato menor, pintou a série "Caprichos", nas quais suas angústias, resultantes da articulação entre a doença que o deixou surdo e as novas ideias acerca da organização da vida a partir da razão e não de ordens pré-estabelecidas, deram origem a imagens que revelavam suas visões, medos e pesadelos. Talvez a mais emblemática das águas-fortes desta série seja a denominada *O sono da razão produz monstros*:

O sono da razão produz monstros, de Goya (Capricho 43), 1797-1798.
O artista dormindo. De sua cabeça saem morcegos, gatos, monstros.

Podemos pensar na razão e suas fabulações/sonhos de melhor organização da sociedade como uma crítica aos iluminismos. Mas também podemos considerar que o *"sueño"* pode ser o sono, e neste caso seria a razão adormecida que produziria monstros. A série "Caprichos" provocaria reações negativas, especialmente do clero, por isso ficou à venda por pouco tempo e foi doada por Goya ao rei, que lhe retribuiu com uma anuidade destinada ao seu filho.

Goya foi um afrancesado, esperava a constitucionalização da Espanha e, como Jovellanos, retirar os poderes da Inquisição, da Igreja Católica, da nobreza, com suas jurisdições seculares, e da monarquia absoluta. Por isso, esteve sempre dividido entre as possibilidades de constitucionalização das espanhas trazidas pelas tropas napoleônicas em 1808 e o espírito nacionalista contra o invasor. Goya estava em Madri quando, em 2 de maio de 1808, o povo se levantou contra a repressão dos mamelucos da Guarda Imperial de Napoleão, e em 3 de maio quando os invasores executaram os sublevados. Esses acontecimentos deram início aos primeiros levantamentos espontâneos contra os franceses e à formação de Juntas Governativas em oposição ao governo invasor. Dois quadros emblemam o heroísmo dos espanhóis e sua força ao tomar para si a defesa da soberania espanhola. Embora não seja possível saber exatamente o que Goya presenciou nesses dois dias, é fato que as obras que pintou acabaram por constituir a representação mais icônica dos eventos.

O dia dois de maio de 1808, 1814. (Museu do Prado, Madri, Espanha.)

O três de maio de 1808, 1814. (Museu do Prado, Madri, Espanha.)

Durante o domínio francês, Goya se manteve pintando a Corte e as elites próximas ao governo francês. Por isso, os dois quadros, que são de 1814, evidenciam o desejo de Goya de reestabelecer pontes com o governo restaurado de Fernando VII. Afrancesado em busca de redenção, foi Goya que solicitou ao Conselho de Regência para executar as obras.

Apesar do apoio de poucos ilustrados "afrancesados", D. José I, de fato, nunca teve controle sobre as espanhas. O mesmo duque de Wellington, que apoiava os portugueses contra os invasores, comandava o exército britânico em apoio à Espanha a partir das praças portuguesas. Mas as tropas regulares eram bem menos efetivas do que as milícias espontaneamente organizadas pela população. Ao mesmo tempo, formaram-se Juntas Provisórias para organizar o governo em diferentes lugares da península, inclusive em Portugal que, influenciado pelos acontecimentos de 2 e 3 de maio em Madri, formara Juntas em cidades como Porto, Coimbra, Évora e Bragança. Na Espanha, formou-se uma Junta Central que se reuniu em Cádiz, região afastada das áreas de domínio francês, com representantes das espanhas e das américas. Desta forma, o combate ao invasor estrangeiro alinhavava conteúdos da nova linguagem política e uma reivindicação pelo retorno dos monarcas, em defesa do Príncipe e da fé católica.

Em Portugal, já em agosto de 1808, as tropas regulares britânico-portuguesas conseguiram expulsar os franceses, e as Juntas foram dissolvidas devolvendo-se o poder ao Conselho de Regência de Lisboa. As próximas tentativas francesas em solo português também seriam repelidas, não sem contribuir para a desorganização econômica resultante da quebra do controle dos fluxos comerciais com o Ultramar. Nas espanhas, a guerra se prolongaria e seria bem mais violenta. Essa violência cotidiana também seria representada por Goya, que se movimentava entre os conteúdos da nova linguagem política e os incômodos resultantes da repressão francesa e da guerra como um todo.

Goya e os "Desastres da guerra"

Os revolucionários franceses, que pretendiam constitucionalizar as espanhas e não entendiam sua reação, já que se consideravam liberais e libertadores dos servos, usaram de enorme violência contra os espanhóis, que não manifestaram menor violência em sua resistência e ódio aos franceses. A guerra peninsular inspirou outro conjunto de águas-fortes que Goya intitulou "Desastres da guerra". Acredita-se que tenham sido pintadas entre 1808 e 1815. As pequenas obras, 82 placas, representaram chacinas de ambos os lados, torturas, violações e reflexões sobre as possibilidades de se estabelecer de fato um governo justo em meio à guerra. Não se tratava de glorificar vencedores, mas de mostrar o horrível cotidiano de ódio e violência. Nota-se que Goya não viveu este cotidiano de guerra, esteve afastado. Suas obras resultam de testemunhos e da sua própria imaginação, mas os relatos que temos da guerra permitem afirmar que o pintor soube registrar elementos vividos e discutidos à época. As gravuras dessa série não interessaram aos franceses na época de seu domínio, e nem ao governo da restauração de Fernando VII, por isso sua primeira edição data de 1863, época em que alguns ventos liberais sopraram nas espanhas.

Com razão ou sem ela. Série "Desastres da guerra" (2/82).
Representa o enfrentamento de espanhóis e franceses.

Contra o bem comum. Série "Desastres da guerra" (71/82).
A representação daquele que escreve contra o bem geral pode ser de um religioso
ou de um legislador. A Igreja Católica podia defender o bem geral? Ou seriam
os legisladores dos novos tempos, com seus mundos constitucionalizados
independente das tradições, que tramariam contra o bem geral?

População. Série "Desastres da guerra" (28/82).
A representação da violência dos espanhóis em defesa de sua soberania
faz o pintor indagar se a guerra teria matado
a verdade e tornado impossível seu renascimento.

População. Série "Desastres da guerra" (33/82).
Goya dedicou mais gravuras à representação da violência por parte dos franceses.

As dúvidas e receios expressados por Goya em suas gravuras tipificam o dilema peninsular relativo à constitucionalização em meio à guerra: como materializar um pacto/contrato considerando que a experiência histórica vivida não parecia ter formado grupos políticos organizados, ou representado interesses econômicos e sociais, para além dos grupos de letrados que se manifestavam em incipientes sociedades e clubes? É fato que os ventos iluministas sopraram pelas espanhas, o que se evidencia em ações e textos de letrados e na governança reformista do século XVIII. Mas é fato, também, que esses ventos se articularam e se imbricaram com os tradicionalismos resilientes na formação social peninsular. Os cidadãos em armas que lutavam contra o invasor reivindicavam seu direito de exercer a soberania na ausência do rei, mas o faziam também em nome da monarquia, da Igreja e dos foros tradicionais. Por isso, para boa parte dos liberais que se elegeram para as Cortes de Cádiz era possível escrever uma Constituição com poder de mudança, capaz de materializar as ideias que frequentavam apenas marginalmente a vida dos cidadãos e romper com o Antigo Regime. Napoleão Bonaparte também pretendia oferecer uma Constituição a partir de Bayona, onde se encontravam afrancesados espanhóis dispostos a contribuir, e livrar as espanhas de seus tradicionalismos:

> *Espanhóis*: depois de um longo período de agonia, a vossa nação estava prestes a perecer. *Assisti aos vossos males e vou remediá-los*. A vossa grandeza e o vosso poder fazem parte do meu. Os

vossos príncipes cederam-me todos os seus direitos à coroa das Espanhas: eu não quero reinar nas vossas províncias; mas desejo adquirir direitos eternos ao amor e ao reconhecimento da vossa posteridade. *A vossa monarquia é velha: a minha missão é renová-la*; melhorarei as vossas instituições, e farei com que desfrutem dos benefícios de uma reforma, sem perdas, desordens nem convulsões. *Espanhóis: ordenei que se convocasse uma assembleia geral dos conselhos das províncias e das cidades. Quero* saber na primeira pessoa quais são os vossos desejos e as vossas necessidades. Depois, irei entregar todos os meus direitos e colocar a vossa gloriosa coroa na cabeça de outro Eu, garantindo-vos ao mesmo tempo uma constituição que concilie a santa e saudável autoridade do soberano com as vossas liberdades e os privilégios do povo. Espanhóis: lembrai-vos daquilo que foram os vossos pais e onde chegastes agora. A culpa não é vossa, mas sim do mau governo que os governava. Mantenham a esperança e confiança nas circunstâncias actuais; pois Eu desejo que a minha memória chegue até aos vossos últimos netos e que estes exclamem: *É o regenerador da nossa pátria.*

Escrito no nosso palácio imperial e real de Bayona a 25 de maio de 1808. (Napoleão Bonaparte. *Gazeta Mercantil*, Madri, 5 de junho de 1808. Destaques meus.)

O termo "Constituição", na experiência histórica das espanhas, segundo o historiador espanhol José Portillo Valdés, referia-se ao conjunto de normas que regravam a vida das corporações, fossem eclesiásticas ou civis, e originava-se nas regulações comunitárias que, aos poucos, passaram para responsabilidade do Estado e assumiram o sentido de um conjunto de leis que protegia as liberdades e os direitos diante dos poderes do príncipe. Quando, a partir de Cádiz e Bayona, pretendeu-se constitucionalizar as espanhas, o que estava em jogo eram os modos como essas liberdades e direitos tradicionais seriam respeitados ou simplesmente suprimidos, e nunca é demais lembrar que estamos nos referindo a foros e privilégios, já que as Cortes do Antigo Regime se reuniam de acordo com os três estados (clero, nobreza e povo) que estratificavam aquela sociedade. Poderia a nação ser definida pela Constituição e formada politicamente pelo Estado que a implementaria? Neste caso, a nação seria uma proposição acordada por deputados que criam um pacto social a ser conduzido pelo Estado. Ou a nação existiria antes do contrato/pacto, e a Constituição deveria respeitar as tradições histórico-culturais protegendo-as e garantindo as liberdades e direitos originais? No limite, o que se estava indagando é se as invasões teriam forjado uma nacionalidade ancorada na nova linguagem política ou se esta nova linguagem política seria relatada às liberdades e direitos originais peninsulares.

No mundo de Antigo Regime havia corporações de ofício, comunidades urbanas e rurais, corporações religiosas, casas de família, e todas essas instituições ofereciam identidades sociais aos seus membros, com costumes, constituições e jurisdições próprias. As novas sociabilidades resultantes dos ventos iluministas não se legitimavam no costume ou no poder real, mas na vontade de seus membros que definiam suas atuações e projetos, e podemos destacar aqui as já referidas sociedades econômicas e as maçonarias. A invasão napoleônica, desta forma, evidenciou as temporalidades sobrepostas entre costumes e desejos de direitos universais, foros e cidadanias em um espaço público constituído como lugar de debate e de guerra, e do qual se esperava expulsar os franceses, ao passo que a soberania real era desejada e contestada ao mesmo tempo.

Fato é que o termo "vizinho", implicando privilégios, impostos e deveres reconhecidos em relação a um senhor e ao monarca, segundo o filósofo basco Iñaki Iriarte Lopez, movimentava-se nos mesmos espaços semânticos e sociais onde se afirmava o cidadão e seus direitos chamados de universais. Por isso, a Constituição saída das Cortes de Cádiz guardava elementos contraditórios: as regiões históricas eram reconhecidas e deveriam conviver com a universalidade do cidadão da Espanha, embora dentro da Espanha as espanhas reclamassem pelos seus direitos que, historicamente, eram privilégios de foro e de fisco. Além disso, o cidadão era investido de direitos naturais, derivados da natureza, e de direitos políticos, derivados da lei fundamental, mas tudo isso considerando que a religião da nação é a Católica Apostólica Romana e que as leis seriam feitas pelas Cortes com o rei. Por isso, ainda, o liberalismo desenhado pelas Cortes de Cádiz na Constituição de 1812 é moderado, e se diferencia do jacobinismo, já que mantém vinculações com tradições, como a monarquia e o catolicismo, e evita a consideração da cidadania universal independente dos costumes, além de indicar a limitação ao exercício da cidadania aos que sabem ler e escrever. Mas era, sem dúvida, um grande avanço, já que se tratava de uma monarquia constitucional, com tribunais independentes e Cortes eleitas sem recortes estamentais.

Os românticos liberais, que influíram na elaboração da Constituição de 1812 eram, antes de qualquer posicionamento, defensores da *liberdade* e da *vida como tradição*. Seu esforço pautou-se pelo interesse em estabelecer uma continuidade na história da Espanha, através da qual a liberdade conquistada pela força da nação em armas contra o invasor, elemento político com o qual consideravam urgente dialogar, deveria conviver com as tradições vigentes na experiência nacional. Como *cidadania universal* e *direitos de regiões históricas* poderiam conviver é um problema que os espanhóis enfrentam ainda hoje e será retomado nos próximos capítulos.

Se era fato que o Conselho de Regência de Lisboa, devidamente ancorado nos ingleses, conseguia ter controle sobre o território português em meio aos combates, no caso das espanhas, as guerrilhas agiam espontaneamente sem controle central. A Junta reunida em Cortes em Cádiz escrevia uma Constituição e acompanhava de longe a guerra, e o governo de José Napoleão I a poucos concernia. Enquanto os franceses seguiam pelos caminhos e estradas oficiais, a guerrilha ocupava os atalhos apoiada pelas tropas de Wellington, mesmo sem ter com ele traçado qualquer planejamento. No início de 1814, quando os franceses ocupavam ainda a Catalunha e o Levante, as guerrilhas e as tropas anglo-espanholas chegaram aos Pirineus e forçaram a retirada do invasor da península; em março a França napoleônica renunciava a qualquer direito sobre a Espanha. Em abril de 1814, Fernando VII retornava à Espanha, e agora fortalecido pelos princípios de legitimidade das Casas reinantes antes da expansão napoleônica, definidos no Congresso de Viena e pelas tropas da Santa Aliança. Em maio, ele decretaria nulas todas as decisões de Cádiz e restabeleceria a soberania real, pretendendo governar de maneira distinta do liberalismo francês, que identificava com jacobinismo, e do absolutismo anterior à guerra. Mas na prática foi um monarca absoluto: enviou tropas para submeter as américas sublevadas em Juntas e nomeou ministros que pouco fizeram para mitigar os efeitos da guerra e da desorganização dos fluxos do Ultramar. Esses dois últimos fatos seguramente foram responsáveis por manter as espanhas em constantes conflitos internos, já que, após o turbilhão de soberania nacional contra o invasor, e o espalhamento dos princípios liberais a partir de Cádiz, seria muito difícil "retomar o que se vivia antes", e mais difícil ainda instaurar novos modos de governar e viver.

Do ponto de vista da instabilidade econômica e política, das formas de governo e de representação popular, em Portugal não seria diferente. Após a afirmação da paz na Europa nos termos do Congresso de Viena, a Corte portuguesa resolveu se manter no Rio de Janeiro, e, também, os acordos de abertura de portos, que interessavam a ingleses, brasileiros e portugueses residentes no Brasil, mas não aos portugueses do lado de lá do Atlântico que continuariam a ser governados pelo Conselho de Regência de Lisboa. Mais ainda, em 1815 o Brasil se tornaria Reino Unido junto a Portugal e Algarves, reforçando uma situação política e econômica criada com a chegada da Corte em 1808. Nota-se que da Corte do Rio de Janeiro emanavam princípios liberais em economia que justificavam os Tratados de 1810 e os novos que se foram desenhando, enquanto, do ponto de vista político, consideravam-se adequadas as decisões de Viena e pouco se caminhava na organização de uma Constituição e de uma representação deputacional efetiva. Ao mesmo tempo, os produtores portugueses, como os de vinho e trigo, esperavam medidas protecionistas contra a concorrência estrangeira, e esperavam a proteção de seu comércio com o Brasil. Os princípios do Congresso de Viena, desta forma, enfrentavam as dificuldades de simplesmente se decretar o retorno à "antiga ordem", muito se caminhara na direção das liberdades de mercado e de representação política. Mas Portugal, assim como Espanha, dependiam dos exclusivos coloniais para garantir o equilíbrio de suas contas e balança comercial. O turbilhão de guerras e revoluções da virada do século XVIII para o XIX enterraria este fluxo controlado.

O início da década de 1820 traria novas esperanças aos liberais espanhóis, e com elas indicativos de que a Restauração promovida pelo Congresso de Viena não seria capaz de impedir a independência das colônias da América espanhola. As Constituições de Bayona e Cádiz, mesmo suprimidas pela Restauração, haviam indicado um caminho por meio do qual os direitos dos cidadãos do Ultramar eram os mesmos dos da Espanha, ainda que mantidos os laços coloniais, entendia-se que a guerra contra os franceses reunia peninsulares e moradores das américas e das Índias. Embora não seja objetivo deste livro aprofundar o processo de Independência da América espanhola, mas apenas indicar seus efeitos sobre a Espanha metropolitana, é importante destacar que se trata de uma guerra que se estendeu pelos anos da guerra peninsular, já que nas américas também se formaram Juntas para combater Napoleão e, em princípio, reforçar a lealdade a Fernando VII, até 1828, se incluirmos a independência do Uruguai em relação à Argentina e ao Brasil. A Restauração monárquica de Fernando VII pretendeu reestabelecer os termos do domínio espanhol, mas as elites locais americanas, enriquecidas à época da expansão econômica resultante das reformas bourbônicas e fortalecidas pelos debates que sopraram de Cádiz, nomeadamente a noção de *soberania nacional*, pretendiam garantir sua autonomia, o que deu origem ao longo processo de independência que se fortaleceria nos anos de 1820, quando as tropas espanholas, bastante marcadas pelos ideais liberais e pretendendo restaurar a Constituição de 1812, recusaram-se a embarcar para reprimir os revolucionários das américas. Como resultado, a Espanha conservaria apenas as colônias de Cuba, Filipinas e Porto Rico.

O impacto da perda das colônias da América, e das lutas de independência diante da França napoleônica no início do século XIX, tornaria o processo de organização da economia de mercado e do Estado liberal mais conturbado devido às graves crises nos setores agrícola e comercial provocadas por aqueles acontecimentos. A destruição das cidades e da produção agrícola e industrial, durante a guerra peninsular, foi agravada pela perda da fonte segura de recursos que emanava das colônias da América. Esgotaram-se os mercados americanos, seus produtos e seu metal – fundamental para a cunhagem de moedas na Espanha. Assim, enquanto a guerra desorganizou a produção, a perda das colônias impediu sua reconstrução. Os anos do século XIX foram de busca de uma "solução política" para o Estado espanhol e de uma "solução socioeconômica" para que se pudesse reorganizar a produção nacional.

A notícia da sublevação das tropas espanholas provocou rumores de conspiração em Portugal, onde o descontentamento com a Corte do Rio de Janeiro só fazia aumentar, já que além dos problemas socioeconômicos acima referidos havia o descontentamento dos militares por continuarem submetidos às tropas inglesas. Esse conjunto de fatos provocou a Revolução Liberal do Porto, que exigia uma Constituição para Portugal e a convocação de Cortes. Formou-se uma Junta Provisional de Governo que se considerava responsável por todo o Império e, desta forma, colocava-se contra o governo do Rio de Janeiro. A D. João VI restou preparar seu retorno a Portugal, o que não fez sem deixar seu filho Pedro de Alcântara como príncipe no Brasil. A Revolução conquistaria a Constituição de 1822 para Portugal, que D. João VI assinaria um tanto a contragosto, já que lhe diminuía os poderes, mas não seria capaz de evitar a separação do Brasil. Portugal conservaria as colônias na África: Angola, Moçambique, Guiné-Bissau, Cabo Verde e São Tomé e Príncipe. Mas a joia da Coroa era o Brasil e, segundo dados apresentados pelo historiador português Rui Ramos, entre 1800 e 1831, o comércio português sofreu uma baixa de 75%.

O liberalismo que movimentou a península nos anos de 1820, no mais das vezes incentivado por pronunciamentos militares (discursos públicos com a intenção de tomar o poder), reproduzia os desejos manifestados em Cádiz de aliar tradições e liberdades, por isso, quando se falava em eleição de Cortes de deputados, no mais das vezes não se tratava de voto universal. Mas mesmo este liberalismo era muito para D. João VI, Fernando VII e o Congresso de Viena, sempre ciosos da legitimidade das Casas reinantes e suas soberanias, e assustados com qualquer memória dos jacobinismos franceses e de povos em armas. Nas maçonarias, nas sociedades secretas, nas ruas e bares, nos discursos nas Cortes e nos pronunciamentos militares, nos dois países, evidenciaram-se, nos anos de 1820, embates entre liberais que podemos nomear como "mais exaltados" ou "progressistas", afeitos ao voto universal, em alguns momentos propondo Repúblicas (ainda pouco claras), e aqueles que podemos nomear como "moderados", defendendo limitação ao voto e à participação popular e considerando algum equilíbrio entre soberania real e soberania nacional, esta última com limites para os que não liam ou escreviam e não apresentavam montantes mínimos de renda. Fato é que, ao longo do século XIX, três fatores marcaram a história peninsular: dificuldades para reorganizar a produção nacional, isolamento maior no plano internacional – com evidente comarcalização de fluxos comerciais nas espanhas – e constantes conflitos e guerras civis caracterizados pela disputa entre soberania real e soberania nacional e, dentro deste princípio, ainda havia os liberais que separavam *soberania* de *nação*, dado que nem toda a nação estaria preparada para o exercício da cidadania. O quadro de acontecimentos abaixo permite visualizar o pêndulo político que marcou esta disputa:

ESPANHA	
Fernando VII de Bourbon (Reinado: 1814-1833)	• 1814-1820: Restauração absolutista. • 1820-1823: Triênio liberal e perda da maior parte das colônias da América. • 1823-1833: Restauração absolutista com intervenção da Santa Aliança. • Morte de Fernando VII e início das Guerras Carlistas (promovidas pelos partidários de Carlos Isidro, que consideravam a herdeira do trono, Maria Cristina, ilegítima porque a Lei Sálica impedia as mulheres de reinarem na Espanha).
Isabel II de Bourbon (Reinado: 1833-1868) Beneficiada pela Pragmática Sanção assinada por Fernando VII abolindo a Lei Sálica	• 1833-1843: Período regencial (Isabel II era recém-nascida quando o Fernando VII morreu). • Anos 1830-1840: desamortizações. • Guerras civis entre carlistas e liberais moderados ou progressistas. • 1843: maioridade de Isabel II dá início a período de liberalismo conservador. • 1868: Revolução Gloriosa abre espaço para liberalismo progressista e projetos republicanos.
Sexênio revolucionário (1868-1874)	• 1868: Primeiros passos do anarquismo e da *ação direta* nas espanhas e fundação da delegação ibérica da Associação Internacional do Trabalho (AIT). • 1869: as Cortes proclamam uma nova Constituição de caráter liberal e monarquia constitucional. • 1871: Amadeo I de Saboia, príncipe italiano, torna-se rei da Espanha. • 1873: início da terceira Guerra Carlista, abdicação de Amadeo I e Proclamação da Primeira República espanhola. • 1874: dissolução das Cortes por grupos militares que instauram uma ditadura, apresentação de Afonso XII, filho de Isabel II, para restaurar a monarquia.
Alfonso XII de Bourbon (Reinado: 1874-1885)	• Restauração Bourbônica: turno político entre os partidos Liberal e Conservador. • 1874: Fundação do Partido Socialista Operário Espanhol (PSOE). • 1876: Fundação da Institución Libre de Enseñanza, que atuaria até o final da guerra civil em 1939. • 1888: Fundação da União Geral de Trabalhadores (UGT) pelos socialistas.

PORTUGAL	
D. João VI de Bragança (Reinado como príncipe regente: 1799-1815; reinado como rei: 1816-1826)	• Revolução do Porto: forte influência de Cádiz no primeiro liberalismo português chamado de vintismo. • 1822: Promulgação de uma Constituição pelas Cortes (divisão dos poderes, diminuição dos poderes reais) e Independência do Brasil. • 1823: D. João VI aboliu a Constituição de 1822 e revogou a atuação das Cortes liberais após levante dos miguelistas (partidários de D. Miguel, filho mais novo de D. João VI e absolutista, defensor de Cortes nos moldes do Antigo Regime e sem eleições). • 1826: Morte de D. João VI
1826-1834: disputas dinásticas após a morte de D. João VI e guerras civis entre miguelistas e liberais defensores da Constituição de 1822 (progressistas, chamados de vintistas) ou da Carta de 1826 (moderados, chamados de cartistas)	• 1826: Do Brasil, D. Pedro IV, filho mais velho de D. João VI e herdeiro do trono português, outorga uma nova Carta constitucional para Portugal, buscando maior conciliação entre tradicionalistas e liberais. D. Pedro IV renuncia ao trono em nome de sua filha Maria da Glória, e D. Miguel não respeita os acordos resultantes desta renúncia. • 1831: D. Pedro abdica do trono no Brasil e retorna a Portugal para se juntar aos liberais conservadores e defender a Carta constitucional, chegando em 1832.
D. Maria II de Bragança (Reinado: 1834-1853)	• Anos de 1830 e 1840: Disputas entre vintistas e cartistas e início das desamortizações. • 9/09/1836: Revolução setembrista reivindicando o reestabelecimento da Constituição de 1822. • 1842: Restabelecimento da Carta constitucional. • 1846: Revolução da Maria da Fonte, recrutamento militar forçado reabre a guerra entre miguelistas e liberais. • 1846: Guerra da Patuleia, entre cartistas e setembristas, com vitória cartista. Os chamados "patuleias" defendiam uma República social em Portugal. • 1851: Regeneração portuguesa, golpe militar liderado pelo duque de Saldanha com apoio da ala dos cartistas preocupada com o fortalecimento do Estado e a pacificação do país. Rotativismo político entre o Partido Histórico/Progressista e o Partido Regenerador.
D. Pedro V de Bragança (Reinado: 1853-1861)	• Este reinado e o próximo fazem parte da época conhecida como Regeneração portuguesa, na qual se consolidou a ideia de um "desenvolvimentismo" socioeconômico a partir do Estado. Ao mesmo tempo, as populações excluídas do processo político e os letrados avançaram propostas republicanas e socialistas.
D. Luís I de Bragança (Reinado: 1861-1889)	• 1871: Organização das Conferências do Casino de Lisboa, letrados assumem a responsabilidade de pensar a nação em relação às correntes do século. • 1875: Fundação do Partido Socialista. • 1876: Fundação do Centro Republicano democrático de Lisboa.

O pêndulo entre soberania real e soberania nacional é bem demonstrado pelas idas e vindas do direito de voto nas espanhas: as Cortes de Cádiz proclamaram o voto universal, mas, entre os anos de 1834 e 1868, Isabel II incumbiu-se de substituí-lo pelo voto censitário. O período revolucionário de 1868-1874 restabeleceu o princípio do voto universal, mas a Restauração incumbiu-se novamente de suprimi-lo em favor do voto censitário em 1876. Apenas em 1890 o voto voltou a ser universal, sempre masculino, claro. Essas idas e vindas também se verificam em Portugal: a Constituição de 1822 garantia o voto a todos os homens maiores de 25 anos que soubessem ler e escrever, excluindo-se, ainda, criados de servir e membros de ordens regulares, e a Carta constitucional outorgada por D. Pedro I estabeleceu critérios censitários que os setembristas não conseguiram reverter.

O emaranhado de acontecimentos do "maldito século XIX" citados nos quadros, para além de permitir observar o pêndulo entre soberania real e nacional, e, também, projetos distintos de enraizamento do liberalismo na península, indica que, nas duas nações peninsulares, o *nacionalismo cultural* da experiência alemã, em defesa da continuidade e da tradição como fundamentos da constituição da soberania nacional, encontrou mais adeptos do que as teses herdeiras das experiências revolucionárias que prescindiam da tradição e supunham a ruptura para a constituição da nação livre e soberana. Vejamos como alguns letrados da época discutiram a constitucionalização diante das tradições, da história e dos liberalismos propostos.

Portugal na balança da Europa é um texto doutrinário escrito por Almeida Garrett (1799-1854) entre 1825 e 1830 no qual, "com a mestra História na mão", impôs-se a tarefa de apresentar aos portugueses "as causas e os efeitos de nossos erros e desgraças, para que no futuro se emendem uns, e se evitem as outras". Era a década na qual as experiências liberais peninsulares de 1812, em Cádiz, e 1820, no Porto, foram colocadas à prova: afirmavam-se, nos meios políticos europeus, que Portugal e Espanha não puderam sustentar suas experiências constitucionais porque não estavam social e politicamente preparados para elas. Garrett considerava que a luta entre tirania e liberdade sempre existira e que a humanidade haveria sempre que estar alerta em defesa da liberdade, não se tratava, pois, de uma dificuldade ibérica ou peninsular, mas de uma "urgência da humanidade".

A crise que o autor enxergava nos anos 20 e 30 do XIX não era apenas peninsular, mas especialmente europeia, "uma crise da Europa, de todo o mundo civilizado". Sua origem? Nos primórdios da primeira modernidade, no momento mesmo da expansão marítima europeia. Esse momento, em que o Ocidente da Europa começava a civilizar-se, foi, também, o momento em que a liberdade desfalecia diante do crescimento dos poderes dos papas, imperadores e monarcas. Para Almeida Garrett:

> Nas Espanhas, os foros de Aragão e Castela ou eram afogados em sangue ou caíam em desuso. Em Portugal, diminuía o poder dos nobres, mas aumentava o do rei e do clero. Em ambos os reinos da península Ibérica se espaçavam, mais e mais, as convocações das cortes que até ali tinham parte, não só na legislatura, mas na administração e governança da coisa pública.

A liberdade é, nesse contexto, o fundamento da civilização e da humanidade, a ausência dela provocava a crise da Europa e a quebra do equilíbrio entre as suas nações. As revoluções que assolaram a Europa da virada do século XVIII para o XIX indicavam, no pensamento de Almeida Garrett, a explosão de uma indignação pública que buscava a regeneração da civilização por meio da reconquista da liberdade. Observa-se que, para o autor, a revolução não se pauta pela ruptura, mas pela retomada da liberdade perdida em meio ao despotismo dos monarcas e do clero durante a primeira modernidade. A reação popular contra Napoleão Bonaparte justificava-se, no mesmo sentido, porque o general traíra a causa da liberdade, prometera a libertação dos povos e acabara impondo novos governos com violência e supressão das liberdades civis. Mas ao final, "triunfaram os povos, porque sempre a civilização e as luzes triunfarão, mais hora menos hora, da opressão e do engano". A derrota de Napoleão, no entanto, não trouxera o império da lei, da justiça e da liberdade como se esperava, por toda a Europa instalaram-se governos despóticos. Escrevendo seu "Memorando", como Garrett denominou seu texto, o autor pretendia chamar a atenção dos europeus para a urgência da luta pela liberdade. No caso peninsular, a luta implicava a retomada do "sistema de liberdade meridional", uma experiência de liberdade que fora construída no período medieval e que teria, no entender de Garrett, os seus fundamentos nos foros e cartas de franquias citadinas. Portugal não poderia deixar "de conservar o elemento aristocrático que entra em sua formação" desde a sua origem, desde a reconquista, o que também se aplicava à Espanha e seria replicado por Ortega y Gasset no início do século XX. A preocupação em indicar o quanto a crise peninsular era também uma crise europeia remete, por sua vez, à preocupação política em demonstrar o papel que Portugal poderia ainda jogar no equilíbrio europeu. Ecos da experiência da chamada "decadência", da impossibilidade de construir a soberania nacional independente das alianças com as nações economicamente poderosas da Europa na época contemporânea. Instrumento de reflexão transformado em categoria de análise histórica ao longo do século XIX, a ideia de "decadência" permitiu construir uma axiologia do percurso histórico peninsular e das áreas coloniais sob sua influência. Neste sentido, o estudo empírico dos objetos da natureza, das experiências humanas e suas instituições, por meio de classificação, descrição e busca de regularidades singulares, foi o caminho que se propuseram os homens de letras ibéricos no exercício demiúrgico de "regeneração" de suas nações.

O interesse pelas tradições medievais povoou os textos dos acadêmicos europeus do século XIX. No caso das nações peninsulares, o estudo das tradições políticas medievais deveria ser retomado para fundamentar o enraizamento contemporâneo do liberalismo e, por conseguinte, ancorar as possibilidades de construção de uma *soberania nacional*. Releituras das tradições medievais sofreram forte inflexão especialmente no terreno da cultura, mas sua instrumentalização política também foi inequívoca e chegaria aos republicanos do final do século. Desta forma, sensibilidades românticas indicavam caminhos para a perscrutação de "modos originais se ser e viver", e esta tarefa coube aos historiadores e aos acadêmicos preocupados com os sentidos, conteúdos e significados possíveis de suas nações no mundo ocidental. O português Alexandre Herculano (1810-1877), que juntamente a Garrett envolveu-se na legitimação do projeto cartista de D. Pedro IV, é figura importante no processo português de fazer coincidir o que se considerava ser a *existência* da nação com a sua *essência* "consubstanciada na alma nacional e revelada na cultura popular, nos monumentos, nos costumes, na memória, enfim, na história". A luta política pela institucionalização da liberdade oitocentista na península tinha como fundamento a lenta edificação dos Concelhos medievais que teriam lançado as suas bases primitivas.

Alexandre Herculano sugere uma filosofia da história na qual atuam dois princípios norteadores, a liberdade e a desigualdade, princípios que circunscrevem e explicam as institucionalidades possíveis, as escolhas políticas e as representações culturais. No mesmo sentido, o autor advoga a constante existência de dois ciclos fundadores da história de Portugal, um de ascensão e outro de decadência. Em diálogo profícuo com as imbricações possíveis entre iluminismo e romantismo, Herculano constrói uma narrativa sobre a história de Portugal na qual se destacam um profundo desejo de secularizar e historicizar o providencialismo, representação recorrente da aventura portuguesa especialmente emblemada no "milagre de Ourique" (momento em que o rei Afonso Henriques teria ouvido de Jesus Cristo a revelação da vitória na Batalha de Ourique, em 1139), e um imperativo de ação cívica contra o catolicismo radical dos ultramontanistas que se fortalecia em meio às tentativas de enraizamento do liberalismo na península. De novo, o termo "decadência", pensado no século XIX como categoria capaz de explicitar a experiência histórica dos povos, adquire aqui grande importância. O fortalecimento do poder absolutista da monarquia e o estabelecimento das normas tridentinas na península teriam marcado o início do "ciclo moderno de decadência portuguesa". É esta interpretação da construção das instituições modernas como traição às liberdades usurpadas pelo poder absoluto e pelo Concílio de Trento que levou Herculano a militar fortemente pela desamortização dos bens eclesiásticos e pelo casamento civil. Nota-se que Herculano ancora-se nos evangelhos para resgatar um sentido civilizatório do catolicismo pré-tridentino e advogar uma significação para a liberdade e a fraternidade de caráter eterno e universal: um *humanismo fundamental*. Mas apoia-se, também, no filósofo alemão John Gottfried von Herder (1744-1803), para afirmar que "não existe natureza humana universal, mas diversidades de experiências, espíritos e povos": uma *circunstância diferencial*. A retomada das instituições municipais ibéricas de origem medieval e sua adaptação aos ventos ilustrados oitocentistas deveria ser o fundamento das novas liberdades. O universal seria o sentido da liberdade e da fraternidade que, na sua interpretação, tinha origem nas municipalidades medievais e poderia ser lido nos evangelhos. Mas como ele define historicamente essa liberdade desejada? Trata-se de um conteúdo da essência do homem que teria encontrado institucionalidade na Igreja pré-Trento e em institutos medievais como a enfiteuse, uma forma de aforamento que estabelecia relações recíprocas entre as partes envolvidas, que, nas suas palavras, congregaria liberdade e variedade.

Herculano considerava a possibilidade de tradução contemporânea para as liberdades medievais perdidas por meio de cooperativas que pudessem harmonizar capital e trabalho. Assim, a leitura dos conteúdos de liberdade e fraternidade constantes nos evangelhos e nas instituições medievais assumem, no seu pensamento, sentido modernizador e não arcaizante como se poderia supor a princípio. O autor sabia que à derrota econômica da Igreja em 1834, em função das desarmotizações realizadas Mouzinho da Silveira (1780-1849), não se seguira uma derrota político-ideológica. E é contra a possibilidade de sobrevivência institucional da Igreja tridentina, pelo poder simbólico que ainda exercia entre os portugueses, que pretendeu narrar a origem e o estabelecimento da Inquisição em Portugal. Ecos, na escrita da história, dos difíceis caminhos do liberalismo peninsular em seu ideal romântico de reconstruir os sentidos da história e o espírito dos povos peninsulares.

Desamortizações

Melhorar as condições produtividade e de rendimento do campo espanhol era problema que preocupara reformistas do século XVIII e inspirara muitos dos textos de Gaspar de Jovellanos que, contudo, não conseguiu que suas propostas fossem postas em prática. Era muito difícil modificar costumes que legitimavam a situação jurídica do campo, mesmo no Norte, onde predominavam as pequenas propriedades. Era preciso ter liberdade para realizar loteamentos e vendas de terras, impedir seu enraizamento em amortizações civis e eclesiásticas, criar mecanismos de comércio interno a partir da produção excedente, enfrentando a comarcalização que resultou da guerra peninsular.

Em Portugal, mesmo não havendo uma comarcaliação no nível da que houve na Espanha, as intenções dos reformistas eram as mesmas: inserir a agricultura peninsular na economia capitalista, acabando com o regime que impedia a colocação de terras no mercado. Em outras palavras, era preciso acabar com o regime no qual um convento, um palácio, um moinho ou um conjunto de terras, por pertencerem a um título de nobreza, a um mosteiro, a um município ou ordem religiosa, não poderiam ser vendidos, apenas passar a herdeiros e sucessores. Pombal havia tentado uma primeira desamortização a partir de seu desejo de secularizar o Estado, por exemplo, impedindo novas amortizações eclesiásticas e vinculações, o que, segundo a historiadora portuguesa Laurinda Abreu, provocou danos irreparáveis ao patrimônio e aos rendimentos da Igreja.

Como o direito de voto, as desarmotizações na península também tiveram idas e voltas, mas a partir dos anos de 1830 os dois países peninsulares conheceriam desamortizações de maior porte. Na Espanha, Juán Álvarez de Mendizábal (1790-1853) implementou a desamortização eclesiástica e, também, iniciou a civil, suprimindo os direitos de maioridade e acabando com direitos de amortização, o que permitiu aos senhores que fizessem de suas terras e seus servos/colonos o que quisessem, empregando e desempregando quando fosse mais interessante. Pascual Madoz (1806-1970), a partir de 1855, complementou a desarmotização civil e realizou a municipal. Nas duas oportunidades o que se viu como resultado foi a concentração de terras, já que trabalhadores das áreas rurais que não podiam comprar as terras se tornaram jornaleiros, muitas vezes por temporada, passando meses sem qualquer emprego dependendo da colheita. Para muitos historiadores, este processo está na origem da formação do proletariado rural espanhol. É fato que produção de trigo e sua exportação aumentaram, mas não foram capazes de evitar a fome em áreas rurais, já que os camponeses nem sempre podiam comprar. Além disso, embora se tenham mantido ricos, os antigos senhores e agora proprietários de terra, não tinham cabedais para a modernização da produção, o que impedia novas inversões em atividades agrícolas ou industriais, e em uma época em que a chamada Revolução Industrial caminhava a passos largos. Quando vieram as desamortizações municipais, as terras das quais os trabalhadores pobres retiravam caça e lenha não puderam mais ser usadas, aumentando o processo de empobrecimento geral das populações desfavorecidas das espanhas.

Em Portugal, primeiro foram nacionalizados os bens da Coroa, entre 1821 e 1823. Entre 1832 e 1843 extinguiram-se as ordens religiosas masculinas e seus bens também foram nacionalizados. Nos anos de 1860 foram desamortizados os bens de paróquias, municípios, igrejas, confrarias, institutos de beneficência e hospitais. Na maior parte das vezes esses bens foram colocados em hasta pública já que, como na Espanha, esperava-se melhorar a situação da Fazenda nacional. Os resultados também caminharam em direção parecida: extrema concentração de terra nas mãos de antigos senhores ou da nova burguesia, mas sem cabedais para novas inversões, e abandono de camponeses, padres, frades e freiras que se viram em grande miséria. Se era fato que a península caminhava na direção do capitalismo, não era fato que o fazia enriquecendo a nação.

Em meio às guerras civis, aos muitos projetos políticos e interpretações sobre a experiência histórica peninsular e às dificuldades de se reorganizar a economia após a guerra peninsular e a perda das colônias, novos projetos políticos e sociais começaram a fazer parte dos debates públicos em Portugal e na Espanha na segunda metade do século XIX. Cabe destacar os republicanismos, os socialismos e os anarquismos, sendo os anarquistas mais influentes nas espanhas do que em Portugal.

A experiência das barricadas de 1848, quando o proletariado urbano das europas se movimentou politicamente em busca de melhores condições de vida e de participação política, seguramente contribuiu para a expansão dos republicanismos, já que as monarquias eram sempre associadas ao Antigo Regime, ao Congresso de Viena e à exclusão das camadas populares do exercício da cidadania. Passou-se a considerar a relevância de mudar a forma de governo para se conseguir implementar ideais liberais e democráticos de fato. Além disso, para muitas populações rurais e urbanas empobrecidas e excluídas dos processos de modernização encetados pelos governos da Regeneração portuguesa e da Restauração espanhola, as transformações deveriam atingir a sociedade, os modos de produzir e distribuir a produção e a propriedade. É neste contexto que projetos socialistas e anarquistas ganharam apoiadores na península e ajudaram a formatar o debate público entre letrados, lideranças políticas e organizações populares.

As novas ideias e propostas, no entanto, conviviam com os tradicionalismos sobreviventes. Se o miguelismo já não tinha expressão política em

Portugal, e já não tinha como receber a proteção espanhola como na época de Fernando VII, os tradicionalismos vinculados às populações rurais e ao catolicismo se mantinham, e na Espanha o carlismo não desapareceria tão facilmente. Mas o "vizinho", pertencente a uma comunidade territorial com foro próprio, desapareceria da vida política portuguesa a partir dos anos de 1820 e ao longo do século XIX, especialmente a partir das desamortizações, fato que não se verificou nas espanhas, já que as regiões históricas mantinham especificidades legislativas e de costumes que deveriam conviver com princípios universalistas, avançado o século XX. Os governos ibéricos da segunda metade do século XIX movimentaram-se entre as propostas mais conservadoras e as mais progressistas, com evidente fortalecimento dos projetos conservadores.

Carlismos

Como apontado no quadro de acontecimentos do século XIX, os carlistas eram realistas e formavam um grupo político que reivindicava o trono espanhol para Carlos María Izidro de Bourbon. Sua presença política como grupo conservador e tradicionalista no século XIX espanhol foi bastante significativa, provocando três guerras (1833-1840; 1846-1849; e 1872-1876). Por esses posicionamentos, é possível afirmar sua presença nos espaços públicos espanhóis desde antes da proclamação de Isabel II, pois houve forte descontentamento de muitos realistas com Fernando VII. Com forte influência nas províncias bascas e na Catalunha, embora também espalhados por outras partes do país, os carlistas constituíram um grupo que fez frente aos liberais em todo o século XIX, mesmo com as vitórias do liberalismo moderado. Os carlistas contestaram os Bourbon que representavam uma aliança entre grandes proprietários rurais e liberais, inclusive Alfonso XII, que pretendiam substituir por Carlos, duque de Madri. Embora derrotados nas três guerras que protagonizaram, mantiveram força política entre os tradicionalistas até o século XX com forte religiosidade e concentrando-se em Navarra. Durante a Guerra Civil Espanhola formariam os "Tercios de Requetés", milícias carlistas que lutaram ao lado de Franco e ajudaram a derrotar os republicanos. O termo "*tercio*" tem origem na formação das tropas espanholas do século XVI, e voltou a ser utilizado no início do século para definir algumas das unidades do Exército espanhol. Já o termo "*requeté*" quer dizer "chamamento". E foi assim que os *requetés* atuaram na Guerra Civil Espanhola como unidades do exército de Franco.

Requetés cataláes, em 1912.
A foto, de autoria anônima, não permite ver, mas usavam
as mesmas boinas vermelhas que marcara os primeiros carlistas.

Em Portugal, as guerras civis e os constantes conflitos mantinham-se dado que as soluções econômicas propostas pelos governos liberais normalmente implicavam aumento de impostos e, por isso, fortaleciam os grupos tradicionalistas com forte apoio rural e entre as camadas pobres e iletradas das áreas mais urbanizadas. Mas a situação de constantes levantes incomodava a liberais e conservadores que, por isso, incentivados por Alexandre Herculano, imaginaram uma solução de conciliação que ficou conhecida como Regeneração. A partir de 1851 os partidos Histórico/Progressista e Regenerador, mais radicais os "históricos" e mais liberais os "regeneradores", criaram mecanismos de rodízio no poder, o que seguramente se explica pelo fato de nenhum deles conseguir estabelecer alguma hegemonia política ou possuir efetivamente portadores sociais para suas propostas. À parte essas diferenças, os dois partidos acolheram antigos cartistas e defendiam a constitucionalização do país, mas entre os "históricos" estavam antigos "patuleias". A plataforma dos governos regeneradores é normalmente nomeada de "desenvolvimentista" por implementar um conjunto de obras públicas a partir das quais esperavam modernizar Portugal e colocá-lo nos níveis de modernização de países como França, Inglaterra e Alemanha, que se unificava a passos largos. Caminhos de ferro e estradas pavimentadas em pedra britada para ligar as várias partes do Reino, passeios públicos para definir espaços urbanos e uma intensa vida parlamentar e periódica corroborada pela constitucionalização da monarquia marcaram este período que podemos estender até a Proclamação da República em 1910. Mas as dinâmicas econômicas dos países ricos pareciam inalcançáveis, a indústria portuguesa tinha poucas condições de concorrer com a inglesa, os recursos internos eram parcos e nas áreas rurais mantinham-se estruturas tradicionais de agricultura de subsistência.

Este evidente descompasso entre a modernidade professada e os arcaísmos efetivamente vividos esteve na origem das críticas e movimentações políticas da geração de letrados de 1870 que organizou as Conferências do Casino de Lisboa em 1871 para denunciar os problemas e refletir sobre as possibilidades de um Portugal efetivamente moderno. Entre os "casinistas", havia liberais conservadores, republicanos ou monarquistas, liberais democratas e socialistas, todos letrados que se beneficiaram da ampliação das esferas de ensino e de internacionalização durante a Regeneração de 1851 e que começavam a propor papeis sociais para homens de letras que, considerando-se acima de divergências partidárias que caracterizavam a movimentação parlamentar, pretendiam-se intelectuais reformadores capazes de indicar o futuro da nação pela perscrutação do seu passado.

Os textos *Causas da decadência dos povos peninsulares,* de Antero de Quental (1842-1891), e *Soluções positivas da política portuguesa*, de Teófilo Braga (1843-1924), são fundamentais para a compreensão do debate sobre as possibilidades de modernização e/ou regeneração das nações ibéricas. Os dois autores fundamentam sua argumentação na abordagem do Império, o primeiro buscando esquadrinhar seus significados e consequências e o segundo mais marcado pela possibilidade regeneracionista posto que, enquanto representante do republicanismo de corte positivista emblemado no Partido Republicano Português (PRP), advogava a regeneração da nação pela revolução republicana e pela retomada e efetivação do projeto colonialista africano (tema que será mais bem abordado no capítulo "O Império, os republicanos e a 'massa'").

O principal debate geracional do 1870 português versou sobre o significado do Império na construção e na decadência de Portugal. É dentro das possibilidades encetadas por essa polêmica que se podem compreender os conteúdos muitas vezes ambíguos do republicanismo e do liberalismo português que, juntamente à geração de 1870, mostram-se a público mais efetivamente a partir das Conferências do Casino Lisbonense de 1871. As intenções dos casinistas que assinaram o programa divulgado em *A Revolução de Setembro* de 18 de maio de 1871 podem ser sumariadas em alguns trechos do programa:

> Ninguém desconhece que se está dando em volta de nós uma transformação política, e todos pressentem que se agita, mais forte que nunca, a questão de saber como deve regenerar-se a organização social.
>
> [...] Pareceu que cumpria, enquanto os povos lutam nas revoluções, e antes que nós mesmos tomemos nelas o nosso lugar, estudar serenamente a significação dessas ideias e a legitimidade desses interesses; investigar como a sociedade é, e como ela deve ser; como as nações têm sido, e como as pode fazer a liberdade; e, por serem elas as formadoras do homem, estudar todas as ideias e todas as correntes do século.
>
> Não pode viver e desenvolver-se um povo, isolado das grandes preocupações intelectuais de seu tempo; o que todos os dias a humanidade vai trabalhando, deve também ser o assunto das nossas constantes meditações.

O sentido europeizante das intenções manifestas na proposta, aliado à busca de significado para história nacional, vinha imbricado àquele desejo manifestado já pelo primeiro liberalismo português de inventariar e compreender a história nacional. Havia, ainda, nas palavras do historiador português Sérgio Campos Matos, forte "desvalorização do presente que se vivia em meados do século XIX por oposição a uma 'idade de ouro' (fosse ela a Idade Média ou o período dos Descobrimentos), que motivava a procura das raízes históricas" da decadência.

Foi por conta da presença desse tema da decadência nacional nos debates decimonônicos, e não tanto pelo fechamento do Casino após o segundo dia por ordem do governo da Regeneração, que o texto de Antero de Quental acima citado galvanizou as discussões das Conferências em 1871. Antero leu seu diagnóstico acerca das causas da decadência dos povos peninsulares apontando para fenômenos da primeira modernidade ibérica:

> Examinemos os fenômenos, que se deram na península durante o decurso do século XVI, período de transição entre a Idade Média e os tempos modernos, e em que aprecem os germens, bons e maus, que mais tarde, desenvolvendo-se nas sociedades modernas, deram a cada qual o seu verdadeiro caráter. [...]

Ora esses fenômenos capitais são três, e de três espécies: um moral, outro político, outro económico. O primeiro é a transformação do catolicismo, pelo concilio de Trento. O segundo o estabelecimento do absolutismo, pela ruína das liberdades locais. O terceiro, o desenvolvimento das conquistas longínquas.

Antero tem os olhos voltados para dois vetores: a história peninsular, cuja experiência cabia retomar para encontrar o caminho da modernização, e a história dos países adiantados da Europa, cuja experiência era preciso trazer para o mundo ibérico. O caminho da regeneração passava, assim, pela crítica ao Concílio de Trento que, ao recusar o espírito da modernidade, inviabilizara a vivência da liberdade moral; pela crítica ao absolutismo, que sobrepôs às liberdades medievais a centralização excessiva e inviabilizou a formação de uma classe média industriosa; e pela crítica às conquistas que, incentivando o espírito guerreiro, fundamentara uma mentalidade avessa ao trabalho e à indústria. Organizador de leituras coletivas dos textos de Proudhon, Antero deixava evidente na sua conferência a marca da proposta federalista e aliava a esta tese elementos da história peninsular: era preciso retomar a experiência medieval de liberdade das cidades que o absolutismo enterrara. O diagnóstico anteriano ecoa a interpretação de Alexandre Herculano que via no absolutismo, anulador da nobreza e dos municípios, e na expansão ultramarina, que teria corrompido o caráter peninsular, as causas da decadência. O autor sintetiza uma experiência intelectual originalmente liberal e vinculada a teses regeneracionistas que propunha um novo desenvolvimento das antigas instituições medievais, e que buscava valorizar a presença do povo na história. Na pena de Antero tal proposta ganhou um cunho social de corte proudhoniano e aproximou-se irreversivelmente do republicanismo: é na síntese de Antero, excetuando-se sua crítica à expansão marítima, que o republicanismo português encontra os seus principais motes políticos.

Mas havia a proposta do republicanismo com bases positivistas. Teófilo Braga foi seu maior representante nos debates que se seguiram ao Casino e que levaram à fundação do PRP em 1876. Para ele, havia que desafricanizar e europeizar Portugal, em uma palavra havia que modernizar a nação para redimi-la do atraso e da decadência. Neste ponto o republicanismo socialista de Antero aproximava-se do republicanismo positivista de Teófilo. Em 1879, afirmando ser o republicanismo um movimento de continuidade em relação ao vintismo e ao setembrismo e de oposição ao liberalismo cartista, Teófilo, em *Soluções positivas da política portuguesa,* assinalava que:

> A monarquia bragantina, interessada na posse incondicional da soberania, e sendo herdeira deste feudo, de que nós todos como semoventes fazemos parte, dando-nos o nome de súditos nos seus documentos oficiais, essa monarquia exausta e que nos exaure, é que se tem furtado sempre à revisão da Carta Constitucional por meio de umas cortes constituintes. Agora já é tarde, já se não pode bolir no edifício sem ele vir à terra de uma vez, no dia em que um parlamento sério discutir a soberania hereditária dará dois pontapés neste castelo de cartas. Só existe uma soberania efetiva, é a da nação [...].

Teófilo era representante de uma vertente do republicanismo que buscava a institucionalização da ação dos intelectuais principalmente por meio do PRP. O partido teve forte atuação nos anos de 1880 e 1890, assim como na primeira década do século XX, no sentido de educar as camadas populares e encontrar os caminhos políticos para a revolução republicana. Ao lado dessa intensa luta pela popularização do movimento, o que incluiu uma forte aproximação dos movimentos operários organizados, havia a intenção de refletir sobre a história nacional e inventariar suas tradições, contos, características e modos de ser, para fundamentar a regeneração do caráter nacional.

O debate que salta das páginas do periodismo ibérico nos anos de 1870 e 1880 é bastante ilustrativo dos novos caminhos propostos, da sua radicalização na intenção de estabelecer um contrapeso aos conservadorismos que se mantinham, tanto de liberais republicanos quando de tradicionalistas monarquistas.

Na pena de anarquistas espanhóis, organizados em torno do periódico internacionalista de Madri *La Solidaridad,* em maio de 1870 (tradução minha):

> Determinado a defender em toda a sua pureza os princípios salvadores da Associação Internacional dos Trabalhadores, jamais transigirá com nenhum desses paliativos propostos pela classe média ou por seus defensores oficiosos, para entorpecer o trabalhador e afastá-lo do caminho que o conduzirá para a realização de sua completa emancipação econômica.

Na pena dos contrarrevolucionários quando, refletindo os ecos da Comuna de Paris e o crescimento do internacionalismo nas espanhas, fundaram o periódico *La defensa de la sociedade* em 1872 (tradução minha):

> A Revista é, por sua natureza, e nisso se distingue das demais, uma publicação de doutrinas de interesse permanente [...]. Para complementá-la, e assim que seus recursos permitirem, haverá publicações separadas, algumas destinadas a todas as classes esclarecidas e para os jovens estudiosos, que bebem o veneno que faz mal de más fontes, e outras populares para a massa da população de cidades, vilas, oficinas e aldeias [...].

Ou em *As Farpas: Chronica mensal de política, artes e dos costumes*, na qual Ramalho Ortigão (1836-1915) e Eça de Queiroz (1845-1900) manifestavam intenso pessimismo histórico em 1873:

> Temos do constitucionalismo – esgotado – tudo o que elle tinha de mau na lia: a nobilitação dos parvenus, a falsa aristocracia, a falsa virtude, o falso talento, o funccionalismo exuberante, a arrogância burgueza, o reinado da usura, a ruína do trabalho, a decadência da arte [...].
>
> Na grande maioria dos círculos eleitorais do país, continente e ilhas, todo eleitor que não vende simples e chamante o seu voto por dinheiro, vende-o por serviços, por bondades, ou por favores pessoais, ao pároco, ao escrivão da fazenda que cobra a décima, ou ao agente do recrutamento que manda prender para soltar. À pressão oficial acresce ainda a pressão do compadrio local. Na ilha da Madeira, cujos interesses são neste momento representados no Parlamento pelo deputado Manuel Arriaga, o compadrio tem sobre a livre expressão da vontade do eleitor uma influência ainda mais despótica do que a da própria autoridade constituída.

Nas espanhas, a segunda metade do XIX não seria menos conflituosa. O liberalismo da época isabelina, mesmo que por vezes motivado por desejos de modernização que se verificaram no desenvolvimento de estradas de ferro – com a clara intenção de enfrentar a comarcalização que marcou os anos após a guerra peninsular –, fundação de bancos, desenvolvimento da indústria e da mineração, não foi capaz de diminuir a distância entre as modernidades pretendidas, os discursos parlamentares e o cotidiano de pobreza e exclusão das camadas populares. Entre os progressistas, radicalizaram-se os democratas, já agora todos republicanos, e aproximando-se de anarquistas e socialistas. É este processo de radicalização política e social que explica o sexênio revolucionário entre 1868 e 1874. Neste curto espaço de tempo, as espanhas viveram uma experiência monárquico-liberal que se pretendia diferente da bourbônica, daí o oferecimento do trono a Amadeo I de Saboia. Na sequência, uma República proclamada diante de uma monarquia estrangeira pouco afeita aos conflitos sociais e políticos do país, provocando levantes de grupos políticos distintos com manifestações de radicalismos que se expressavam em espaços distintos. Os carlistas, por exemplo, ocupavam áreas rurais e urbanas mais ao norte, anarquistas ocupavam áreas urbanas como Madri e Barcelona e áreas rurais da Andaluzia, já os socialistas tendiam a se enraizar em centros industrializados. Mas mesmo esta divisão espacial não produzia hegemonias, o que deu origem a um fenômeno que viria a fazer parte do cenário da Guerra Civil Espanhola de 1936-1939: a presença de grupos políticos que atuavam de modo independente sem diálogo com outros grupos ou com a governação central.

Valle-Inclán e *El ruedo ibérico*

Ramón Maria del Valle-Inclán (1866-1936) foi um novelista espanhol que se movimentou entre a geração literária de 1898 e os modernismos. Embora esses assuntos sejam tema dos próximos capítulos, a novela em três volumes *El ruedo ibérico*, publicada entre 1927 e 1932, que se passa toda entre o período isabelino e o sexênio revolucionário, é bastante ilustrativa dos problemas das espanhas que vimos analisando aqui. Embora o projeto fosse chegar ao ano de 1898, quando a Espanha perdeu suas últimas colônias do Ultramar, foram publicados apenas três volumes da primeira série, cobrindo o sexênio revolucionário, mas mesmo o terceiro volume da única série publicada está inacabado. Esses três volumes, *La corte de los milagros*, de 1927, *Viva mi dueño*, de 1928, e *Baza de espadas*, de 1932, apresentam ao público o *"esperpento"*, imagem que permitia revelar uma história da Espanha trágica e deformada, e que guardava forte diálogo com as imagens pintadas por Goya, também marcadas por deformações trágicas. Valle-Inclán participou do processo por meio do qual os letrados se assumiram como intelectuais na virada do século XIX para o XX, mas não encontrou um posicionamento político único quando se manifestou nos espaços públicos.

Sua obra, especialmente *El ruedo ibérico*, permite observar imbricações entre carlismo, anarquismo e republicanismo, o que já provoca estranhamentos, dado que os carlistas eram extremamente religiosos e o autor afirmava: *"No quiero a mi lado ni cura discreto, ni fraile humide, ni jesuíta sobrando"* ("Não quero ao meu lado nem padre discreto, nem frei humilde, nem jesuíta excedente"). A arena ibérica montada por Valle-Inclán em sua novela traz dimensões históricas das espanhas que os intelectuais discutiam desde o final do XIX com a intenção de definir o que poderia ser nação espanhola: o heroísmo que remontava à Reconquista, a herança africana pela presença árabe, as relações da Espanha com a Europa da ciência e da razão, a revolução proletária, para muitos o único caminho para superar a discussão sobre decadência e atraso e enfrentar os problemas reais do capitalismo, os liberalismos e seus fracassos na construção de uma Espanha moderna e educada em letras. E todas essas dimensões aparecem nos diálogos e descrições de caminhos, enterros, experiências cotidianas, vivências de Corte, bandolerismos e ciganismos, colheitas, touradas e tertúlias. No trecho abaixo, destacamos diálogos em uma viagem de barco que segue de Gibraltar a Londres e onde, na ficção de Valle-Inclán, encontram-se o anarquista russo Bakunin, chamado de Mestre, republicanos e artistas.

> O marinheiro de mãos polidas ficou com o rosto vermelho. O Mestre, fumando seu cachimbo, chamou-o à parte:
>
> – Seria uma oportunidade para ver se seus amigos, os revolucionários espanhóis, podem nos abrir um empréstimo até chegarmos a Londres.
>
> O marinheiro insinuou confuso, com uma hesitação de tímida reserva:
>
> – Ainda não sei se são meus amigos.
>
> São revolucionários, sacerdotes de um mesmo ideal... Os Irmãos devem proteção uns aos outros... Meu nome deve ser conhecido por eles!
>
> Eles se abraçaram ao pé da escada que subia entre os conveses. O discípulo estava indeciso:
>
> – Os revolucionários espanhóis não compartilham de nossos ideais...
>
> A maioria deles são soldados monárquicos: Generais despachados... Alguns, pouquíssimos, professam idéias republicanas. Os demais... [...]

> – Esse violento, sem dúvida é seu amigo Paulo e Ângulo...
>
> – O mesmo, Mestre.
>
> – Eu senti que era. O que você amaldiçoou?
>
> – É o estilo nacional. A revolução espanhola significa o protesto de todo um Povo que exige bons exemplos nas alturas. [...]
>
> A tempestade de água e vento continuou a noite toda. Bakunin, prolixo e noturno, prolongava a reunião com discussões intermináveis e paradoxais, transformando a sala de jantar do "Ômega" em uma cafeteria. – Envolto na fumaça de seu cachimbo, diante da mesa repleta de bebidas, sentia-se inspirado:
>
> – Você quer uma revolução na Espanha? Por que você quer? Que ideias pretende implementar em substituição ao regime existente? Já imaginou servir a uma causa revolucionária com aquelas discussões intermináveis sobre os candidatos à Cotona da Espanha? Não faz sentido fazer uma revolução para procurar um tirano! As massas não podem segui-lo! (Valle-Inclán, *Baza de espadas*. Madri, Espasa-Calpe, 1993, pp. 105, 112 e 177. Tradução minha.)

Os letrados espanhóis, movimentando-se entre os levantes e as propostas políticas e sociais, como os portugueses fizeram em seu país, impuseram-se a missão de enfrentar "o problema espanhol". Era preciso reinventar a Espanha com base nos princípios liberais, conforme afirma o historiador norte-americano Inmam Fox, e divulgá-la por meio da formação de elites letradas que atuariam como núcleos de expansão de um conceito renovador da Espanha. Trata-se de um nacionalismo cultural que, além de enfrentar a história do Império e o tema da decadência, pretende atuar por meio de instituições públicas de divulgação cultural, mas que nem sempre desenvolvia suas teses na mesma direção das camadas populares. É possível apontar a existência de uma *nação cívica*, cujas reivindicações buscavam efetivar a soberania popular por meio de uma real democratização do país, e de uma *nação cultural*, construída pelos letrados, já agora reconhecendo-se como intelectuais com funções públicas, com a intenção de instrumentalizar o novo Estado que se pretendia fundar para o exercício de funções racionais e modernas. Por vezes, a *nação cívica* e a *nação cultural* se encontravam na praça pública lutando por objetivos comuns, como o fim do turnismo político entre os Partidos Liberal e Conservador, da partilha de poder entre o monarca e as Cortes e das fraudes eleitorais que caracterizavam as eleições durante a Restauração, mas no momento de institucionalizar a "nova Espanha", em nome da qual se vinha discutindo o nacionalismo desde o início do XIX, distanciavam-se e este distanciamento foi agravado pela soluções políticas e sociais apresentadas pela Restauração. Nas palavras do historiador espanhol L. G. Antón:

> A restauração da Dinastia em dezembro de 1874 na pessoa de Afonso XII pode ser interpretada, com Tuñon de Lara, como o acontecimento que 'confirma o momentâneo fracasso dos objetivos democráticos do sexênio'. A construção da democracia, o desenvolvimento econômico e a articulação territorial do país, junto com a crescente agitação social, eram problemas que o novo regime teria que enfrentar com urgência.
>
> Em finais de 1900, o sistema sofreu uma degradação irreparável devido à sua falsidade fundamental e à sua incapacidade para resolver os problemas reais do país e integrar as outras forças políticas num projeto comum de progresso nacional. (Luis González Antón, *España y las Españas*. Madri, Alianza Editorial, 1997, pp. 490 e 493. Tradução minha.)

Quando Cánovas del Castillo (1828-1897) propôs o "turno organizado de partidos" seu objetivo era equilibrar forças opostas de maneira que a oposição fosse feita, sempre, de partidos contra partidos, jamais contra o governo constituído e representante da nação. Garantia-se, dessa forma, segundo acreditavam Cánovas, os conservadores e, inclusive, os liberais, a unidade nacional em torno da figura do rei: este representaria a nação espanhola e o Estado, a ele caberia presidir a "nova Espanha", não a dirigir. Alfonso XII soube cumprir o papel a ele imputado pelos políticos liberais e conservadores que passaram a revezar-se no poder.

Cánovas del Castillo e o liberalismo histórico

António Cánovas del Castillo foi o artífice político do modelo de turnos entre dois partidos da Restauração. Atou como deputado nas Cortes desde 1854. O letrado e político considerava as experiências revolucionárias fracassadas e, embora herdeiro do liberalismo de Cádiz, manifestava algum receio quanto aos resultados das ações do povo em armas já antes do sexênio revolucionário. Por isso, apostou na organização de instituições políticas que pudessem evitar os enfrentamentos. Seu diagnóstico acerca da decadência é bastante próximo do de Antero de Quental, já que a decadência se explica por três fatores: a absolutização dos poderes, destruindo liberdades e tradições de foros e municípios, a força da Inquisição, que impediu o desenvolvimento do pensamento racional e da ciência na Espanha, e as conquistas ultramarinas, que teriam despovoado e enfraquecido a nação. É por este último motivo que a maior parte dos liberais espanhóis, mesmo os revolucionários, não se importou com a perda das colônias que, segundo eles, eram o motivo da decadência. Esses liberais eram herdeiros do pensamento expresso na Constituição de Cádiz e, também, são chamados de "históricos", posto que consideravam os costumes e foros de origem medievais como "exercício precoce da liberdade".

> Grande século, sim, para a Europa o século XVII; mas o que aconteceu com a nossa Espanha? Que descoberta analítica, que verdade geométrica, que nova teoria tem nome espanhol? Quem são os rivais de Viete, de Fermat, de Pascal, de Descartes, de Harriot, de Barrow, de Brounqker, de Wallis, de Newton, de Huygens, de Gregório de São Vicente, de Leibnitz, dos Bernoullis? Eu os procuro avidamente nos anais da ciência e não consigo encontrá-los; passo impacientemente de uma história a outra, caso finalmente encontre, em alguma, reparação para o desdenhoso e irritante esquecimento em que todas elas nos deixam; e em todos eles, apesar de se constatar a nacionalidade do escritor pelas afetuosas predileções que demonstra pelos seus compatriotas, aparecem os nomes de França, Itália, Inglaterra, Alemanha, Bélgica, Flandres e Holanda, e em todos eles rendem homenagem de respeito e admiração aos grandes geômetras; mas em nenhum encontro a nossa Espanha. E encerro com raiva as histórias estrangeiras, e me volto para as histórias nacionais, sempre esperando encontrar o que infelizmente nunca encontro. [...]

> E como não nos foi dado alcançar na ciência de Descartes e Newton as glórias que abundantemente acumulamos em outros ramos do conhecimento, o gênio nacional terá sem dúvida se chocado contra algum obstáculo, e é muito importante sabê-lo, repito, para evitá-lo tanto quanto possível no futuro, [...] para terminar de destruí-lo se ainda restar, para que finalmente chegue o dia em que a mancha que caiu sobre a nossa história no século XVII, um século de despotismo e intolerância, seja apagada. (Cánovas Del Castillo, *Discursos leídos ante la Real Academia de Ciencias exactas, físicas y naturales eu la recepción pública del señor don José Echegaray*. Madri, Imprenta y Librería de don Eusebio Aguado, 1966, pp. 19-20. Tradução minha. Disponível em: <https://issuu.com/juaneloturriano/docs/3ant_59>. Acesso em: 4 set. 2023.)

Por trás do ideal de pacificar o país após o turbilhão de rebeliões e revoluções que o cindira até aquele momento encontrava-se, no entanto, uma clara composição política: a burguesia revolucionária que liderara as Cortes de Cádiz e insurgira-se novamente em 1868 pretendia, agora, controlar os poderes públicos e, para isso, necessitava compor-se com os grupos tradicionalistas contra os quais, até então, batera-se. O historiador espanhol Miguel Martínez Cuadrado afirma que tal composição permitiu à burguesia nacional espanhola chegar ao poder e estabelecer uma hegemonia por meio de um sólido sistema de dominação.

Sem dúvida, o sistema de dominação política, baseado no bicameralismo das Cortes eleitas por voto censitário para um mandato de cinco anos, garantia o domínio dos poderes públicos pelos grupos vinculados aos dois partidos turnistas. O Senado era composto por militares, nobres, clero e famílias reais, o que garantia a perpetuação no poder dos grupos tradicionalistas de origem histórica. A Câmara baixa era nomeada por Juntas eleitorais, que ao final das contas, eram controladas pelos caciques políticos locais e equivaliam aos governos locais. O restabelecimento do voto universal em 1890, no entanto, não pôde significar a possibilidade de as camadas populares chegarem efetivamente a eleger representantes seus exatamente por conta deste domínio da política local garantido pelo sistema eleitoral. Assim, do ponto de vista da representação do povo soberano, invocado pelos caciques políticos como "protagonista na história da Espanha" que, acreditavam eles, estavam resgatando, o sistema restauracionista não fez mais do que os excluir dos poderes públicos.

Quanto ao efetivo exercício de uma hegemonia, conforme aponta Cuadrado, é necessário discutir um pouco mais. Não é possível falar em hegemonia de uma determinada classe social apenas no plano político, especialmente se tal "hegemonia" se faz em acordo com setores sociais cujos interesses, em tese, encontram-se em outro campo político. A manutenção do domínio político local pelos caciques, na prática, significou que as antigas oligarquias ditas históricas continuavam a controlar o poder público e que, portanto, perpetuavam as condições necessárias para manter os privilégios fiscais de origem medieval que impediam o estabelecimento de uma unidade jurídica nacional, pressuposto para a formação de um mercado interno de livre câmbio dentro do qual a burguesia pudesse exercer a sua hegemonia. Há uma hegemonia das elites econômicas, não há dúvida, mas o projeto político que as unia se reduzia à exclusão das camadas populares do campo da ação política institucional. No plano econômico e social prevaleciam as ambiguidades: sociedade de classes com privilégios fiscais de determinados grupos sociais, obras públicas de integração nacional que indicavam o desenvolvimento das comunicações e de um forte mercado interno no nível nacional com desequilíbrios regionais de ordem econômica que provocavam emigrações em grande escala.

Operava-se, assim, uma separação entre a "Espanha oficial", pacificada pelo retorno do rei e pelo sistema restauracionista, e a "Espanha real", insatisfeita com a exclusão política e com os problemas sociais decorrentes do desequilíbrio regional. Houve forte desenvolvimento da mineração e siderurgia vascaína, sobrepondo-se àquelas da Andaluzia e de Astúrias e provocando o desenvolvimento da indústria naval. O desenvolvimento industrial das províncias do norte provocava deslocamentos populacionais internos e empobrecimento em áreas rurais ainda marcadas pela produção tradicional e com pouca inserção no mercado nacional. Não por acaso, o final do século assistiu à formação de novas centrais sindicais de esquerda na Espanha, assim como de radicalizações tradicionalistas: a "Espanha real" encontrava seus caminhos de reivindicação e representação negados pela "Espanha oficial".

Entre os grupos que conviveram e lutaram contra o movimento que estabeleceu a Restauração a partir de 1874, é de se destacar os "krausistas". Este grupo foi assim denominado por ser seguidor das ideias do filósofo alemão Karl Krause (1781-1832). Julián Sanz Del Rio (1814-1869) e outros professores universitários – meio em que o movimento se desenvolveu – pretendiam, através da divulgação do pensamento de Krause, orientar a cultura espanhola no sentido do racionalismo alemão do século XIX. O esforço intelectual dos krausistas, como afirma o professor de literatura espanhola Juan Lopez-Morillas, buscava rever a educação espanhola utilizando os princípios filosóficos racionalistas, desenvolvidos por Krause na Alemanha.

Os krausistas, expulsos de suas cátedras na Universidade pelo governo da Restauração, foram responsáveis pela fundação da Institución Libre de Esseñanza, realizando, assim, a primeira reforma da educação espanhola no sentido de divulgar a importância e o significado de um "Estado de Direito". Esse grupo, no entanto, embora tenha sido responsável, através da Institución, pela formação de muitos intelectuais de destaque da Espanha da virada do século, entre os quais cabe citar António Machado (1875-1939), Juan Ramón Jiménez (1881-1958) e Ortega y Gasset, não encontrou eco na sociedade espanhola, não conseguiu, como sugere o filósofo espanhol Julián Marías, grandes efeitos públicos e coletivos.

Essa dificuldade encontrada pelos grupos regeneracionistas em estabelecer uma vigência social para suas ideias caracterizou todo o século XIX espanhol. A Restauração Canovista, com sua política de nacionalização institucional a partir da articulação entre liberalismo e tradições apenas conseguiu uma falsa ordem social, já que não se confundia com a existência de estruturas políticas sólidas e representativas dos antagonismos em que se dividia a sociedade.

Desta forma, embora com conjunturas diferentes, Portugal e Espanha terminaram o século com avanços modernizadores que não permitiram o desenvolvimento social e econômico desejado. Se é fato que a memória do Império e a existência de colônias ainda sob seu controle permitiam imaginar um recomeço em bases não tão distintas (o que fundamentou os acordos feitos pelas elites nos governos da Regeneração em Portugal e da Restauração na Espanha, sempre em busca de conciliação entre tradição e liberalismo), também é inegável que muito se ficou a dever a constrangimentos internos que impediram o estabelecimento de bases sólidas para o desenvolvimento do capitalismo. E aqui cabe destacar instituições políticas, que conduziam os processos de industrialização e modernização rural, e instituições sociais, marcadas pelos tradicionalismos, que afastavam a população religiosa das necessárias transformações da mão de obra, como ao atraso tecnológico. Em toda a península, os produtores precisavam da proteção do Estado para a concorrência estrangeira, e esta nunca veio a contento, e de novo retornamos aos conflitos sociais do XIX que impediam a formação de hegemonias políticas para implementação projetos de maior fôlego, no mais das vezes buscava-se controlar a "turba" e evitar que o povo pegasse em armas. O século XIX é, assim, na experiência peninsular, um momento de maior isolamento externo e de radicalização das ações de rua, armadas ou não, características que invadiriam o século XX. Além disso, é de se destacar o quanto as elites de letrados e políticos reverberaram, a partir do aprofundamento dos debates sobre a decadência e o atraso peninsular, o lugar periférico de Portugal e Espanha na "hierarquia de povos e raças" que, tendo sido desenhada a partir das conquistas marítimas, ganhou tintas mais fortes nos anos de 1800 com o desenvolvimento da política imperialista, reforçando a tese de que os países peninsulares eram "maus colonizadores".

> Os liberalismos professados e vividos nas espanhas e em Portugal tiveram forte corte tradicionalista. Os letrados do início do século, que ocuparam os espaços públicos em busca da constitucionalização e modernização da península, enfrentaram constrangimentos internos e os perversos efeitos da expansão napoleônica, fato que provocou radicalização. Os republicanismos, os socialismos e os anarquismos, quando pela península se enraizaram, tiveram que dialogar com essas imbricações, com a memória dos impérios perdidos e as possibilidades dos poucos territórios do Ultramar que sobraram.

O império, os republicanos e a "massa"

A Europa da segunda metade do século XIX foi marcada pelo reordenamento político do que se chamava de equilíbrio europeu desde o final das Guerras Napoleônicas. A formação da Alemanha como Estado-nação capitaneado pelos Hohenzollern e pelo chanceler Bismarck, além de apontar para o acirramento das disputas coloniais e imperialistas nos continentes africano e asiático, sugeria uma inflexão nos conteúdos do debate sobre os possíveis sentidos da decadência entre as nações europeias. Se o tema da decadência, até então, parecia estar circunscrito à experiência peninsular de construção e perda dos espaços imperiais, a ascensão da Alemanha como potência europeia exigia, também da França e da Inglaterra, um reposicionamento em suas disputas históricas construídas ao longo da primeira modernidade. Tratou-se, portanto, de uma época em que o pacto político que indicava os caminhos e os modos de viver da nação, e que vinha sendo elaborado desde o início do século XIX, teria que ganhar novos contornos e tintas, e isto em toda a Europa.

O mundo contemporâneo, resultado dos processos revolucionários do final do século XVIII e do laboratório de ideias e projetos saídos do movimento iluminista, estabeleceu, segundo o diagnóstico de Koselleck, um hiato entre o espaço da experiência vivida e as expectativas de futuro criadas a partir da circunstância partilhada. Tal hiato, além de posicionar os povos em um lugar não existente da política, dado que se trata de construir um futuro não relatado à história vivida, expressou-se, também, na escrita da história, e esta expressão apresentou conteúdos díspares. De um lado, o século XIX é aquele da consecução das nações em Estados, o que exigia enorme esforço de escrita da História das nações para justificar e legitimar suas fronteiras e suas pretensões no tabuleiro político europeu e do imperialismo. A escrita da história, nesta lógica, tornou-se instrumento de legitimação política. De outro lado, porém, a nação projetada poderia se fazer em oposição à história construída, supondo a inauguração do novo como argumento para sua legitimação. Trata-se, assim, da construção de um mundo que se movimenta entre a experiência vivida e as expectativas de um futuro sonhado, ao mesmo tempo que o enraizamento do capitalismo emblemado no Estado-nação supunha a elaboração de uma história de tempo longo que envolvesse e tornasse em um único corpo o conjunto dos cidadãos. Os quase cem anos que separam os processos revolucionários da virada do século XVIII para o XIX e os anos de 1870 implicaram, por sua vez, em releituras sobre a experiência revolucionária, suas expressões políticas e seus reordenamentos no contexto europeu. Neste início de capítulo, é interessante continuar abordando o debate dos letrados que viveram este momento anunciador de um certo descolamento da figura do intelectual em relação aos partidos políticos e grupos e classes sociais. É uma transformação que redundou, como sugere o historiador espanhol Santos Juliá, na "substantivação do intelectual" que pretende se situar acima dos conflitos. Tal substantivação coincide com três acontecimentos sociais e políticos: as novas configurações dos impérios em relação à conquista da África e da Ásia, as expansões imperialistas alemã e norte-americana e a transmutação do povo em "massa" para muitos letrados e intelectuais da época.

O espanhol Benito Pérez Galdós (1843-1920) e o português Rafael Bordalo Pinheiro (1846-1905) foram letrados da geração de 1870 na península, viveram a ressaca do romantismo, e, portanto, das barricadas erguidas em nome da liberdade e da igualdade. A ressaca, enfim, da derrota de 1848. Isso implicava uma certa sensação de perda e de vertigem em relação às possibilidades de edificação de um mundo novo na Europa, uma percepção de viver em um tempo que tudo transformara, que trouxera para as ruas as expectativas de futuro, mas que parecia escapar ao controle de boa parte das forças políticas que haviam montado as barricadas. Viveram, ainda, os primeiros passos da ficção realista e sua radicalização no naturalismo, talvez expressão desta impressão de que era preciso descrever o que não era possível compreender. Foram, desta forma, ambos participantes de inúmeras tertúlias em cafés de Madri e Lisboa. Era o momento dos letrados que buscavam explicar as suas nações e intervir no entendimento das suas histórias. Parecia ir longe o tempo dos letrados que ocupavam espaços públicos e políticos buscando unir-se aos povos para constituir a nação, e que consideravam a positividade da educação desses povos para o exercício da cidadania. O intelectual do final do século demonstrava alguma desconfiança em relação à massa ignorante que ocupava violentamente os espaços públicos. Já não era o *povo* em nome do qual se defendia a soberania nacional, mas a *massa* que deveria ser educada para alguns e controlada para muitos.

Galdós escreveu *46 episódios nacionais* em cinco séries que começavam com as guerras de 1808 e chegavam à Restauração de Cánovas del Castillo (1828-1897). Movimentando-se entre narrativas românticas, fato que o levou a considerar a hipótese de ensinar aos espanhóis a sua história por meio da ficção romanesca, e o realismo aprendido em leituras de Zola, inspiração que lhe permitiu descrever o cotidiano das vidas de espanhóis do século XIX, notadamente dos anos também vividos por ele, Galdós construiu os cenários de uma história que deveria indicar os caminhos da Espanha contemporânea. Da primeira série, aquela que trata da guerra de independência peninsular contra os exércitos napoleônicos às últimas séries, entre a Restauração e a Primeira República espanhola, sobressaem personagens comuns em suas vidas cotidianas. Os episódios nacionais são, assim, o cenário para a identificação dos espanhóis como nação.

Bordalo Pinheiro, seguramente um dos inventores da chamada "banda desenhada", hoje popularmente chamada de histórias em quadrinhos ou novelas gráficas, notabilizou-se pelo traço crítico e feroz contra as estruturas políticas e sociais do Portugal contemporâneo, ao mesmo tempo em que era solidário com as intenções colonialistas dos portugueses no Ultramar africano. O que pareceria algum contrassenso, no entanto, pode ser compreendido no cenário de fundo que confere sentido ao seu traço: a busca pela edificação de um Portugal forte, republicano, capaz de organizar suas colônias e auferir delas os lucros que a história do Império desde o século XV não permitia entrever. Ecos, sem dúvida, da interpretação da história de Portugal escrita por Alexandre Herculano e Oliveira Martins (1845-1894), mas acima de tudo um olhar sobre o tempo presente que procura refazer a história contemporânea de Portugal e do seu Império.

Para os dois autores, a intervenção pública, ou o romance dos fatos do cotidiano, no caso de Galdós, e o lápis a correr desenhando cenas da política portuguesa e europeia, no caso de Bordalo, era urgência geracional e se reportava às possibilidades da política no mundo peninsular. Tratava-se, no limite, de discutir o lugar da península no concerto das nações europeias. As narrativas elaboradas pelos dois autores se reportam ao seu tempo vivido, a história que escrevem é sobre sua própria experiência, e mesmo quando se deslocam no tempo, como faz Galdós nas primeiras séries de seus episódios nacionais, ou Bordalo quando pretendeu historiar "O Zé Povinho na história" ou contar a história de vida de monarcas e personagens da história de Portugal, sua inspiração é o tempo vivido, ou o tempo presente. Suas narrativas, desta forma, são narrativas da história do tempo presente. Senão vejamos.

Em 1875, nas páginas do periódico lisboeta *A Lanterna Mágica*, aparecia pela primeira vez o personagem que marcaria toda a produção e a intervenção pública de Rafael Bordalo Pinheiro: tratava-se do Zé Povinho, aquele que seria "sempre o mesmo". Uma representação da vida política portuguesa no mundo contemporâneo, o Zé Povinho trazia em si o traço da vida pública que Bordalo denunciou em suas narrativas desenhadas: a ausência de efetiva transformação no século que fora, e era, posto que o vivia, o século das barricadas que fundavam o novo. Em maio de 1903, passados os grandes combates do maldito século, Bordalo desenhou "O Zé Povinho na história": entre o deitar-se e levantar-se na cena pública, entre as muitas contemplações e as irrupções sem muita consequência, o que se observava era um personagem que tipificava os males da vida política portuguesa, onde se destacam muitas ações violentas que, na prática, pouco alteravam os cenários da vida social e política, a vertigem da decadência do Império por todos percebida.

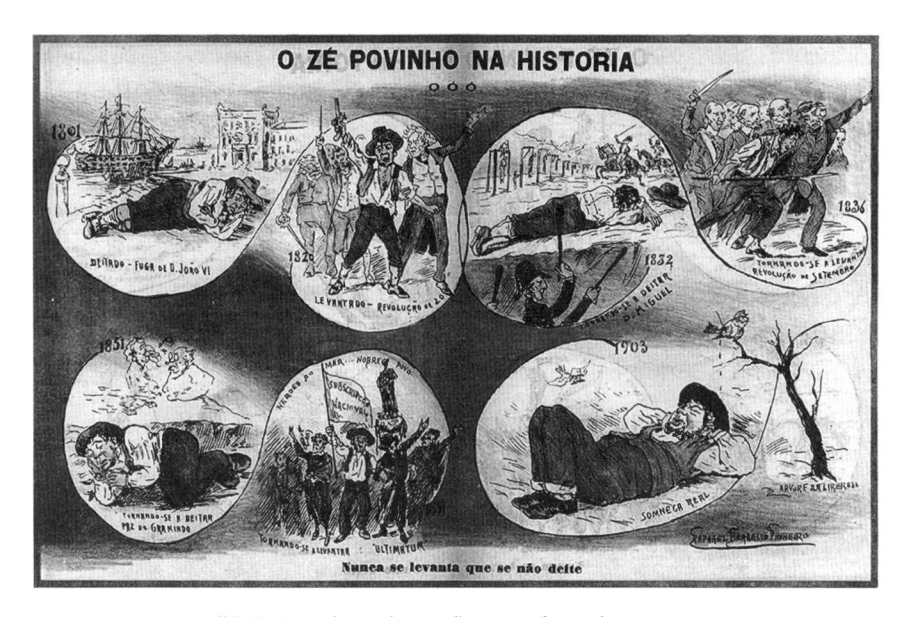

"O Zé Povinho na historia". *A paródia*. Lisboa, 1903.

Observa-se entre a distração dormente no Terreiro do Paço que não se apercebeu da fuga de D. João VI para o Brasil, o levante ao lado dos liberais em 1820, o descanso complacente diante dos desmandos miguelistas, o novo levante junto aos setembristas de 1836, a aceitação tranquila da Regeneração de 1851 e seu pacto intitulado "Paz de Gramido", a grande indignação de 1891 diante do *Ultimatum* inglês (assunto que abordaremos mais à frente) e a soneca real que os portugueses viviam no momento em que Bordalo desenhou, 1903, a repetição das sonecas após as muitas invasões da cena pública que não se consubstanciaram em projetos efetivos. Nota-se que a carta de Pedro IV e a paz de Gramido pouco o tocam, o que permite apontar a ausência do Zé dos debates que se instituem fora dos levantes de rua. Essa talvez seja a principal crítica de Bordalo ao Zé e à vida política portuguesa: a abstenção em relação à construção política cotidiana, à normatividade própria da política que exige conhecimento e consciência. O Zé, "sempre o mesmo", dorme sua "soneca real" sob a "árvore da liberdade": o século das barricadas lhe concedera a liberdade, mas ela não fora capaz de lhe dar consciência, vivia protegido pela sua ignorância e, por isso, inepto para o exercício da cidadania. Se a monarquia bragantina podia ser responsabilizada pela fragilidade do sistema político vigente, o Zé Povinho era, sem dúvida, seu mais dileto filho, posto que dormente em relação ao sistema que o criara. Ressalte-se que, na sequência das sonecas, e por ser protegido pela árvore da liberdade, o Zé Povinho sempre se levanta e toma as ruas, fato que se evidencia nos muitos levantes decimonónicos e especialmente quando da invasão napoleônica, mas o arranjo político posterior aos levantes lhe é sempre alheio. Desta forma, o Zé representa, também, a Parvônia, ou o Portugal conforme nomeado e vivido por Bordalo: no mesmo sentido em que o Zé é o povinho que nunca efetivamente se torna povo ativo politicamente, a Parvônia, no xadrez europeu, tem pouca relevância. A "Carta burlesca da Europa para 1870", narrativa gráfica elaborada pelo caricaturista português para o periódico *A Berlinda*, é bastante elucidativa deste seu pensamento:

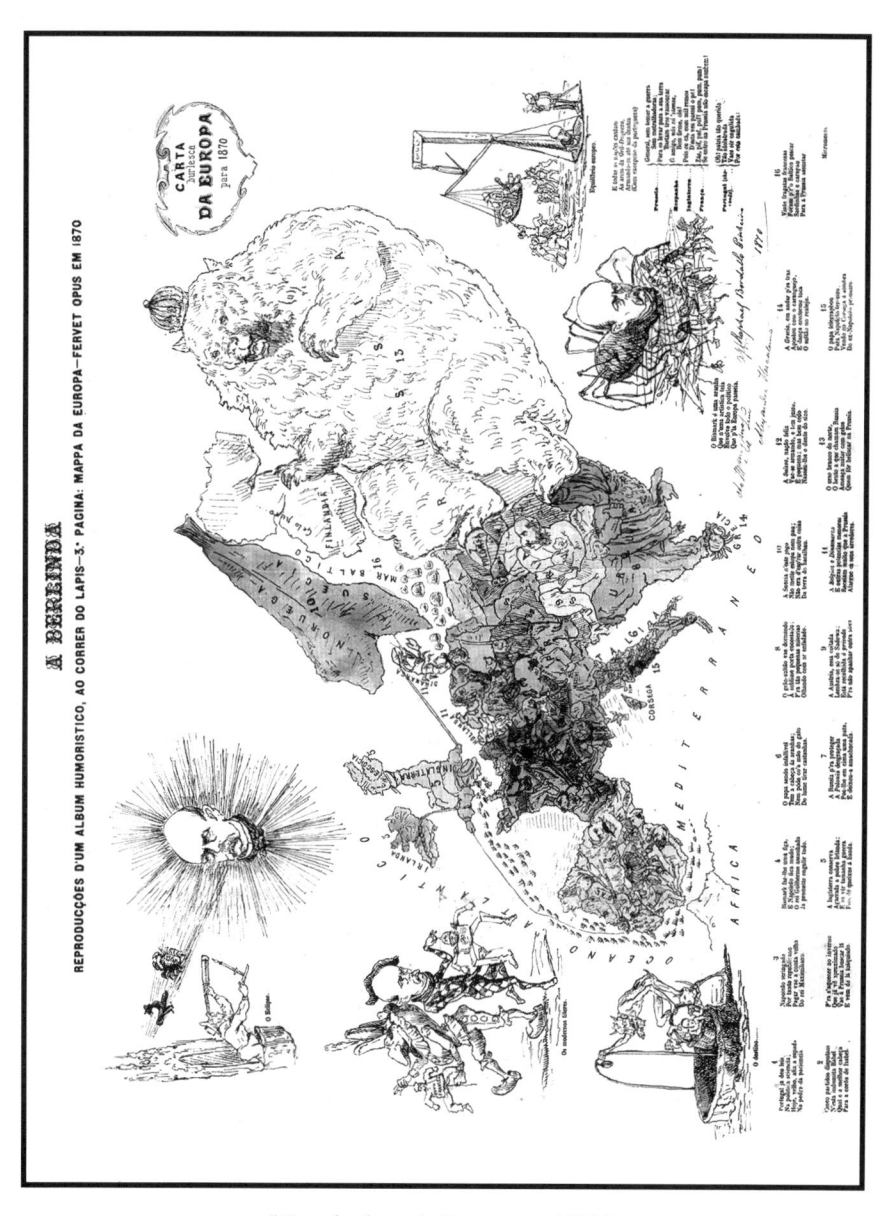

"Carta burlesca da Europa para 1870".
(Disponível na Biblioteca Nacional de Portugal em versão digital:
<http://purl.pt/16605>. Acesso em: 4 set. 2023.)

Observa-se que nesta Carta, desenhada cinco anos antes de o Zé Povinho ganhar as páginas de sua produção, a figura de um certo Zé português já aparece esboçada, sempre observando, sempre espreitando, nunca diretamente envolvido nas decisões políticas: está à esquerda da Carta, no alto, observando o sol, representado na figura de Bismarck, que ilumina as disputas na Europa. A percepção do papel da Alemanha, que fazia sua derradeira guerra de unificação contra a França de Napoleão III, é inequívoca. O equilíbrio europeu, ou a balança resultante dos acordos políticos do Congresso de Viena, desenhada ao pé da página à direita, estava definitivamente quebrado pelo peso das reivindicações alemãs e suas vitórias militares e comerciais nas guerras de unificação. Neste xadrez, todas as nações se armam "até os dentes, com exceção da portuguesa", posto que "o Portugal velho", que no passado dera leis e ciência, "hoje afia a espada na pedra da paciência". O avanço do militarismo e das ações imperialistas que se evidenciavam na Europa e no Ultramar, no traço de Bordalo, iria engolir o velho Portugal que apenas podia cantar:

> Oh! patria tão querida
> Tão idolatrada
> Vaes ser engulida
> Por esta cambada!

Em maio de 1903, quando Bordalo narrou "O Zé Povinho na história", o papel apenas observador de Portugal e a ascensão da Alemanha já haviam se concretizado: Portugal apenas conseguira manter suas colônias africanas por ter se colocado como aliado da Inglaterra, a quem interessava isolar a Alemanha nas terras africanas. Aliança que, de resto, também garantira o deslocamento da Corte para o Brasil em 1808 à revelia dos Zés que dormiam e para garantir que o comércio das colônias portuguesas do Ultramar não caíssem em mãos francesas. O Zé e a Parvônia, nesta interpretação da história de Portugal no século XIX, pouco podiam e pouco opinavam, mas se levantavam violentamente de quando em vez...

No caso espanhol, o debate sobre a arquitetura política que se poderia construir após os processos revolucionários ganhou tintas mais radicais no que diz respeito aos seus conteúdos religiosos. Em Portugal, desde Alexandre Herculano, afirmava-se a urgência de laicizar o ensino e a interpretação da história de Portugal, tema que foi muito caro a Bordalo e à geração de 1870. Na Espanha, porém, a questão religiosa penetrou tão profundamente na sociedade que, como afirmam os historiadores espanhóis Ramón Villares e Javier Moreno Luzón, a modernização sem os contornos da religião foi um parto muito lento e que provocou um movimento de negação do Estado confessional e de defesa de sua completa laicidade por meio de um forte anticlericalismo, ao passo que o catolicismo se mantinha forte nas espanhas. A novela galdosiana dialoga com esta postura e, por isso, narrou e revelou as muitas leituras deste anticlericalismo, já que é possível encontrar desde clérigos contrários às liberdades civis e à educação laica da população até aqueles que consideram que a religiosidade pode se coadunar com a liberdade dos homens por meio da defesa do humanismo. O controle, no entanto, exercido pela Igreja, das consciências, da educação e mesmo dos caminhos da governança, tornou esta instituição o principal alvo de liberais, democratas e, a partir da segunda metade do XIX, socialistas e anarquistas, especialmente entre os letrados e intelectuais desejosos de edificar uma nação de cidadãos. Mas deste lado mais oriental da península ibérica, apesar deste viés anticlerical um tanto mais acentuado, também havia um povo tão disposto a "romper filas", para usar a expressão de Galdós, como a alienar-se das ações cotidianas da governança. Para a maior parte dos letrados e intelectuais, tal postura se explicava pela presença da Igreja Católica na educação e na vida dos espanhóis, o que impedia sua transformação em cidadãos.

Os episódios nacionais que Galdós narrou pretendiam apontar aos espanhóis, creio poder afirmar, os caminhos da formação dos cidadãos por meio da articulação entre suas vidas cotidianas e as grandes lutas da nação. Destaco aqui dois episódios reunidos em um de seus livros: *El 19 de marzo y el 2 de mayo*. Publicado em 1873, o livro que trata dos episódios nacionais de 1808 narra as aventuras de Gabriel de Araceli entre a luta para poder encontrar e casar com sua noiva Ines e os acontecimentos localizados entre o Motim de Aranjuez, em 19 de março, e o levante popular contra a invasão francesa de 2 de maio, que ganharia retratação definitiva nos quadros de Goya sobre este dia e os seguintes. O que me parece interessante discutir aqui são os trechos que descrevem o caráter do levante popular, os aspectos das ações populares, assim como as razões manifestadas pelas gentes das ruas que são retratadas na narrativa galdosiana. Destaco alguns trechos. Trata-se do momento mesmo em que a população se levanta no 2 de maio. A narrativa apresentara já as lembranças de Gabriel em sua movimentação entre Aranjuez e Madri em busca de Ines e, ao mesmo tempo, em meio às tensões que foram se estabelecendo e aumentando entre o exército francês e a população desde 23 de março, quando 20 mil soldados da França entraram em Madri liderados pelo general Murat sob o falso argumento de que se tratava de uma aliança com o novo rei, Fernando VII. Tais tensões foram agravadas pelo boato que dizia que os infantes do Reino estavam sendo transportados para Bayona obrigados pelo referido general francês. As gentes da rua diziam: *"si todos, todos, todos dicen: 'vamos a ellos', los franceses tendrán que retirarse"* ("se todos, todos, todos dizem: 'vamos até eles', os franceses terão que se retirar"). E o herói da trama narrava, na sequência, o desfecho que se anunciara nas páginas anteriores:

> Durante nossa conversa notei que a multidão aumentava, apertava-se mais. Era constituída por pessoas de ambos os sexos e de todas as classes sociais, espontaneamente atraídas por um desses apelos morais íntimos, misteriosos, não formulados, que não saem de nenhuma voz oficial, e de repente ressoam nos ouvidos de todo um Povo, falando um ao outro, a gaguejante linguagem da inspiração. O sino desta gloriosa explosão só toca quando há muitos corações dispostos a bater de acordo com o seu saudoso ritmo, e a história raramente apresenta exemplos assim, porque o sentimento patriótico não faz milagres senão quando é uma condensação colossal, uma unidade sem discrepâncias de qualquer tipo e, portanto, uma força irresistível e superior a todos os obstáculos que os recursos materiais, o gênio militar e a multidão de inimigos possam opor. O gênio da guerra mais poderoso é a consciência nacional e a disciplina que dá maior coesão ao patriotismo.

> Essas reflexões me ocorrem agora lembrando desses eventos. Então, e na famosa manhã de que estou tratando, não estava com ânimo para considerações dessa natureza, muito menos diante de um conflito popular que de minuto a minuto tomava proporções graves. A ansiedade crescia a cada minuto: nos semblantes havia mais do que raiva, aquela tristeza profunda que

precede as grandes resoluções, e enquanto algumas mulheres soltavam gritos de dó, eu ouvia muitos homens discutindo planos de não sei que luta implausível em voz baixa.

O primeiro movimento hostil do Povo reunido foi cercar um oficial francês que nesse momento atravessava a Plaza de la Armería. Rapidamente se juntou àquele outro oficial espanhol que veio em auxílio do primeiro. A fúria de homens e mulheres foi dirigida contra ambos, sendo as mulheres as que mais ousadamente os assediaram: mas pouco depois uma pequena força francesa pôs fim àquele incidente. À medida que a manhã avançava, não queria perder mais tempo e tratei de seguir meu caminho; mas ainda não havia passado pelo arco do Armería, quando ouvi um barulho que me pareceu ser de carruagens de armas movendo-se rapidamente pelas ruas próximas.

– A artilharia está chegando! – Alguns gritaram.

Mas longe da presença dos artilheiros determinar uma dispersão geral, quase toda a multidão correu para a Calle Nueva. A curiosidade venceu-me a vontade de chegar logo ao fim da minha viagem, e corri também para lá; mas uma terrível detonação congelou o sangue em minhas veias; e vi algumas pessoas caírem não muito longe de mim, feridas por estilhaços. Essa foi uma das fotos mais terríveis que eu já testemunhei na minha vida. A raiva explodiu na boca do Povo de forma tão formidável que causava tanto medo quanto a artilharia inimiga. Um ataque tão repentino e rude aterrorizou muitos que fugiram com medo e, ao mesmo tempo, inflamou a raiva de outros, que pareciam prontos para se lançar sobre os artilheiros; mas naquele embate entre os fugitivos e os surpreendidos, entre os que rugiam como feras e os que se lamentavam feridos ou moribundos sob os passos da multidão, prevaleceu finalmente o movimento de dispersão, e todos correram para a rua Mayor. Nenhuma outra voz foi ouvida além de "armas, armas, armas". Quem não gritava nas ruas, gritava nas varandas, e se um momento antes metade dos madrilenhos estava simplesmente curioso, depois do aparecimento da artilharia, eram todos atores. Cada um corria para sua casa, para a casa de outro ou para a mais próxima em busca de uma arma e, não encontrando, apoderava-se de qualquer ferramenta. Tudo era útil desde que fosse usado para matar.

O resultado foi incrível. Não sei de onde saiu tanta gente armada. Qualquer um teria acreditado na existência de uma conspiração silenciosamente preparada; mas o arsenal daquela guerra imprevista e não planeada, movida pela inspiração de cada um, estava nas cozinhas, nas tabernas, nas lojas, nos quartos e nas lojas de armas, nas estalagens e nas oficinas. (Tradução minha.)

A voz de Gabriel, conduzindo o leitor para o centro do levante de 2 de maio, narra aquele momento de irrupção popular no qual as feições individuais desaparecem diante de alguma "consciência nacional" que se formava pela presença em solo pátrio de um inimigo estrangeiro que pretendia submeter a monarquia. Galdós, influenciado pelo historicismo do século XIX, compôs uma narrativa que parece procurar os cidadãos formados a partir da experiência das barricadas que irrompem na cena pública no enfrentamento com o estrangeiro. Mas observa-se que a multidão transfigurada em personagem histórico coletivo, para além de manifestar enorme heroísmo na ação desencadeada por sua francofobia, transformando utensílios domésticos em armas, é, também, um "monstro atado" nas páginas anteriores, obrigada ao silêncio por sua enorme corpulência. Gabriel, em meio à massa, é a voz que se individualiza por meio da história que narra e da compreensão dos acontecimentos que, se no primeiro momento vivido do levante não se lhe afigurou clara, era possível exatamente por poder se diferenciar da massa. Nas páginas seguintes o protagonista da novela não teria mais dúvidas, iria *"pelear por España"* (lutar pela Espanha), fato que, na letra de Galdós, significava *tornar-se cidadão*. Há aqui duas dimensões da formação do cidadão que precisam ser relevadas, dado que incidem sobre o posicionamento político de nosso autor: Gabriel se expressa e atua nas ruas de Madri entre o pertencimento à massa, que lhe empurra para a luta pela Espanha, e a individualização que lhe permite observar e narrar os acontecimentos e, desta forma, constituir-se como cidadão. Além disso, à época da guerra peninsular, os liberais e letrados referiam-se ao "povo em armas", na época em que Galdós escreve já se falava na "massa pouco afeita à educação".

A "velha monarquia espanhola", como Napoleão Bonaparte a ela se referia, parecia apartada da multidão que se sublevara em Madri, mantinha-se em negociação em Bayona enquanto nobreza e burguesia fechavam-se em suas moradias, nas barricadas das ruas apenas o que se chamava de "povo" na época. Os fuzilamentos de espanhóis que sucederam ao levante pareciam em perfeita harmonia com os acordos que se iam celebrando em Bayona e que implicaram na renúncia dos velhos reis em favor de uma monarquia renovada emblemada na figura de D. José I, ungido rei por Napoleão. A novela galdosiana é assertiva: faziam a história da Espanha, naquele momento, aqueles que nas ruas defenderam a soberania da nação, os parentes dos fuzilados que, se pareciam aos franceses reveladores da anarquia promovida por aquela velha monarquia, na letra de Galdós significavam a possibilidade de construção de uma Espanha moderna ancorada na soberania popular. Escrevendo nos anos de 1870, e tendo vivido a experiência da primeira República espanhola, o letrado buscava, por meio das suas novelas, indicar aos espanhóis os traços do seu caráter de modo a, a partir das especificidades da nação, construir sua modernização possível. O conjunto dos *episódios nacionais* escritos por ele permite, assim, afirmar sua profunda desconfiança, como também manifestara Bordalo, nos levantes populares de multidões de analfabetos pautadas pela excessiva religiosidade que marcava a península e da qual ainda não tinham podido se livrar. Entre a paixão pelo impossível e a indolência, entre a improvisação e a desordem, faltava *o cidadão* na península. E em uma conjuntura de disputas internacionais imperialistas na qual as unificações italiana e alemã avivaram sentimentos de nacionalismo que se manifestavam em muitos espaços da vida pública, nomeadamente nos parlamentos e academias. A organização de escolas públicas, serviço militar, justiça e polícia para manutenção da ordem, indicava uma ação do Estado no sentido de uniformizar modos de vida e tomar providências diante da ação política das massas.

Mas os ecos de uma República de caráter universal pautavam a ação de democratas, socialistas e anarquistas, uma dissonância que incomodava aos mais conservadores e aos liberais, especialmente aqueles para quem era preciso ordem interna para efetivar a expansão externa. Diagnósticos de higienistas e humanistas, no entanto, deixavam evidente a questão social que precisava ser enfrentada: a nação não seria sadia com "hordas irracionais de insatisfeitos". Era preciso reformar a vida social e política para garantir a propriedade privada e a ordem dentro da nação. Tal era a intenção das elites econômicas e políticas europeias quando confrontadas com os movimentos sociais. Assim, a extensão gradual do voto e do direito de associação, e a melhoria das condições de saúde e alimentação, aumentaram a expectativa de vida de muitos europeus, embora os salários permanecessem baixos e parte dos problemas sociais fosse resolvida com a forte imigração de áreas mais pobres, como o norte de Portugal, Andaluzia e Valência da Espanha, o sul da Itália e o da Alemanha, além do deslocamento de mão de obra para as novas áreas coloniais. A imigração oferecia boa solução para o problema denominado pelos ingleses de "resíduo" e pelos franceses de "multidões" em cena.

O desenvolvimento industrial e tecnológico da época, aliado aos efeitos da crise de 1873, reforçou a tese de que a força da nação estava na sua capacidade de expansão. Alemanha, França e Inglaterra, por isso, reinventaram o protecionismo para garantir os fluxos dos seus produtos e o abastecimento interno com os produtos vindos de suas áreas coloniais e de influência. Dessa forma, a economia capitalista, submetida à lei da concentração, caminhava para dar mais um passo no sentido da unificação do mercado mundial. Os efeitos da revolução tecnológica aceleraram os processos de produção e as possibilidades de comunicação e comércio entre áreas distantes. Os novos empreendimentos exigiam investimentos de vulto e os bancos tornaram-se os grandes aliados de Estados e empresas. A cartelização tornou-se evidente, assim como uma intensificação na exploração de recursos de áreas coloniais, que passaram a receber equipamentos, novas populações habitantes e capital excedente de suas metrópoles. As Companhias privadas, entre as quais se destacaram as alemãs, norte-americanas e britânicas, tiveram papel relevante: eram empresas que abriam caminho para a nação imperialista gozando de privilégios junto ao seu Estado de origem. Elas podiam organizar a exploração por meio de plantações e mineração e por meio do recrutamento da mão de obra autóctone, formavam e controlavam entrepostos comerciais e organizavam o investimento e a construção de grandes obras.

Os conflitos seriam inevitáveis. Ao Estado-nação cabia evitar que a concorrência internacional prejudicasse as energias nacionais e aqui se delineavam duas de suas precípuas tarefas: legitimar vias de escoamento conquistadas pelas companhias de comércio privadas para a produção, e aumentar aquilo que os discursos oficiais denominavam de áreas de "influência humanitária e civilizatória". E é nessa lógica dita "civilizatória" que a noção de "raça" foi definitivamente incorporada aos nacionalismos do século XIX: ela legitimava narrativas de história pátria que apontavam tanto a superioridade da raça, em nações em franco desenvolvimento imperialista – como tipifica a ação de Cecil Rhodes (1853-1902) no centro-sul do continente africano e dos EUA nas américas –, quanto a decadência, em nações que se viam atropeladas pelo furacão imperialista, como tipificam os discursos de Antero de Quental e Cánovas del Castillo. As diferenças raciais, nessa lógica, explicariam os processos civilizatórios vencedores e aqueles falhados, novas tintas para as *hierarquias epistemológicas* entre nações criadas pelo pensamento ocidental.

Nas Conferências de Berlim (1884-1885), das quais participaram 14 Estados, os debates concentraram-se exatamente nos conteúdos de legitimação das conquistas na África. Discutia-se a liberdade de navegação nos rios africanos, determinação que facilitaria o acesso a áreas ainda livres de influência europeia e garantiria a ocupação efetiva dos territórios. Tal debate indica que a comunidade internacional já não reconhecia aquilo que os portugueses consideravam seus "direitos históricos", já que o principal critério para França, Inglaterra e Alemanha era o da "ocupação efetiva", e neste, os fatores que se observava eram as influências militar, comercial e cultural, ao contrário da antiguidade da presença nas áreas em litígio. Portugal foi, assim, apanhado no turbilhão da expansão imperialista, no momento mesmo em que discutia a viabilidade de "um novo Brasil na África" como caminho para a regeneração nacional. A memória do que fora o Império no Brasil, marcada pelo controle da circulação de produtos coloniais no mercado mundial e pelo uso de moeda metropolitana nas transações comerciais, seria argumento central na execução das novas políticas que o Império Português formataria para enfrentar-se com as nações imperialistas.

OS PORTUGUESES E SEU IMPÉRIO NA PASSAGEM DO SÉCULO XIX PARA O XX

As províncias ultramarinas portuguesas da África, nas quais Portugal mantinha feitorias e uma fraca ocupação militar e comercial, eram onerosas para a Fazenda pública. Os capitais disponíveis para investimento público e privado eram escassos. Além disso, o vetor religioso, fundamental no processo de ocupação africana no século XIX, encontrava-se enfraquecido em Portugal em função do forte componente anticlerical das rebeliões liberais. Diante dessas dificuldades internas, Portugal buscava um caminho diplomático na Europa e, ao mesmo tempo, negociava com os povos africanos para garantir a soberania efetiva sobre as áreas que considerava historicamente pertencentes ao Ultramar português. As disputas entre as grandes potências, assim como o interesse de algumas lideranças africanas em manter o domínio sobre suas populações, poderiam indicar um caminho para a permanência portuguesa no continente africano. Foi assim em 1886 quando, após as Conferências de Berlim, uma convenção luso-franco-alemã deu origem ao "Mapa cor-de-rosa" que unia Angola e Moçambique tornando fronteiras oficiais o caminho da expedição que o explorador português Serpa Pinto (1846-1900) realizara entre 1877 e 1879. A Alemanha unia-se, assim, a Portugal com a intenção clara de evitar o avanço inglês sobre o referido território.

Fundador de uma companhia de comércio na década de 1880, o inglês Cecil Rhodes recebera uma carta de privilégio real para ocupar e governar parte das áreas entre Angola e Moçambique que viriam a ser as duas Rodésias. Ele pretendia, dessa forma, neutralizar as influências alemã e portuguesa na África do centro para o sul. Sua ação política, militar e comercial na região facilitaria a execução do projeto inglês de construir uma grande área de soberania inglesa unindo o Cairo ao Cabo.

No caminho desenhado por Serpa Pinto, e seguido por outras expedições lusas ao longo dos anos de 1880, os conflitos com as populações autóctones e com outras potências europeias interessadas nas áreas, especialmente a Inglaterra, eram grandes. Os portugueses entraram em confronto direto com populações locais que os ingleses consideravam suas aliadas e esse fato deu margem para que a Inglaterra remetesse a Portugal o *Ultimatum* inglês de 1890:

> O Governo de Sua Majestade Britânica não pode dar como satisfatórias ou suficientes as seguranças dadas pelo Governo Português [...] O que o Governo de Sua Majestade deseja e em

que mais insiste é no seguinte: que se enviem ao Governador de Moçambique instruções telegráficas imediatas para que todas e quaisquer forças militares portuguesas no Chire e no País dos Macalolos e Machonas se retirem. O Governo de Sua majestade entende que sem isto todas as seguranças dadas pelo Governo Português são ilusórias.

Mr. Petre ver-se-á obrigado à vista das suas instruções a deixar imediatamente Lisboa com todos os membros de sua legação se uma resposta satisfatória à precedente intimação não for por ele recebida esta tarde; e o navio de Sua Majestade Enchantress está em Vigo esperando as suas ordens. (Legação britânica, 11 de janeiro de 1890, citada por Nuno Severiano Teixeira, *O Ultimatum inglês: Política externa e política interna no Portugal de 1890*. Lisboa, Alfa, 1990, pp. 60-1.)

Segundo o historiador português Valentim Alexandre, o *Ultimatum* inglês acirrou um movimento nacionalista radical que já vinha se manifestando desde as ações de Andrade Corvo (1824-1890) como ministro do Ultramar quase duas décadas antes. A interpretação deste ministro para as possibilidades de um novo Brasil na África era frontalmente oposta aos conteúdos do nacionalismo capitaneado pelo nascente e crescente movimento republicano português. A maior preocupação de Andrade Corvo era manter os vínculos com a Inglaterra diante da evidente expansão do poderio alemão após as guerras de 1870. Conforme afirmava o ministro em 1870:

As tradições da nossa política e os importantes e valiosos interesses que nos unem à Inglaterra são poderosas razões para que não deixemos afrouxar os vínculos de aliança que nos unem àquela grande potência. [...] Continua a guerra. Os exércitos alemães preparam-se para arrasar Paris, ou para entregar aos horrores da fome a sua imensa população. [...] Da guerra que destruiu um império, sairá armado, forte, vitorioso outro império. As forças da Europa sofreram uma enorme deslocação. O que até hoje se considerava, ou antes, se chamava equilíbrio, desapareceu. Passado o grande cataclismo, a Europa tomará uma nova forma: mas, se não se apoiar sobre princípios justos, sobre um verdadeiro direito internacional, será o novo equilíbrio tão instável e tão efêmero, como todos os que o precederam. Ao formar-se, o império alemão levantará a grave e perigosa questão das raças. A doutrina traduzir-se-á em fato: e daí poderá vir ao mundo civilizado uma profunda transformação. (João de Andrade Corvo, *Perigos: Portugal na Europa e no mundo*. Porto, Fronteiras do Caos, 2005, pp. 217, 219 e 220.)

A ascensão do Império Alemão, e o seu evidente avanço sobre a África, colocavam para Portugal a urgente questão da redefinição dos caminhos do colonialismo português. Andrade Corvo sabia da insuficiência dos capitais disponíveis em Portugal, mesmo com o fim do tráfico que, em tese, liberaria capitais e energias para outras atividades. Era preciso abrir rotas de comércio no interior das áreas coloniais africanas e reconverter atividades escravistas em atividades produtivas e, para isso, eram necessários capitais e gentes. Os capitais mostravam-se insuficientes e as gentes de Portugal preferiam imigrar para o Brasil. Por conta dessas insuficiências, como ministro do Ultramar, Andrade Corvo buscou acordos com a Inglaterra. Sua ideia central era uma política de abertura do Império ao exterior associando Portugal às demais nações da Europa na tarefa de "civilizar" a África. Para isso, no seu entender, e de acordo com as ideias liberais e iluministas das quais se proclamava herdeiro, urgia diminuir barreiras alfandegárias protecionistas, que impediam o acesso ao mercado colonial, e recorrer aos capitais estrangeiros que poderiam fomentar a produção. Daqui os três pontos articuladores do seu projeto para as províncias do Ultramar: expansionismo moderado por meio de uma aliança com as populações indígenas que colocasse termo às formas de opressão, como o tráfico de escravos, a escravidão e qualquer outra forma de trabalho compulsório; a busca de uma vida democrática moderna nas áreas coloniais aproveitando-se as instituições locais tradicionais; e, por fim, a construção de ferrovias como elementos de catalisação de atividades produtivas a serem implementadas por meio de "expedições de obras públicas". O ministro inverteu, assim, a lógica imperialista das últimas décadas do século XIX que sugeria o protecionismo dos mercados internos e dos mercados coloniais de acordo com os interesses nacionais.

A ação política de Andrade Corvo efetivou o fim do trabalho servil no Ultramar a partir de 1875 e deu início às negociações do Tratado de Lourenço Marques a partir de 1879. Com esse tratado o ministro pretendia dar início à construção de uma ferrovia entre o porto de Lourenço Marques, na costa sul do Índico africano, e o Transvaal, território da República Bôer, mediante concessão à Inglaterra de vantagens de ordem mercantil e militar. As tropas poderiam combater com maior sucesso os grupos zulus irredentos e as facilidades mercantis garantiriam os acordos econômicos entre Portugal e a Inglaterra na exploração dos recursos coloniais. O tratado, porém, nunca foi ratificado pelas Cortes portuguesas que o acusavam de disponibilizar recursos portugueses do Ultramar para a Inglaterra. Rafael Bordalo Pinheiro, desenhista já discutido neste livro, chegou a publicar charges contra o tratado proposto por Andrade Corvo no periódico *O António Maria,* em 6 de março de 1881, retratando o ministro como um corvo e o tratado como uma forca na qual se imolavam os portugueses.

A reação à proposta do Tratado de Lourenço Marques, evidente em vários setores sociais e não apenas entre as elites políticas diretamente envolvidas no debate trazido às Cortes, evidenciava forte ressentimento diante do que se escrevia sobre Portugal na imprensa estrangeira da Europa e do Centro-Sul da África. As companhias de comércio europeias que atuavam na região, fossem inglesas, alemãs ou bôeres, destacavam com frequência o protecionismo tradicional de Portugal na administração das colônias, sua leniência com o tráfico de escravos mesmo após o fim do trabalho servil por lei, além da sua incapacidade para assegurar o desenvolvimento do comércio e da colonização da África. Nas palavras do historiador português António José Telo:

> Os jornais do Cabo e a imprensa inglesa, que era invariavelmente apresentada para consumo interno como manipulada por Cecil Rhodes, chegavam a escrever que Portugal era uma *vergonha para a raça branca*, incapaz de se impor perante os poderes africanos, donde se concluía que os seus territórios tinham de ser administrados por quem soubesse o que fazia. (António José Telo, *Moçambique 1895: A campanha de todos os heróis*. Lisboa, Tribuna, 2004, p. 4. Destaque meu.)

Diante das ameaças estrangeiras sobre as áreas africanas consideradas historicamente pertencentes a Portugal, a corrente liberal, conservadora e nacionalista que movimentava a opinião pública de Lisboa e do Porto contra a aprovação do Tratado de Lourenço Marques fundamentava sua defesa da legitimidade das pretensões portuguesas na África no próprio liberalismo que se desenvolveu na península ibérica: é um liberalismo que implicava mutuamente tradição e modernidade, mesmo quando, na voz dos intelectuais da chamada geração de 1870 como Antero de Quental, defendia uma República social alinhada com os interesses dos trabalhadores. O termo revolução tinha, neste sentido, e desde o vintismo – e mesmo na reação espanhola a Napoleão ou na República que a Espanha fundou em 1870 – um conteúdo de resgate do passado que acabou por sacralizar a memória do Império no debate das elites intelectuais ibéricas e das populações urbanas que acompanharam as discussões e atenderam aos apelos nacionalistas.

Essa noção de que há uma "sacralização" do Império na memória e no imaginário urbano e das elites intelectuais e políticas provoca forte debate historiográfico sobre os sentidos do Império colonial português na África do século XIX. O historiador R. J. Hammond estabeleceu um padrão de interpretação que filiava o colonialismo português não a razões econômicas, mas a um comportamento nostálgico e sentimental que viveria de lembranças do passado, como se fora um colonialismo de prestígio, um imperialismo basicamente político e ideológico. O também historiador Clarence-Smith, por sua vez, privilegia a análise econômica e advoga que a força motriz do Terceiro Império Português foi a procura de mercados, que o autor denomina de "novo mercantilismo", impulsionado por uma classe média à procura de fortuna no Ultramar e por capitalistas em busca de negócios rentáveis. Estudando registros de entrada de produtos coloniais em Portugal e sua reexportação, como a urzela, o marfim e a cera, o economista portugês Pedro Lains afirma que as colônias se constituíam em argumento do liberalismo para a Regeneração nacional porque poderiam promover o desenvolvimento português. Foi neste sentido que, segundo o autor, a diplomacia portuguesa negociou com a Inglaterra o fim do tráfico de escravos em troca da soberania portuguesa em determinados territórios. No mesmo sentido, Portugal negociava o livre acesso inglês aos territórios coloniais portugueses usando a disputa entre a Inglaterra, a Alemanha e as Repúblicas Bôeres para conseguir o reconhecimento europeu oficial aos seus territórios.

O fato é que, do ponto de vista econômico, e nisto autores como Valentim Alexandre, Pedro Lains e o historiador português João Pedro Marques parecem concordar, a abolição do tráfico de escravos, resultado de fortes negociações externas e internas de Andrade Corvo enquanto ministro do Ultramar, impôs sérios problemas a Portugal. O país não dispunha de mercados para novos produtos vindos da África que pudessem substituir a exploração do tráfico nas áreas coloniais. Também não dispunha de capitais e tecnologia – os barcos ingleses a vapor cobriam com maior agilidade todo o território colonial – que pudessem ser investidos em atividades produtivas que substituíssem o tráfico. Por isso o comércio legítimo não pôde ser alternativa factível aos ganhos com o infame comércio, e o comércio colonial, pelo menos até as Pautas de 1892, mais à frente explicadas, ocupava parte reduzida do comércio externo português. Aos olhos dos intelectuais coevos que buscavam construir narrativas históricas de Portugal, no entanto, o Império africano era uma missão histórica como fora o Brasil. Diante da inequívoca presença do Império na memória e no imaginário das populações urbanas e das elites intelectuais e políticas e, também, de uma secular sensação de que a Inglaterra espoliava Portugal enquanto se mantinha como aliada, a reação ao *Ultimatum* não poderia ser de pouca monta. Os periódicos e os discursos das tribunas parlamentares e universitárias, reforçando a oposição entre passado de conquistas gloriosas e decadência do tempo vivido, insistiam na urgência da Regeneração a partir das colônias africanas. Os testemunhos dos escritores Basílio Teles e Eça de Queiroz são elucidativos do clima que envolveu a reação popular ao *Ultimatum* inglês:

> Foi assim, pois, em plena quietude pública e marasmo partidário, que abriu o ano de 1890, o nosso *année terrible*. No decurso de agosto precedente tinha se dado enfim a colisão inevitável, e prevista, entre Portugal e a Inglaterra em territórios que o primeiro reivindicava desde muito, baseando-se no seu direito histórico e na sua influência secular, e a segunda reclamava para si, apelando para a doutrina recente da ocupação efectiva. [...] Usando dos aludidos títulos da novíssima jurisprudência de Berlim, a Inglaterra declara que os Macalolos estão sob seu

protectorado [...]. À tempestade que se formara e crescia imprevistamente para os lados de Lisboa respondiam, naturalmente, o terror e a confusão no Paço das Necessidades. [...] O Finis Monarchiae parecia ter chegado, enfim, depois de duzentos e cinquenta dolorosos anos de beatérios, devassidões, [...] em que se resumia a história do governo dos Braganças. (Basílio Teles, *Do Ultimatum ao 31 de janeiro: esboço de história política*. Lisboa, Portugália Editora, 1968, pp. 85 e 87.)

[...] de todo um povo que acorda, se levanta, e ainda trôpego do seu extenso sono, afirma claramente que pensa e afirma fortemente o que quer. [...] A forte, sólida e tenaz unanimidade, porém, com que a nação inteira, que tão pobre é, acode a abrir a sua bolsa para um alto objectivo nacional, prova que este movimento, tendo raízes na razão e na consciência do país, não somente na sua imaginação móbil, constitui uma força duradoura e viva que convém dirigir para onde ela possa fecundar e criar. E indicar a sua direção é concorrer para a sua fecundidade – porque decerto aqueles que tão ardentemente querem preparar a defesa exterior, não se mostrarão menos prontos a trabalhar na ordem interior. De pouco serviria ter muralhas novas por fora e só velhas ruínas por dentro. A peito doente nada vale couraça de bronze. (Eça de Queiroz, "O Ultimatum", em *Obras III*. Lisboa, Edição Livros do Brasil, 1978, pp. 321-38.)

No primeiro texto, Basílio Teles, expoente do movimento republicano português, informa em detalhe a movimentação pública de reação ao *Ultimatum* até a tentativa fracassada de proclamação da república em 31 de janeiro de 1891, último grande respiro da reação popular ao *Ultimatum* inglês. No trecho em destaque o autor opõe a experiência da imposição inglesa à presença histórica de Portugal na África. Eça, no segundo texto, em artigo escrito para o *Distrito de Évora* logo na segunda semana seguinte à publicação do *Ultimatum*, aponta o descompasso entre pretender arrumar o Ultramar resistindo à pressão inglesa, e manter a desorganização interna portuguesa. Para Basílio Teles, 1890 é problema político e cultural que exigia, de um lado, o fim da monarquia como condição da regeneração nacional, e, de outro lado, a garantia da manutenção dos direitos históricos de Portugal cujo fundamento era, neste sentido, cultural, e não econômico. Eça, no entanto, sugere algum desajuste na reação ao *Ultimatum* em relação às possibilidades reais das colônias no que tange à regeneração nacional. O Império é, para o primeiro, memória e solução, mas para o segundo, é apenas memória.

Mas o que cabe ajuizar aqui são os resultados efetivos da política inglesa expressa no *Ultimatum* de 1890 em relação aos interesses portugueses no Ultramar. As negociações entre os dois governos levaram à assinatura do Tratado de 11 de junho de 1891 segundo o qual Portugal abandonava qualquer pretensão de construir um império que fosse de costa a costa, conforme havia projetado com o "Mapa cor-de-rosa", unindo Angola a Moçambique. Ficaram-lhe, porém, vastíssimos territórios, em muitos dos quais nunca exercera qualquer soberania e quase todos por ocupar. A reação negativa junto à sociedade civil que se havia manifestado nas ruas quando do *Ultimatum* foi grande, mas o governo encontrava-se em um caminho para o qual não haveria volta: era preciso criar mecanismos de controle efetivo sobre as áreas que restaram sob pena de perdê-las mais à frente. Assim, em 1892, o governo elaborou uma nova Pauta Aduaneira colonial que pretendia estreitar as relações entre Portugal e as Províncias do Ultramar. A nova Pauta estabelecia que as receitas em divisas estrangeiras decorrentes das exportações das colônias seriam retidas na metrópole, enquanto Portugal faria os pagamentos em moeda nacional, regra que garantia uma balança comercial favorável a Portugal em relação às colônias. Além disso, a canalização da produção colonial para alfândegas sob administração portuguesa nos territórios do Ultramar também permitiu aumentar a arrecadação local e garantir a fixação de recursos para que a governança local tivesse meios para intensificar o controle das populações locais.

O período que se seguiu à nova Pauta Aduaneira foi marcado pelas chamadas "campanhas de pacificação" nas áreas de soberania portuguesa e foram, na verdade, campanhas de conquista de áreas nas quais o controle de Portugal não era efetivo. A campanha contra o Reino de Gaza do rei Gungunhana (1850-1906), localizado em território dito moçambicano à época, entre 1894 e 1895, foi o ponto culminante da "gesta imperial africana" segundo os conteúdos da história oficial que eram, no entanto, partilhados por expressivos setores da sociedade. Neste sentido, destacam-se os republicanos que, na esteira do *Ultimatum*, aumentaram sua popularidade carreando para si o "resguardo" da memória do Império e sua preservação.

Desde os anos de 1860 do século XIX, Portugal, por meio de seus governadores do Ultramar, limitados em sua presença ao litoral, negociavam com os reis locais a soberania portuguesa nas áreas do Moçambique. Nas Terras da Coroa espalhavam-se povos "regulados" que pagavam impostos à Coroa e forneciam mão de obra ou guerreiros quando necessário. Nas terras próximas encontravam-se outros poderes africanos que não agiam como "régulos" da Coroa. Gungunhana era um desses líderes e comandava uma das mais importantes sociedades guerreiras do Centro-Sul africano. Seus domínios se localizavam ao norte de Lourenço Marques: eram os vátuas, conforme os designavam os portugueses, para referir sua suposta "selvageria". A expansão europeia dos anos de 1880 colocou esse povo liderado por Gungunhana entre portugueses, bôeres, alemães e ingleses. O poder vátua era um grande trunfo para o domínio da zona do Moçambique já que não se aceitava na Europa os direitos históricos que Portugal afirmava ter. A rebelião de parte dos régulos nas Terras da Coroa em 1894 foi o pretexto tanto para Portugal garantir militarmente a ocupação das áreas que considerava historicamente suas, quanto para a contestação da soberania portuguesa pelos vátuas e pelas nações europeias interessadas em substituir Portugal na região em litígio.

A rebelião repercutiu fortemente na imprensa internacional, principalmente nos jornais do Cabo e da Rodésia, como exemplo da incompetência portuguesa para a administração colonial e como prova cabal da necessidade de entregar Moçambique "a quem não envergonhasse a raça branca". O conflito permite observar temporalidades e interesses sobrepostos e que se imbricavam nas disputas pelo Moçambique: Gungunhana sabia negociar com os poderes europeus de maneira a garantir a sua soberania sobre os domínios vátuas, por isso também mantinha relações com povos regulados das Terras da Coroa portuguesa que a ele se submetiam em troca de proteção contra eventuais excessos da Coroa; os ingleses também se aproximavam dos regulados insatisfeitos nas Terras da Coroa portuguesa e prometiam-lhes proteção diante dos avanços portugueses; a finalização da estrada de ferro que ligava Lourenço Marques ao Transvaal Bôer indicava novos conflitos, já que a Alemanha, com a intenção de enfraquecer a Inglaterra, pretendia apoiar os interesses bôeres sobre a área; a Coroa portuguesa, incentivada pelo Comissário Régio António Ennes (1848-1901), nomeado para enfrentar o levante, avaliava a rebelião não como problema, mas como oportunidade para expandir a soberania portuguesa no Moçambique; os povos regulados também se movimentavam entre Gungunhana e as outras nações europeias em busca de melhores acordos de trabalho e pagamento de impostos. Assim, o colonialismo português se reformulava em meio à memória do que fora o Império no Brasil e as demandas dos povos africanos e europeus.

Com os recursos disponíveis após a aplicação das Pautas Aduaneiras de 1892, Portugal pôde organizar uma campanha vitoriosa contra os régulos rebelados das Terras da Coroa e preparar o seu avanço sobre os domínios vátuas de Gungunhana. Desse preparo fez parte o aparelhamento dos portos nas Terras da Coroa, para garantir a ocupação, o abastecimento, e a melhoria dos transportes terrestres e fluviais. O início da campanha contra Gungunhana fez-se por meio de negociações nas quais se exigia do líder africano que parasse de negociar com os vizinhos bôeres e com os ingleses de Cecil Rhodes. Esses últimos mantinham, por meio de sua poderosa Companhia Inglesa de Comércio, atividades mercantis na área vátua que incluíam a disponibilização de mão de obra africana. Ao mesmo tempo, a governança portuguesa do Moçambique organizava expedições cujo objetivo oficial era perseguir régulos rebeldes que haviam se refugiado nas terras vátuas, na verdade já estava em curso a Campanha de pacificação que visava acabar com o poder africano de Gungunhana nas terras do Moçambique.

Nas negociações que mantinha com os representantes da Coroa portuguesa antes do início dos conflitos abertos, Gungunhana afirmava que aceitava a vassalagem dos régulos rebeldes fugidos em seu território porque, caso contrário, eles a ofereceriam aos ingleses. Sua argumentação indica claramente dois registros: de um lado, ele poderia também oferecer vassalagem à Inglaterra e, de outro lado, o oferecimento e a aceitação de vassalagem parecem ser conteúdos de legitimação da realeza africana que, nesse contexto, aparecem sob o signo de resistência diante dos avanços europeus. Gungunhana era seguramente, e ao contrário do que faziam conhecer ao público as histórias contadas pelas fontes militares oficiais, um dos líderes africanos que entendia os sentidos da exploração europeia e suas lutas intestinas. Por isso, procurava negociar a sobrevivência do seu Reino e da soberania do seu poder usando essa realidade em seu favor. Dentro do seu Império, no entanto, vassalos seus também compreendiam essa realidade e negociavam com os europeus e outros povos africanos, fato que o enfraquecia ou fortalecia dependendo da correlação de forças entre os grupos envolvidos. Na campanha portuguesa de 1895, Gungunhana perdeu muitos vassalos atraídos pela governança portuguesa, e isso, sem dúvida, facilitou a ação militar que atacava as cidades ribeirinhas com lanchas canhoneiras e, em seguida, desembarcava para queimar moradias e plantações. As defesas vátuas foram se desfazendo ao longo do conflito. Em 28 de dezembro, Gungunhana se rendeu em Chaimite. Em Gaza, foi criado um Distrito Militar, e Gungunhana foi entregue em Lourenço Marques ao governador interino Joaquim Lança (1856-1900). Exposto em uma gaiola com as esposas e os filhos em frente à sede do governo, Gungunhana foi levado depois a Lisboa com sete esposas e um filho, onde, depois de colocado em uma carroça, desfilou em praça pública em meio à multidão.

Os resultados da Campanha do Moçambique entre 1894 e 1895 mobilizaram o imaginário popular e erudito da nação atormentada desde o *Ultimatum* de 1890. Divulgou-se a ideia, em parte verdadeira, de que a existência das fronteiras do Moçambique moderno era resultado da referida campanha, assim como de que a efetivação do Terceiro Império Português teria sua origem na mesma época. Após as campanhas de pacificação, em 1899, Portugal implantou um novo Código Laboral, reeditando formas de trabalho compulsório. Imaginava que, desta forma, a soberania portuguesa na África e sua capacidade de colonizar estavam provadas e preservadas – uma nova ilusão...

OS ESPANHÓIS E SEU IMPÉRIO NA PASSAGEM DO SÉCULO XIX PARA O XX

Após as independências da primeira metade do século XIX, a economia espanhola passou por graves crises, o que implicou um forte isolamento diante das economias europeias e mesmo internamente, com muitas regiões vivendo de atividades comunitárias em torno de municípios. Mesmo assim, as poucas áreas coloniais restantes tiveram enorme relevância no processo de recuperação econômica. Cuba passou por forte crescimento e desenvolvimento a partir dos anos de 1840. Produtora de açúcar, café, tabaco e cacau, e ancorada na exploração escravista, a colônia multiplicou seus engenhos e mecanizou os sistemas de produção, o que fez, na época da Restauração, conhecer enorme prosperidade, enriquecendo e fortalecendo sua elite *criolla*. As Filipinas também produziam café e tabaco, além de óleo de coco e frutas, participando, a partir do controle espanhol, em fluxos comerciais asiáticos e atlânticos. Mas esse controle vem sendo contestado pela historiografia, já que, no mais das vezes, os espanhóis se restringiam a cobrar impostos de importação e exportação sem, de fato, organizar a produção e a sua distribuição, o que ficava a cargo de elites locais. Desta forma, em meio ao processo de industrialização e desenvolvimento de políticas imperialistas, os espanhóis não exploravam a matéria-prima de suas colônias como poderiam, o que também se pode afirmar sobre Portugal, apenas pretendiam controlar os mercados coloniais para seus poucos produtos industrializados. Na segunda metade do XIX, as dispersas colônias espanholas eram controladas a partir das Forças Armadas, que estabeleciam determinados regramentos junto às elites coloniais.

O Império exigia deslocamento de recursos para sua manutenção, com força naval e responsáveis pela burocracia local. Embora os recursos vindos das colônias fossem importantes, os custos da manutenção do Império não eram de pouca monta, especialmente considerando a expansão imperialista, que colocou os interesses norte-americanos no caminho da Espanha. Além disso, a diplomacia exterior espanhola, talvez muito marcada pelos conflitos internos que incidiam sobre decisões no Ultramar, demonstrou pouca capacidade de fortalecer os interesses coloniais espanhóis nas muitas conferências internacionais que tiveram lugar a partir dos anos de 1870. Tal situação se tornou mais precária quando as políticas protecionistas dos países imperialistas começaram a pressionar as fronteiras dos Impérios com o argumento, também usado contra Portugal, de que os espanhóis eram maus colonizadores, incapazes de, efetivamente, "civilizar" o gentio.

As relações econômicas de Cuba com os EUA se estreitaram bastante na segunda metade do XIX, este país se tornou o principal destinatário do açúcar cubano, fato que a diplomacia espanhola não conseguia evitar. Eram comuns imigrantes norte-americanos em Cuba, e, também, empreendimentos deles na produção agrícola, o que se acirrou após a libertação dos escravos em 1879. Nas Filipinas, acontecia algo parecido, onde era mais comum encontrar comerciantes britânicos e chineses do que espanhóis.

Enquanto isso, administrando um tanto cegamente as colônias e dependente dos seus recursos, a Espanha oferecia, no final do século XIX, um quadro de enormes contrastes entre uma estrutura de propriedade fundiária que dificultava o desenvolvimento do capitalismo e das formas liberal-democráticas de representação política, e uma estrutura urbana industrializada que engendrava um operariado organizado e reivindicativo. Além disso, nas palavras do historiador espanhol Ramón Villares, o Império não havia morrido em 1808 e a nação não se constituíra independente dos recursos coloniais.

Ao mesmo tempo que se encontravam propostas políticas revolucionárias como o anarquismo e o socialismo entre os operários de regiões como a Catalunha, Valência e Astúrias, muitos camponeses de Castela e Andaluzia, mesmo influenciados pelos anarquismos, prendiam-se ainda ao imaginário que as tradições da Espanha conquistadora haviam criado e que era propagandeado no campo pelos carlistas, esses últimos fortemente presentes em Navarra. A nobreza, embora fora dos censos oficiais desde a reforma política de 1890, mostrava-se ainda atraente a alguns grupos sociais – entre os quais é de se destacar os militares – que professavam boa parte de seus mitos e crenças. A burguesia, embora interessada na modernização das estruturas econômicas vigentes, mostrava-se extremamente conservadora perante qualquer movimento popular que discutisse a propriedade dos meios de produção e os direitos trabalhistas. Essa classe social fora dinâmica durante o período isabelino, quando procurou fomentar a produção e as obras públicas. O sexênio revolucionário e as crises econômicas das décadas de 1860 e 1870, no entanto, levaram-na à aceitação da Restauração e a priorizar o controle das massas.

Regionalismos na passagem do século XIX para o XX

Durante a Primeira República, após a deserção de Amadeo I e diante das dificuldades de se formar um governo central aceito por todos, muitas cidades e comarcas se declararam independentes de Madri, um fenômeno histórico conhecido como "cantonalismo", já que se autodenominavam "cantões independentes". Regiões históricas como Catalunha e País Basco, no entanto, não o fizeram. Este cantonalismo não guarda muitas similaridades com os movimentos autonomistas das regiões históricas e pode ser mais bem compreendido no âmbito do "particularismo ibérico" evidenciado desde a primeira modernidade, embora ambos manifestem incômodo com a capital e Castela. Em Cartagena, o cantonalismo chegou a provocar uma guerra que ultrapassou o período republicano, conforme aponta o historiador Jose Luis Comellas. Mas a Restauração conseguiria diminuir os ímpetos dos cantonalistas, o que seria mais difícil com os autonomistas regionais que radicalizaram seus nacionalismos nos anos de 1890 e 1900.

O problema das regiões históricas sempre esteve ligado às tentativas do governo central de Madri/Castela de nacionalizar as jurisdições e estabelecer formas de cobrança de impostos iguais para todas as espanhas. No mais das vezes, a legitimação de um governo central passava pelos acordos de soberania que Madri pudesse estabelecer com essas regiões históricas, destacando-se Catalunha, Navarra e País Basco. E tais acordos implicavam formas e valores de impostos e níveis de autonomia política interna. Isso, no entanto, não quer dizer que politicamente os autonomistas em suas respectivas regiões históricas fossem correntes hegemônicas. Entre os autonomistas era possível encontrar casticistas/tradicionalistas, parte carlista e parte republicana, burgueses em busca de controle do mercado consumidor de suas regiões, nobreza que pretendia manter suas terras nos moldes das jurisdições do Antigo Regime, mesmo legalmente não sendo mais possível, católicos republicanos, católicos monarquistas (esses pouco propensos à autonomia), entre outras clivagens.

Assim, se houve radicalização na formulação das propostas nacionalistas catalás e bascas, isso não quer dizer que eram movimentos que abarcavam a maioria da população em suas regiões. Anarquistas e socialistas, embora os primeiros com táticas revolucionárias e terroristas e os segundos defendendo as estratégias da II Internacional, ambos consideravam a libertação dos trabalhadores mais importante do que a luta nacionalista.

O nacionalismo basco, ao menos neste início de século XX, conforme concebido por Sabino Arana (1865-1903), era tradicionalista e defendia a "pureza" da "raça basca". Em uma região que se industrializava rapidamente dentro de um país empobrecido pelas guerras coloniais, isto implicava enorme desprezo pelos migrantes que chegavam ao País Basco de outras partes da Espanha em busca de emprego. Também nesta época o Partido Nacionalista Basco e a Liga Regionalista catalá começaram a disputar lugares nas Cortes e aumentariam sua influência nas três primeiras décadas do século XX.

A sobrevivência de tradicionalismos, em costumes e instituições religiosas, mesmo após as desamortizações, acentuava o que muitos intelectuais chamavam de separação entre a Espanha oficial e a real. A primeira estava em paz com os valores inaugurados pelo Século de Ouro (quando, durante o século XVII, a Espanha exerceu forte hegemonia na Europa) e "rejuvenescidos" pela Restauração, enquanto a segunda apontava a urgência de se reformular as estruturas socioeconômicas e políticas vigentes. A manutenção das poucas colônias que restaram ao Império colocava uma sombra sobre os problemas nacionais que impedia a percepção da gravidade da situação e conferia fundamento para a composição entre as elites econômicas na Restauração. Não por acaso, o final do século XIX assistiu à formação de centrais sindicais de esquerda: a Espanha real encontrava seus caminhos de reivindicação e representação negados pela Espanha oficial.

Um tanto tardiamente, a Espanha buscou ajustar sua política para o Ultramar aos ventos protecionistas do imperialismo. Evidentemente, como em Portugal, tratou-se de uma política defensiva, para evitar perdas, mas neste caso os resultados foram bem piores. Na primeira guerra de independência de Cuba, a Guerra dos Dez Anos, o governo restauracionista fez concessões aos cubanos, oferecendo maior liberdade de ação aos *criollos*, o que lhes facultava alguma possibilidade de estabelecer negócios com norte-americanos, autorizando sua representação nas Cortes espanholas e aceitando a libertação dos escravos. Na Guerra Chiquitita, a baixa mobilização de cubanos facilitou a intervenção espanhola e a prisão dos líderes. Mas a necessidade de fortalecer as políticas protecionistas nos anos de 1890, de modo a viabilizar a economia metropolitana e seguramente refletindo as decisões da Conferência de Berlim (1884-1885), acenderia de novo a fagulha independentista e daria início à guerra de 1895-1898, já que os cubanos não aceitaram a obrigação de voltar a comercializar apenas com a Espanha. Mas desta vez as dificuldades para a Espanha seriam muito maiores. Havia interesses norte-americanos enraizados em Cuba e em Porto Rico, assim como nas Filipinas, e a Espanha não poderia concorrer com a nação do norte da América que, independente desde 1776, tornara-se uma potência, como havia advertido o conde de Aranda em 1783.

Principais guerras coloniais espanholas da segunda metade do século XIX

CUBA

1868-1878: Guerra dos Dez Anos. Elite *criolla* em busca de autonomia e movimentos políticos contra a escravidão.

1878: Paz de Zanjón. Admissão dos deputados cubanos nas Cortes espanholas e maior autonomia para a elite *criolla*.

1879: Libertação dos escravos.

1879-1880: Guerra Chiquitita. Esse movimento foi rapidamente vencido pelos espanhóis, já que não houve grande mobilização dos cubanos.

1895-1898: Guerra de Independência cubana. Em 1898, com a intervenção norte-america se torna Guerra Hispano-Americana.

10/12/1898: Tratado de Paris. Espanha reconhece independência de Cuba e cede Porto Rico e Guam aos EUA.

02/03/1901: Congresso norte-americano aprova a Emenda Platt, decidindo sobre as condições de controle de Cuba pelos EUA.

FILIPINAS

1896-1898: Organização secreta Katipurnam lidera processo revolucionário de independência.

1898: Grupo anticolonialista filipino se alia aos norte-americanos na esteira do início da Guerra Hispano-Americana nas Antilhas.

Junho de 1898: Declaração de Independência das Filipinas e formação da Primeira República.

10/12/1898: Tratado de Paris. Espanha cede as Filipinas e recebe 20 milhões de dólares por isso.

Início da guerra das Filipinas contra os EUA, que terminaria com a submissão da ex-colônia pela potência imperialista em 1913.

Não é difícil concluir, pela observação dos acontecimentos referidos no quadro, que o resultado das guerras para as ex-colônias espanholas foi a recolonização pelos EUA nos moldes das políticas imperialistas já bastante enraizadas no final do século XIX. Se a derrota de 1898, como veremos nas próximas páginas, provocou enorme debate sobre as possibilidades da Espanha no mundo contemporâneo, a guerra que os EUA empreenderam em Cuba e nas Filipinas também provocou debate nos EUA, com muitos intelectuais, como Mark Twain (1835-1910), criticando a expansão imperialista, fato que o levou a criar a Liga Anti-imperialista ainda em 1898. Os textos reproduzidos abaixo permitem compreender os conteúdos do debate nos EUA.

O massacre de Manila foi necessário, se bem que não glorioso. A população inteira dos Estados Unidos justificou a conduta do nosso exército em Manila porque somente com a repressão violenta dos filipinos a nossa posição poderia ser mantida. *Nós somos os fiadores da civilização e da paz em todas as ilhas.* (Periódico *Chicago Tribune*, 1898. Destaque meu)

Prezado Lampton:
Permita-me dizer que aprecio muito os seus poemas. Especialmente aquele que descreve de forma tão vívida a resposta dos nossos jovens quando foram convocados a combater um opressor e dar a liberdade às vítimas. Escreva outro poema para mostrar como os jovens respondem quando convidados pelo governo a ir às Filipinas numa cruzada de roubo de terras e de crucifixão da liberdade. Observo que eles se apinham diante dos locais de recrutamento no ritmo de 800 por mês, de uma população entusiástica de 75 milhões de homens livres; e que ninguém nascido nos Estados Unidos é capaz de pronunciar seus nomes sem machucar o queixo, nem escrevê-los se não tiver educação estrangeira. (Carta de Mark Twain a William James Lampton, 12 de março de 1901. In: Mark Twain, *Patriotas e traidores: Antiimperialismo, política e crítica social.* São Paulo, Fundação Perseu Abramo, 2003, p. 200).

É uma infelicidade para a reputação de Mark Twain que ele se permita caluniar esses homens por acreditarem no direito e no dever do governo de impor sua autoridade sobre todo o território que pertence aos Estados Unidos. (Periódico *The New York Times*, 23 de março de 1901. In: Mark Twain, *Patriotas e traidores: Antiimperialismo, política e crítica social.* São Paulo, Fundação Perseu Abramo, 2003, p. 199).

Ramón Villares afirma que a guerra de independência de Cuba entre 1895 e 1898 pode ser dividida em duas fases, sendo a primeira uma guerra colonial, e a segunda, a partir da intervenção dos EUA, uma guerra entre potências imperialistas, mesmo que com poderes desiguais, o que pode ser contestado pela fraqueza e isolamento da Espanha no cenário internacional. Mas de qualquer forma, é possível destacar as duas fases, mesmo considerando que a Espanha talvez não fosse um país imperialista nos moldes desenhados pelo século XIX. A imprensa espanhola da época esteve bastante dividida, havia os que consideravam os custos do esforço para manter o Império proibitivos em relação às possibilidades da Fazenda Real, reverberando o diagnóstico do liberalismo histórico, e aqueles que não admitiam a perda do Império, às vezes por motivos econômicos, quando vinculados à exploração de impostos de exportação e importação de produtos coloniais e produtos para as colônias, às vezes legitimando o discurso sobre a gesta imperial heroica na história da Espanha.

"Lo descobrimient D'América: Cómo empezó/Cómo há acabado".
La Campana de Gracia, 10 de setembro de 1898.

A primeira fase da guerra de 1895-1898 caracterizou-se por disputas em campo aberto nas quais a produção cubana foi bastante prejudicada e sua população rural a que mais sofreu. A estratégia de queimar engenhos e plantações, também usada pela Inglaterra contra rebeldes no Caribe, embora bastante prejudicial aos cubanos, mostrou-se ineficaz para conter os rebeldes que usavam táticas de deslocamento em pequenos destacamentos, desorientando as tropas espanholas. Mas a resistência dos cubanos também não era eficaz para a vitória diante dos espanhóis. Em 1896, com o início da guerra nas Filipinas, as já enfraquecidas e pouco aparelhadas tropas espanholas se viram diante de duas frentes de batalha.

Após o assassinato de Cánovas del Castillo por um anarquista em 1897, o retorno de Praxedes Matheo Sagasta (1825-1903) e dos liberais ao poder permitiu entrever um processo de paz em que a Espanha aceitaria a autonomia relativa de Cuba e das Filipinas e, desta forma, poderia dar fim à guerra. Mas, então, os interesses econômicos dos Estados Unidos nas colônias espanholas se fizeram presentes: apoiando os rebeldes e sua soberania, ao menos no plano das palavras, as forças norte-americanas ofereceram apoio logístico, tropas e armas. Tais interesses se materializaram a partir de fevereiro de 1898. A explosão de um encouraçado norte-americano, o *Maine*, em Havana, efetivou o apoio dos EUA à causa de cubanos e filipinos. A explosão, segundo pesquisas recentes, foi acidental, mas também foi providencial para os interesses norte-americanos. Acusando sabotagem espanhola, os EUA declararam guerra à Espanha em 25 de abril de 1898. Envolvidos na construção do Canal do Panamá e no domínio do comércio do Pacífico, os EUA tinham no Caribe, neste caso Cuba e Porto Rico, um ponto de expansão imperialista entre a sua costa leste e o Pacífico, onde se encontravam as Filipinas.

O Congresso dos EUA daria o tom da intervenção na guerra em 1898: só seria aceita a declaração da soberania das colônias espanholas. Mas a Espanha se negou a abandonar suas colônias, fato que deu início à Guerra Hispano-Americana. Diante do avanço norte-americano, a maior parte da população e a imprensa espanhola passaram a recusar o abandono das colônias, apenas alguma autonomia seria tolerada. Muito orgulho diante da realidade vivida: no Pacífico, as tropas espanholas seriam vencidas em uma batalha de apenas três horas, no dia primeiro de maio de 1898. Nota-se que os conflitos foram principalmente navais, o que implicava em uma releitura da derrota da chamada "Invencível Armada" para a Inglaterra no século XVI. Em Cuba, a derrota não seria menos humilhante. Embora tenha se prolongado entre maio e junho, a frota espanhola do Caribe ficaria completamente destruída. Filipinas e Guam passavam a fazer parte da estratégia imperialista norte-americana que conquistava enclaves comerciais no Pacífico. Cuba e Porto Rico passavam a formar o conjunto de enclaves colonizatórios do Caribe.

As condições impostas pelos norte-americanos no Tratado de Paris, assinado em dezembro de 1898, foram duríssimas, com perdas e sem nenhuma possibilidade da Espanha manter qualquer comércio privilegiado com as ex-colônias. A Espanha tinha que aceitar, posto que não lhe restaram condições de manter a guerra e havia o receio de perder as ilhas Canárias e o pequeno território que mantinha no norte da África. A Espanha conseguiria apenas uma compensação de 20 milhões de dólares, muito pouco para equilibrar as contas arruinadas pelas guerras coloniais.

A derrota viria aprofundar a consciência dos espanhóis para a decadência do Império e o atraso perante os países centrais da Europa: as colônias, grande sustentáculo dos valores e instituições da Espanha conquistadora, perdiam-se definitivamente em uma humilhante batalha contra os Estados Unidos da América. Se, nos Estados Unidos, a crítica à Guerra Hispano-Americana ficaria restrita a um pequeno grupo de intelectuais rapidamente isolados pela imprensa favorável à gesta imperialista, nas espanhas os efeitos seriam maiores, mais duradouros e bem mais radicalizados. Os limites do Estado projetado por Cánovas del Castillo para a organização política da Restauração ficaram então claramente demonstrados: a conexão entre latifundiários tradicionais e burguesia proprietária de terras, bancos e indústrias, operada durante o governo da Restauração e fortalecida pelo turnismo político e pelo caciquismo no exercício do poder público, não fora capaz de evitar o desastre colonial. Miguel de Unamuno (1864-1936) chamou as movimentações diante da Guerra e após a derrota de momento em que se exerceu um "exame de consciência nacional", no qual a população manifestou interesse pelos problemas da Espanha, um daqueles momentos em que a Espanha oficial e a real se encontraram na praça pública. Nos debates nas Cortes e nas tertúlias da época destacou-se a chamada "geração de 1898" – comumente referida como "o 98" –, um conjunto de intelectuais que, em meio ao periodismo, às cátedras acadêmicas e aos livros que escreviam, pretendiam contribuir para a definição do que fora a Espanha em sua história e do que poderia ser o seu futuro como nação. Neste debate, evidenciou-se uma maior radicalização entre "casticistas", que defendiam uma aproximação com a tradição popular espanhola, e "europeístas", que professavam a aproximação com a cultura política europeia.

Em meio às leituras que realizavam dos clássicos em Literatura e Filosofia com a intenção de compreender o significado da modernidade no contexto histórico espanhol, os participantes da geração de 1898 discutiam exaustivamente os problemas políticos e sociais da Espanha à luz das tradições populares vigentes, procurando superar a desorientação que caracterizava a vida social do país diante do desastre das guerras coloniais.

A geração de 1898 pensou a Espanha em decorrência do contato com sua *paisagem*, e, talvez por isso, a atitude política desta geração tenha se pautado na escrita de textos literários em detrimento dos textos teóricos. Em seu profundo mergulho na paisagem espanhola – fato que levou alguns de seus componentes, como Ramiro de Maeztú (1874-1936) e Unamuno, ao casticismo radical –, o 98 pretendeu encontrar as raízes do que denominava problema nacional, acusando a inadequação das instituições políticas diante da realidade social do país e revelando a Espanha aos espanhóis.

A ação intelectual do 98 significou, segundo Julián Marías, exatamente a *"reapropriación de la vida intelectual en España"* ("reapropriação da vida intelectual na Espanha") na medida em que seus componentes se imbuíram de uma missão e procuraram cumpri-la no limite de suas possibilidades: divulgar a crise e denunciar o governo da Restauração, bem como estudar o passado da Espanha para poder organizar seu futuro. Neste sentido, cabe retomar os sentidos da *história* e da *intra-história* conforme apareceram nos textos dos autores do 98.

A geração de 1898 impôs-se a tarefa de repensar a história da Espanha e tornar nacional o desejo de transformá-la em uma nação moderna por meio da universalização da cultura. O ensino e a leitura assumiram a importante função de retirar a Espanha do atraso cultural, trazer para o cotidiano a discussão sobre a história espanhola e forjar novos ideais que superassem a tranquilidade ilusória da Restauração. Foi com este espírito aventureiro e idealista que a geração folheou os primeiros livros em busca de informações europeias e modernas. Esta busca a colocou em contato com textos que discutiam as influências da *razão* e da *vida* sobre a natureza humana. Durante o século XVIII, segundo o diagnóstico de autores como Unamuno, Azorín (1873-1967) e Antonio Machado (1875-1939), a natureza humana submetera a sua índole à razão. No século XIX, as certezas em torno das possibilidades razão sofreriam forte inflexão diante do espetáculo da pobreza e da violência dos processos de colonização, das guerras e da presença da massa como agente político. Retomando a metáfora de Goya, o sonho da razão parecia produzir monstros e as instituições políticas não se mostravam capazes de pactuar leis que a todos representassem e que produzissem justiça.

Desta maneira, confundiram-se na geração de 1898 o anseio de dominar a vida e o desejo de interferir no cotidiano espanhol e alterar os rumos da história. A vontade de atuar no cenário político, entendido aqui na sua forma mais ampla e não apenas como representação pública parlamentar, foi permeada pela percepção da transitoriedade da natureza humana. Neste sentido, os atos humanos, verdadeiros norteadores da história, apareceriam como irracionais na maioria das vezes, porque submetidos às contradições de sentimentos transitórios em luta constante com a sua circunstância, e bastante afastados das noções iluministas que tendiam a universalizar termos como *cidadão, nação* e *natureza humana*. Se são os atos das pessoas que movem a história e, se eles são transitórios e irracionais, a história se torna também transitória e irracional: para esses autores não haveria como racionalizar o fato histórico, porque sua existência seria resultado de um sentimento, de um desejo, o que impossibilitaria qualquer tentativa de equacioná-lo segundo regras pré-estabelecidas. Na frase lapidar de Antonio de Machado em carta a Miguel de Unamuno, a história humana "*no marcha de generación en generación, sino de virtud en virtud*" ("não caminha de geração em geração, mas virtude em virtude"). O conceito de "história" é, assim, chave para compreender o profundo humanismo da geração: o principal seria reformular o *ser espanhol* corrompido por três séculos de decadência. Espanha precisava retomar o caminho da iniciativa criadora abandonado no início do século XVII, quando as conquistas haviam construído o grande Império que, então, já demonstrava sinais de esgotamento. Mas onde perscrutar a história dos espanhóis e o *ser espanhol*? Revisitar as espanhas significou, para esses autores, conhecer os interstícios da sua paisagem.

Se o olhar humano era o elemento fundamental, era preciso caracterizar a presença do observador na constituição da paisagem. Na natureza, os escritores do 98 investigaram os conteúdos e o "espírito da história" construída pelas espanhas a partir das transformações nela operadas por seus povos. A história estaria na natureza, mas seria também diferente dela. A natureza seria a realidade pura, virgem, em perfeito equilíbrio, a história seria definida por meio da criação de artifícios pelo homem na natureza. A paisagem, conforme a inventou o 98, reúne história e natureza como condição para problematizar o que Azorín denominou "tragédia espanhola", através das configurações sociais humanas e do olhar do escritor. Os povos das espanhas que o 98 pretendia recuperar eram aqueles que se relacionavam com a natureza de forma absoluta, tornando-se parte dela e formando um todo harmônico, exatamente a paisagem, na qual se poderia observar a *intra-história*. E esta estaria especialmente no campo espanhol, naqueles lugares onde as pessoas fariam parte da natureza criando sobre ela.

O enaltecimento da vida intra-histórica é destacado nos escritos do 98 sobre a paisagem espanhola em um negação dos artifícios ditos *civilizados* da cidade e no desejo de fugir para o campo, como insinua Machado:

Huye de la ciudad... Pobres maldades,	[Fuja da cidade... Pobres maldades,
misérrimas virtudes y quehaceres	miseráveis virtudes e tarefas
de chulos aburridos y ruindades	de cafetões chatos e maldades
de ociosos mercaderes [...]	de comerciantes ociosos [...]
Huye de la ciudad. El tédio urbano!	Fuja da cidade. O tédio urbano!
– carne triste y espíritu villano!	– carne triste e espírito vilão!]

(Antonio Machado, "Campos de Castilla", em *Poesias completas*. Madri, Espasa-calpe, 1962, pp. 76 -166. Tradução minha)

Traduzindo em poema um sentimento de mundo que podemos remontar ao romantismo, especialmente aquele urdido na experiência de resistência espanhola às guerras napoleônicas, Machado e os intelectuais do 98, como afirma o escritor espanhol Francisco Ayala (1906-2009), resistiam fortemente aos resultados da expansão do mundo capitalista e industrializado. Creditavam a esta expansão o distanciamento das pessoas em relação à paisagem, às possibilidades de compreendê-la, de se solidarizar com ela e atuar cultural e politicamente em consonância com ela. A civilização, nesta lógica, é identificada com a história, a natureza com a intra-história. Esta última, guardiã dos segredos do verdadeiro *ser espanhol,* seria o lugar onde os escritores do 98 acreditavam poder reencontrar o destino histórico da Espanha. Castela configuraria o sempre, porque nela se poderia sentir a presença da história enquanto artifício humano, por ela passaram os visigodos, os árabes, nela lutaram os reconquistadores e ela teria construído o Império Espanhol depois de ter unificado a Espanha. Ela teria deixado suas marcas na paisagem por meio do imutável humano: a inabalável ligação do homem com a terra que lhe dá vida e trabalho.

Como em Azorín, em Unamuno o sentimento despertado pela vivência da paisagem castelhana tem por consequência o *casticismo* intelectual e, mais ainda, a rejeição de todo o moderno. À época do século imperial, segundo estes autores, o "espírito espanhol" era voltado para as grandes aventuras históricas, Castela reunira em si as espanhas para a construção de uma grande nação. A partir do século XVIII, porém, com o advento da modernidade e seus artifícios civilizados, os espanhóis teriam aos poucos perdido o contato com a natureza. Tomaram conta do governo da Espanha homens desinteressados em ideais, e eles teriam acabado por retirá-la de sua posição de vanguarda no processo histórico europeu. Para Unamuno, neste sentido, a solução para o problema espanhol não seria o "regeneracionismo europeísta", mas a reconquista dos valores da Espanha imperial. Nota-se um forte distanciamento com o liberalismo do século XIX, que considerava os efeitos negativos do Império sobre as espanhas. A geração de 98 seguia o mesmo caminho dos republicanos portugueses que capitanearam os debates após o *Ultimatum* inglês de 1891: a construção do Império havia sido sim um grande momento da história da península.

Nos textos de Antonio Machado, as características da nova Espanha não são diferentes, mas acentua-se a intenção política e cultural. Para a construção de uma nova Espanha seria preciso superar o "caciquismo" da política espanhola, fundamentada em atuações individuais carismáticas em detrimento de programas políticos consistentes, e, também, a influência da Igreja. Caciquismo e Igreja: conteúdos de atraso cultural que deveriam ser superados. Assim, se o contato com a paisagem castelhana e o encontro com a história da Espanha acabaram por imbuir de forte *casticismo* os escritos de Azorín e Unamuno, em Machado, mais progressista, concretizou-se em um equilíbrio entre "europeísmo cultural" e busca do "espírito espanhol": a alma popular existiria em relação à cultura europeia. Em 1912, porém, em carta ao amigo e escritor Juan Ramón Jimenez (1888-1958), Machado mostrava-se cético no tocante às reais possibilidades de se desenvolverem atitudes transformadoras na Espanha: "Às vezes me apaixona o problema de nossa pátria [...]. Mas não se pode fazer nada de imediato e direto [...]. E nós, não somos ninguém?".

A vida real parecia negar-lhe a intervenção em seu próprio contexto histórico. Sentimento de impotência que enredou aos intelectuais do 98 e que ganhou contornos mais radicais entre os modernistas das gerações seguintes, como Jimenez com quem Machado se correspondia com regularidade. Às tertúlias, leituras e atos públicos cheios de projetos e ideais, seguiam-se sempre os recrudecimentos sugeridos pela conjuntura política que opunha as nações cívica e cultural à Espanha oficial, tão forte e resistente quanto violentas iam se tornando as vozes contra a sua permanência. Entre esses intelectuais crescia um sentimento de mundo que unia uma dedicação quixotesca à interpretação da história das espanhas a um forte desejo de intervenção e a uma profunda percepção de impotência. Como então dar vazão às leituras, estudos, conversas, ideias e experiências que lhes atormentavam e exigiam solução pública? Onde se refugiar? O sonho literário tornou-se resposta para muitos deles, diante das dificuldades de encontrar portadores sociais para as suas propostas.

Mas tal sentimento de mundo, sem dúvida acirrado na virada do século XIX para o XX, relaciona-se ao pêndulo entre a soberania popular e a soberania real que marcou o século XIX espanhol, e, também, às dificuldades de uniformizar as experiências das espanhas em uma arquitetura política e social que pudesse incorporar os diferentes setores da sociedade que compunham as nações cívica e cultural. Um sentimento de mundo que se expressaria de diversas formas à medida que as espanhas se cindiam e os debates entre europeístas e *casticistas* se acirravam. Em uma interpretação dicotômica, de um lado os defensores das Luzes, da razão capaz de ordenar o mundo e construir uma Espanha na qual todos os cidadãos das espanhas pudessem estar representados. De outro lado, os *casticistas* em busca das brumas singulares das espanhas, presentes na memória da Espanha imperial. Mas as espanhas eram muitas, a trama de conflitos que levaria à Guerra Civil em 1936 não pode ser resumida a oposições binárias. Parece mais interessante compreender múltiplas clivagens e representações manifestando-se em nome da Espanha com que sonhavam.

A trajetória de Pablo Ruiz Picasso (1881-1973) talvez ajude a explicar o argumento. Na sua época jovem, Picasso deteve-se em Madri por duas vezes, entre 1897 e 1898 e em 1901. Frequentava o Prado, estudava e interpretava clássicos e, dessa forma, estabeleceu fortes vínculos com a cidade e o grupo de 98 com o qual conviveu quando editou a revista *Arte Joven,* da qual era, também, ilustrador. O sentimento de mundo de que falamos acima, e que marcou a intelectualidade espanhola na virada do século XIX para o XX, expressou-se nos desenhos de Picasso para a revista: a presença nas tertúlias dos cafés, o subjetivismo nas formas de expressar o descontentamento, a tauromaquia como conteúdo da história nacional a ser perscrutado são conteúdos que, presentes nos autores do 98 e do modernismo espanhol em chaves estéticas e políticas diferentes, fixam, no entanto, uma visão espanhola da modernidade. Não se trata apenas da figuração de um espanholismo *casticista*, mas da figuração de um sentimento do mundo que colocou em diálogo o permanente em relação ao efêmero, a intra-história em relação à história, e cujos conteúdos eram tema dos textos escritos para a citada revista. A profunda fissura entre a Espanha real e a Espanha oficial é perceptível nesta ambiência intelectual de que desfrutou Picasso nas suas estadias em Madri e que foi fortemente marcada pela Guerra Hispano-Americana. Um sentimento de decadência que imbricava leituras dos tradicionalismos e fabulações sobre a modernidade possível.

Os desenhos "Grupo de artistas" e "El café", normalmente em preto e branco e com tons de tintas que poderíamos afirmar serem noturnas, além de retratar a ambiência intelectual desfrutada pelo autor, que costumava se autorretratar nos desenhos que fazia, apresentam um caráter múltiplo e transitório, eclético na escolha do traço e, por isso, fiel ao sentimento trágico que marcou a passagem do XIX para o XX entre os espanhóis. Entre o decadentismo manifesto do final do século e a vontade de vida nietzcheana, Picasso expressava a mesma melancolia que Unamuno demonstrava nos poemas que escrevia para a mesma revista. Sua posterior fixação em Barcelona e, depois, em Paris, assim como a conjuntura política da Guerra Civil que pareceu indicar uma oposição entre a Madri centralizadora e a Barcelona universal e resistente ao avanço franquista, oposição que, de resto, como será retomado mais à frente, empobrece as múltiplas clivagens presentes nas nações cívica e cultural, marcou a leitura da obra picasseana e diminuiu a importância da ambiência intelectual *"madrileña e noventaochista"* ("de Madri e do grupo de 1898") com a qual se envolveu entre 1897 e 1901.

Os conflitos que marcaram a Proclamação da República e as guerras civis posteriores nos dois países peninsulares precisam ser estudados a partir dos muitos e fragmentados projetos de republicanos e monarquistas, anticlericalistas e tradicionalistas, e, acima de tudo, das muitas imbricações que por vezes apresentaram e que foram desaparecendo em meio à violência que tomou conta do debate público a partir dos anos de 1910 e 1920.

Hierarquias epistemológicas, ciência e darwinismo social

No contexto da expansão imperialista do século XIX, divulgaram-se pelas europas as ideias de Charles Darwin (1809-1882), embora nem sempre fiéis às suas pesquisas empíricas. Muitos cientistas e letrados propuseram aplicar a teoria da seleção natural para explicar as diferenças entre povos e pessoas. As desigualdades sociais vividas nas europas, explicáveis por meio de dados históricos e empíricos, e para as quais letrados como Antero, Galdós, Machado e Bordallo acreditavam ser possível encontrar soluções em termos culturais, passavam a ser vistas em termos naturais: elas existiriam porque, na produção da própria sobrevivência, haveria, de um lado, indivíduos mais competentes e fortes, e, de outro lado, indivíduos menos competentes e fracos; a força e a competência eram entendidas como herança transmitida dos pais para os filhos.

As diferenças entre as nações também passaram a ser explicadas pelo mesmo critério: em relação às nações "modernas", algumas seriam "atrasadas" porque seu povo parecia ter menor capacidade de adaptação às condições sociais e ambientais. Observe-se que o que se chama aqui de "moderno" é o conjunto de resultados científicos e de produção material que os países da Europa Ocidental e os Estados Unidos, em fase de acelerada industrialização, demonstravam em suas circunstâncias históricas. Todos os artefatos inventados e desenvolvidos por outros povos, e que lhes facultavam uma boa distribuição de recursos e riquezas, assim como seus modos de contar, registrar, narrar e produzir arte, foram considerados "atrasados", já que não atendiam às urgências das sociedades industrializadas. Para estas, o maior interesse era obter matéria-prima barata e mercados consumidores para seus produtos industrializados, além de lugares para investimento de capitais excedentes.

É possível interpretar essa visão de mundo como o reverso da moeda, ou mesmo como um efeito perverso, das conquistas culturais do iluminismo. Os iluministas afirmavam que os seres humanos, por serem dotados de razão, eram capazes de perscrutar a natureza e, por meio de artefatos e conquistas tecnológicas, indicar as formas mais produtivas de realizar o trabalho, compreender e controlar os fenômenos naturais e garantir a sobrevivência da humanidade. Mas o fato é que, para muitos deles, nem todos os povos eram formados por seres humanos com essas capacidades. Trata-se de uma visão de mundo que, a partir da experiência de povos da Europa Ocidental, aos quais se juntariam os norte-americanos, formulou um conceito de progresso que se mede pelos avanços tecnológicos. "Atrasados", portanto, segundo essa perspectiva, são os povos cujas vidas não se pautam por esse modelo, povos cuja produção material da vida não supõe transformações e avanços constantes, ou que não hipervalorizam a tecnologia e o consumo em larga escala.

No século XIX, teses sobre povos "atrasados" e povos "adiantados" ou "modernos" rapidamente se transformaram em abordagens racistas, afirmando a superioridade racial dos povos com maior avanço tecnológico e, segundo seus pontos de vista, legitimando o domínio sobre terras "atrasadas", que deveriam ser "civilizadas". Coincidentemente, eram os "civilizadores" que realizavam, na época, a dominação da África e da Ásia, como já haviam feito nas américas na era das navegações.

No final do século XIX, na esteira deste *darwinismo social*, desenvolveria-se a teoria da eugenia que invadiria o século XX e deixaria rastros com os quais lidamos ainda hoje. Os eugenistas afirmam a necessidade de controlar a reprodução das pessoas dentro de uma sociedade, de modo a destacar as boas qualidades físicas e mentais de algumas e a evitar o "empobrecimento da raça", isolando os indivíduos portadores de "deficiências" e impedindo sua reprodução. A mistura de raças era considerada fator de "empobrecimento" do povo e da nação, sendo interessante evitar "mestiçagens".

A eugenia pretendia ser uma ciência e esperava comprovar suas hipóteses estudando comportamentos e características físicas dos corpos das pessoas. Em uma época na qual se formavam as grandes cidades, com os seus bairros pobres marcados por violência e prostituição, políticos e médicos utilizaram a eugenia para estigmatizar populações pobres na Europa e povos de outros continentes que eles pretendiam dominar. Dessa forma, defendiam que seria possível apontar os indivíduos propensos ao crime, assim como aqueles mais propensos ao trabalho braçal do que às artes do pensar e da pesquisa. Por isso, a mestiçagem não era bem-vista; afirmava-se que ela podia enfraquecer uma raça que se misturasse com outras inferiores.

Neste contexto de forte hierarquia entre epistemologias e modos de conhecer, ler e compreender o mundo, novamente, os povos peninsulares ocupam algum lugar entre africanos, asiáticos e americanos de um lado, e europeus e nortemaericanos de outro lado. É na esteira dessas hierarquias que se afirma a "incompetência" dos povos ibéricos para a colonização. Embora o termo "raça" não fosse fundamental no texto de Voltaire, tal hierarquia já estava explícita no conto reproduzido no capítulo "Os cristãos, a razão e a decadência" deste livro. Nota-se, por último, que a experiência ocidental, resumida no caminho Grécia, Roma, Itália renascentista, Inglaterra, França Alemanha e Estados Unidos, apresenta características "universais" enquanto as outras experiências seriam singulares, atrasadas, incivilizadas, entre muitos outros adjetivos.

Entre o final do século XIX e as duas primeiras décadas do século XX, os povos peninsulares enfrentaram guerras no Ultramar e conflitos internos que denunciavam um forte distanciamento entre as instituições políticas responsáveis pelas políticas públicas e os caminhos e propostas da maior parte de suas populações. Anticlericalismo e republicanismo foram, sem dúvida, os movimentos que mais galvanizaram as ações dos povos e dos intelectuais que pretendiam falar em nome deles. Assim, se o isolamento político na Europa bismarckiana era inequívoco, a presença do Império no imaginário popular e das elites continuaria a criar fantasmas acerca das possibilidades de Portugal e Espanha no mundo contemporâneo, mesmo depois de proclamadas as Repúblicas, como veremos no próximo capítulo.

Repúblicas, revoltas e guerras

Iícios do século XX, tempos de vanguardas artísticas, tempos de encontrar formas de expressão e representação para além do figurativismo, conforme o final do XIX já anunciara. Se Picasso retirara de sua experiência com a Madri de 1898 novos olhares sobre o mundo, que depois viriam a compor as tintas do seu cubismo, muitos outros artistas ibéricos também seguiram esta direção. Comecemos dialogando com o português Almada Negreiros (1893-1970) e o espanhol/catalão Joan Miró (1893-1983).

Os primeiros desenhos de Almada Negreiros vieram a público em 1911, e já nessa época aproximou-se de Fernando Pessoa (1888-1935), com quem viria a colaborar nas revistas *Orpheu* e *Portugal Futurista*. Com passagens por Madri e Paris, onde sobrevivia de empregos simples, Almada acabou por se centrar em Portugal e abandonar o ativismo dos seus primeiros anos de vida pública. Mas se mantinha inclassificável e modernista nos traços, pela quantidade de formas de expressão às quais se dedicava, destacando-se o romance *Nome de guerra,* de 1925, pela verve futurista e pelo caminho de percepção de um Portugal mítico e lírico que o acompanharia entrados os anos de 1930 e 1940, nas palavras do historiador e crítico de arte português José Augusto França. Esse caminho, levá-lo-ia a um nacionalismo próximo ao salazarismo, mas sem jamais submeter a arte à política ou diminuir a influência do cubismo picasseano em sua produção.

Joan Miró realizou sua primeira exposição individual em 1918. O artista movimentou-se entre experiências cubistas, fauvistas e surrealistas, demonstrando interesse em representar gestos e ações primitivas, e buscando articular elementos tradicionais de vidas de moradores da Catalunha com registros da vida contemporânea, elementos que, de resto, marcaram os conflitos das espanhas entre o final do século XIX e os começos do XX, e que ele pretendia reunir um uma síntese do mundo à sua volta. Ao contrário de Almada, seu lirismo e busca por primitivismos não o levariam ao nacionalismo mítico, mas à defesa da República em oposição ao levante franquista.

Duas trajetórias artísticas que emblemam trajetórias ibéricas nas primeiras décadas do século XX: entre modernismos expressos em posturas políticas conservadoras e/ou progressistas, havia que encontrar o lugar dos povos ibéricos no mundo dos cidadãos, já que as instituições políticas vinculadas ao liberalismo democrático pareciam pouco dizer aos que viviam o Portugal e a Espanha reais. Um dilema que ensejaria guerras civis, levantes revolucionários, greves e disputas armadas em toda a península, e que redundaria em tentativas falhadas de estabelecimentos de repúblicas liberal-democráticas e/ou socialistas e no estabelecimento infelizmente vitorioso de repúblicas ditatoriais.

CAMINHOS PARA A REPÚBLICA

Após os conflitos gerados em Portugal pelo *Ultimatum* inglês de 1890 e na Espanha pela Guerra Hispano-Americana de 1898, as duas nações peninsulares passaram por processos de revisão de seus regimes constitucionais, ao passo que enfrentavam crises socioeconômicas internas. Os níveis de desemprego, agravados na Espanha pelo fenômeno do "bandoleirismo" desde o século XIX, haviam aumentado nos dois países, assim como os esforços de guerra provocaram desequilíbrios financeiros na Fazenda Real. Os republicanismos se fortaleceram na península, sendo que em Portugal o PRP, conservador e imperialista, conseguiu capitanear as críticas à monarquia bragantina e responsabilizá-la pelas dificuldades no Ultramar e pela fraqueza no cenário político europeu. Desde o final do século XIX, este partido organizava grandes banquetes que se configuravam como momentos de recordação de figuras e acontecimentos históricos da história pátria, como homenagens a Camões e Vasco da Gama e a momentos da gesta imperial, como a conquista do Brasil e a dobra do cabo da Boa Esperança. Comuns também na Espanha, esses banquetes não puderam ser capitaneados por um único partido ou grupo entre os espanhóis, até porque a presença anarquista e socialista em áreas urbanizadas convidava à revolução internacional, e não ao nacionalismo histórico, e mesmo entre os republicanos havia os progressistas e os imperialistas. A oposição à monarquia em Portugal não se fez por vozes revolucionárias, embora houvesse os socialistas, como Antero de Quental e alguns setores organizados do movimento sindical. Foram os republicanos mais identificados com o positivismo, o anticlericalismo e o imperialismo que lideraram a crítica aos Bragança. Na Espanha, ao contrário, não houve um grupo republicano específico que conseguisse liderar e homogeneizar a crítica aos Bourbon e, além disso, os grupos anarquistas de táticas terroristas e/ou sindicais se fortaleceram bastante com as crises sociais decorrentes das guerras no Ultramar que se espalharam entre 1868 e 1898.

Em 1895, os ministros de D. Carlos I de Bragança, sucessor de D. Luís I em uma época em que os acordos dos dois principais partidos políticos da época da Regeneração já pouco significavam para o Portugal real, provocaram uma bancarrota legislando por meio de decretos e dando pouca relevância ao Parlamento que permaneceu fechado. Chegou-se a outorgar nova Constituição que abolia os Concelhos, extinguia as eleições para a Câmara dos Pares e redesenhava a abrangência dos círculos eleitorais e dos distritos. Se a bancarrota, ao desvalorizar a moeda portuguesa, permitiu um crescimento da indústria têxtil, já que os produtos ingleses chegavam mais caros, não foi capaz de evitar o crescimento do custo de vida, a perda de poder de compra de trabalhadores rurais e urbanos e o aumento da emigração. E tudo isso em um país no qual analfabetos não votavam e, por isso, apenas algo em torno de 50% dos portugueses frequentavam as urnas. Desta forma, a manutenção de territórios no Ultramar não parecia fortalecer as contas do Reino conforme se esperava, o que tornava urgente uma revisão dos modos de exploração desses vastos territórios.

Havia nestes dois milhões de quilómetros quadrados uma certa grandeza, mas relativamente ilusória. Em termos de riqueza, tudo junto não valia a ilha de Cuba, que a Espanha perdeu em 1898. Em 1900, a maior parte dos territórios, especialmente os maiores, não estavam mapeados, não tinham redes de estradas ou caminhos-de-ferro, nem um sistema de administração unificado, e as comunicações com a Metrópole eram esporádicas e dependentes da navegação inglesa (só em 1903 a Empresa Nacional de Navegação estabeleceu carreiras regulares com Moçambique). Sem minas de ouro (como no Transvaal) ou de cobre (como no Catanga), as colónias portuguesas rendiam pouco e não atraíam população europeia. A tentativa de estabelecer colonos da Madeira no planalto de Moçâmedes, em Angola, foi um fracasso. Em 1909, Angola tinha 845 funcionários a administrar uma receita de 1497 contos de réis e uma despesa de 3494, com um défice de 1997 contos. A missionação, por falta de ordens religiosas, era mínima. Em 1896, em Moçambique, os oficiais expedicionários descobriram, chocados, que "há tanto tempo que estas regiões nos pertencem, e não há uma única pessoa que conheça o terreno". (Rui Ramos, "O fracasso do reformismo liberal (1890-1910), em Rui Ramos; Bernardo Vasconcelos Sousa; Nuno Gonçalo Monteiro, *História de Portugal*. Lisboa, Esfera dos Livros, pp. 730-1. *E-book*.)

As dificuldades apresentadas por Ramos, mesmo quando se observa a importância dos mercados coloniais para as exportações portuguesas e, consequentemente, para o equilíbrio de suas finanças e balança comercial, demonstram problemas decorrentes de uma industrialização que, ao contrário do que acontecia em países como a Inglaterra, EUA e Alemanha, não produzia capital excedente para inversões em áreas coloniais, nem mesmo para inversões internas. Assim como acontecia em Portugal, os recursos para melhoria dos transportes e comunicação nas áreas coloniais eram resultantes de empréstimos e investimentos externos, principalmente ingleses, mas também alemães. E os emigrantes portugueses, bem, esses sempre preferiam o Brasil às áfricas, o que tornava as remessas dos emigrantes brasileiros um forte elemento de sustentação da economia portuguesa. Mesmo assim, os custos de manutenção das dívidas externas implicavam aumentos de impostos e, portanto, conflitos sociais, agravados pela modernização de cidades como Porto e Lisboa que, com novas edificações e redes de transportes, obrigavam a mudanças dos trabalhadores pelos espaços urbanos. A simbiose entre os dois partidos que se revezavam no poder e a monarquia mostrou-se fatal para esta última, que se tornava refém das disputas internas entre as elites políticas. Trata-se de um período de enorme diversificação partidária e ideológica, com grupos de pressão que se manifestam a partir de distintas instituições, como a imprensa, o sindicato, o partido tradicional, os novos partidos, os clubes políticos e militares etc. Neste turbilhão de pressões, a força que os republicanos conservadores demonstraram foi inequívoca. As bandeiras de oposição à Igreja e aos partidos monárquicos, as críticas à corrupção dos ministérios e à incompetência na gestão do Ultramar de Carlos I galvanizaram a população contra a monarquia. Embora a primeira tentativa de imposição da República, em janeiro de 1908, tenha falhado, por não receber apoio do Exército e pelo silêncio das províncias, o cenário estava já armado e a radicalização era irreversível. Em fevereiro de 1908, na praça do Comércio em Lisboa, republicanos liderados pela associação clandestina Carbonária Portuguesa, que teve origem nas lojas maçônicas, assassinaram o rei Carlos I e seu herdeiro, o príncipe D. Luís Felipe.

O atentado de 1 de fevereiro de 1908, conforme representado no periódico *O século*.

O jovem infante D. Manuel assumiria o trono em busca de reconciliação, mas os liberais que o apoiavam, e imaginavam poder reviver os primeiros tempos da Regeneração de 1851, calcularam mal a força dos republicanos. As lojas maçônicas e a Carbonária, já então bem menos secretas, e os centros republicanos, multiplicados após o regicídio, radicalizaram suas posições revolucionárias em favor da Proclamação da República, que aconteceria em 5 de outubro de 1910. Ninguém defendeu a monarquia.

Nas espanhas, os gritos revolucionários vinham de anarquistas e socialistas, os republicanos precisavam aliar-se a eles para aumentar os ecos de suas críticas, já que os caciquismos desvirtuavam o papel que poderiam ter as instituições liberais nas Cortes. Por isso, muitas das ações dos republicanos e liberal-democratas se faziam fora dos limites parlamentares, em banquetes, clubes, sindicatos, imprensa e em instituições que fundavam com diferentes propósitos.

A Renascença portuguesa de Jaime Cortesão e a Liga de Educación Política de Ortega y Gasset

As três primeiras décadas do século XX foram marcadas, na península, pelo surgimento de ligas e associações independentes dos partidos políticos e das academias tradicionais, fossem as universidades ou as de História ou Ciências. No mais das vezes, tratava-se de intelectuais que frequentavam essas academias e eram mesmo seus docentes e/ou filiados, mas que procuravam criar instituições de aproximação com as massas, de modo a realizar a pedagogia social que defendiam. A "Liga de Educación Política", fundada por José Ortega y Gasset em 1914, e a "Renascença Portuguesa", fundada por Jaime Cortesão em 1912, tipificam este movimento. Esses intelectuais acreditavam-se imbuídos de uma missão que envolvia conteúdos pedagógicos de ensino da História pátria e de formação política para a vertebração e reconstrução da nação.

A Renascença Portuguesa, fiel à visão de mundo na qual a cultura é o elemento de ordenação da realidade, organizou sua intervenção pública por meio da fundação de universidades populares, conferências, lições públicas e publicações de periódicos e livros. O nacionalismo ao qual se filiavam Cortesão e a Renascença propunha-se a servir à República oferecendo aos seus cidadãos cursos de Economia, Comércio e História pátria, entre outros. Se cabia ao poeta revelar o mundo aos seus leitores, também lhe cabia ensinar, como escreveu o autor em artigo de 1912:

> O ensino da História na instrução primária deve também revelar aos alunos repetidas vezes a importância que tem o esforço individual ainda o dos mais humildes para o bem da nossa querida Pátria. E para que eles melhor compreendam quanto vale o seu esforço de patriotas, para melhor exaltar neles o amor da Pátria, bom é cultivar a admiração das novas empresas heroicas, mas não os devemos furtar também ao conhecimento das nossas desgraças, fraquezas e aviltamentos. deve-se mesmo estabelecer uma comparação entre o Portugal heroico, próspero e glorioso e o Portugal da decadência. Hão de ver assim como no período da nossa glória um mesmo pensamento e alto desejo animava todo o Portugal, que na era da decadência perdia de todo a consciência nacional.

Assim como afirmava Ortega y Gasset, Jaime Cortesão acreditava na importância das nações peninsulares para a história da civilização. As conquistas ultramarinas ibéricas dos séculos XV e XVI teriam fundado o mundo moderno a partir dos seus conhecimentos náuticos e de sua engenharia naval, indicando um momento de realização de ideais e de força da nação que deveria ser recuperado para o entendimento das possibilidades das nações peninsulares no mundo contemporâneo. Não por acaso, Cortesão foi médico voluntário das tropas portuguesas na Primeira Guerra Mundial. Tratava-se, no seu entender, de defender os princípios civilizatórios de fundação do mundo moderno junto à Entente Cordiale que reunia França e Inglaterra contra a Alemanha, já que esta, segundo ele, não respeitava as conquistas históricas ultramarinas e os regramentos internacionais sobre fronteiras.

Se a Renascença de Jaime Cortesão pretendeu educar diretamente às massas, a Liga de Ortega y Gasset pretendeu formar minorias intelectuais para, a partir de divulgação cultural, educar as massas e projetar soluções para os problemas técnicos e administrativos que impediam o bom funcionamento institucional do Estado. Os fundadores da Liga acreditavam, desta forma, que poderiam realizar uma ampla defesa da democracia em oposição ao liberalismo individualista. Em artigo para o periódico *El Imparcial*, de 29 de abril de 1910, o autor afirmava suas intenções em relação à arte:

Entre as coisas fáceis, a mais importante que o Ministro da Instrução Pública poderia tentar agora seria, na minha opinião, uma Exposição Zuloaga. Não se trata de uma homenagem [...]. O interesse de uma Exposição de Zuloaga (1870-1945) assenta na sua utilidade para nós que a visitamos. E o Ministério da Instrução Pública e Belas Artes não está aí para isso? Sua função não é premiar os méritos dos espanhóis triunfantes com a caneta ou o pincel; é, antes, *tornar a cultura possível, alimentar preocupações elevadas na massa anônima, despertar no ambiente público motivos de maior vitalidade*. (José Ortega y Gasset, "Una exposición Zuloaga?", em *Obras Completas I*. Madri, Alianza Editorial/Revista de Occidente, em 1987, p. 139. Destaque meu. Tradução minha.)

O Anão Gregório, o barqueiro, de Ignacio Zuloaga, 1908.
Este quadro provocou enorme debate entre os intelectuais do começo do século na Espanha: eles se perguntavam se Gregório guardava os conteúdos de uma Espanha essencial, que deveria ser preservada diante dos avanços da modernidade, ou se trazia em si os sentidos de uma Espanha analfabeta e decadente, que deveria ser superada. Um homem pequeno em roupas campônias, com o dorso à mostra e fisionomia observadora cujos conteúdos não se apresentam, um conjunto de traços que denuncia a ausência de letramento e uma Espanha que não se movimenta, que segue sem dialogar consigo e com as possibilidades colocadas pelo crescimento da vida e da altura dos tempos estudados nas páginas anteriores deste texto.

Como em Portugal, na Espanha a perda de prestígio dos chamados partidos dinásticos, que se revezavam no poder desde a Restauração de 1874, era inequívoca. Também como em Portugal, o enfrentamento das políticas imperialistas do século XIX não diminuiria, entre muitos letrados e as elites *casticistas,* os ímpetos colonialistas emblemados na memória do Império da primeira modernidade. Por isso, os espanhóis voltaram-se para o Marrocos.

O Marrocos vinha sendo disputado por franceses, que dominavam a Argélia, e ingleses, que dominavam o Egito, desde a primeira metade do século XIX. No início do século XX, diante das pretensões alemãs no Marrocos, os membros da Entente Cordiale, nomeadamente França e Inglaterra, conseguiram afastar a Alemanha na Conferência de Algeciras, de 1906, na qual a Espanha fez as mediações e conseguiu um protetorado ao norte de Marrocos, nas regiões de Rife e Jebala, onde já mantinha interesses econômicos. Mas o controle da região exigiria esforços e recursos de guerra em terreno desconhecido e no qual os espanhóis enfrentaram a guerrilha marroquina liderada por Abd-el-Krim (1882-1963). Internamente a guerra também provocaria resistências. A população, principalmente os sindicatos das regiões industrializadas e os novos partidos nacionalistas e republicanos que se foram formando no início do século XX, levantou-se contra o recrutamento de reservistas. A chegada de informações sobre as primeiras derrotas e a morte de muitos reservistas só fez piorar o descontentamento popular, que passava a exigir o fim da guerra. Nesses levantes, concentrados na Catalunha, muitas igrejas e conventos foram queimados. A repressão ficou conhecida como "Semana Trágica", e se aplicou entre os dias 26 de julho e 2 de agosto de 1909. As reações negativas contra a repressão e os fuzilamentos na imprensa e chancelaria internacional levaram à queda do ministério de Antonio Maura (1853-1925) e à formação de novo ministério liderado por Segismundo Moret (1833-1913). O rei Alfonso XIII de Bourbon tentava, assim, diminuir a insatisfação popular e as oposições externas, mas o enfraquecimento e o esfacelamento dos partidos dinásticos eram já irreversíveis e perceptíveis nos altos níveis de abstenção eleitoral verificados entre 1876 e 1923.

Além dos custos sociais da guerra no Marrocos, as espanhas enfrentaram uma greve geral revolucionária em 1917 e muitas outras greves em 1920. Mesmo neutra na Primeira Guerra Mundial, e podendo desenvolver sua indústria a partir do fornecimento de mercadorias aos países em guerra, houve desabastecimento na Espanha, fato que provocou levantes por problemas de subsistência. Os conflitos de rua decorrentes de levantes pouco organizados e das greves eram enormes, já que o patronato deslocava milícias próprias para perseguir as lideranças sindicais e combater os movimentos, além de incentivar os capatazes das indústrias contra as lideranças sindicais. Nas áreas rurais, especialmente aquelas marcadas pela presença anarquista, os conflitos não eram de menor monta, e os latifundiários também se valiam de milícias próprias. Nos levantes rurais as manifestações anticlericais eram fortes, já que as desamortizações, embora tenham conseguido evitar novas amortizações e colocar muitas terras em hasta pública, não diminuíram a força da Igreja Católica e seu papel como legitimadora da monarquia e dos partidos dinásticos e suas práticas políticas. Nesses levantes, igrejas e conventos podiam ser queimados e saqueados. Foi na esteira desses movimentos que, em 1920, foi fundado o Partido Comunista da Espanha (PCE), que seguiria as propostas da Terceira Internacional e se vincularia à experiência da Revolução Russa.

O extremo faccionismo de partidos e grupos políticos e os violentos combates de rua fizeram o rei Alfonso XIII outorgar poderes extremos a Miguel Primo de Rivera (1870-1930) em 1923, um capitão-general da Catalunha que se pronunciara contra o governo dentro da tradição dos pronunciamentos militares do século XIX. Sua maior conquista foi a pacificação do Rife, no Marrocos, a partir da Guerra de Alhucemas em 1924. Internamente, a ditadura de Primo de Rivera instituiu leis trabalhistas que chegaram a ter apoio dos socialistas. O ditador recebeu, ainda, alguma complacência de intelectuais que, assustados com a força e violência das massas, consideraram adequado um governo de força para minimizar o ímpeto popular. Mas diante da repressão aos anarquistas e socialistas, ancorada em princípios fascistas, novas oposições e enfrentamentos surgiriam, e incidiriam negativamente sobre a autoridade real. Em janeiro de 1930, Primo de Rivera renunciou, e as tentativas de Alfonso XIII de formar novos governos mostraram-se incapazes de diminuir os descontentamentos. A convocação de eleições para abril de 1931, com a intenção de acabar com a ditadura e retomar o turnismo político da Restauração, enterraria a monarquia e seus partidos dinásticos. A vitória dos republicanos foi incontestável nas áreas urbanas, e mesmo a sobrevivência dos monarquistas em áreas de domínio caciquista não foi suficiente para manter Alfonso XIII em seu trono. A República foi sendo proclamada em diferentes regiões e municípios a partir de 14 de abril, fato que levou a família real ao exílio.

Delenda est Monarchia

Em 15 de novembro de 1930, após a tentativa de Alfonso XIII de criar um novo governo com o general Dámaso Berenguer (1873-1953), Ortega y Gasset publicou o artigo a seguir no periódico *El Sol*. Interessante, pois contraditório, observar a crítica que faz à ditadura de Primo de Rivera, já que esteve entre os intelectuais que chegaram a considerar interessante a presença do "cirurgião de ferro" que pudesse regenerar a nação e dirimir seus violentos conflitos.

O erro Berenguer
Não, não é uma errata. É provável que em futuros livros de História da Espanha haja um capítulo com o mesmo título deste artigo. O bom leitor, cauteloso e atento, terá notado que nesta expressão o Sr. Berenguer não é o sujeito do erro, mas o objeto. Não se diz que o erro é de Berenguer, mas o contrário […]. São outros, então, que o cometeram e estão cometendo; outros uma porção inteira da Espanha, embora, em minha opinião, não muito grande. Por isso, esse erro transcende os limites do erro individual e ficará inscrito na história do nosso país. […] A Ditadura tem sido um poder abrangente e sem limites, que não só operou sem lei ou responsabilidade, sem normas já estabelecidas, e nem conhecidas, não se limitou à órbita pública, mas penetrou brutal e grosseiramente na ordem mais privada. […] A frase que mais se tem repetido nos edifícios do Estado espanhol é esta: "Nada acontece na Espanha!" […] É por isso que o Regime acreditou poder responder também nesta ocasião superlativa, nada mais do que decretando esta ficção: Aqui nada aconteceu. Essa ficção é o Governo Berenguer. Mas desta vez ele se equivocou. Era sobre desistir. Esperava-se que alguns meses de governo emoliente fossem suficientes para fazer esquecer a amnésia celtibérica dos sete anos de Ditadura. […] Este é o erro de Berenguer de que a história falará. E como é irremediavelmente um erro, somos nós, e não o próprio Regime; nós, gente das ruas, três a um quarto e nada revolucionários, que temos que dizer aos nossos concidadãos: espanhóis, o vosso Estado não existe! Reconstrua-o!
A monarquia deve ser destruída.

A queda das monarquias na península significou, para muitos, a possibilidade de refazer o país, reorganizar suas instituições e encontrar caminhos para fortalecer a economia, dirimir conflitos sociais e escrever uma Constituição capaz de dar respostas políticas às reivindicações. Os caminhos, no entanto, pareciam escapar aos conteúdos liberal-democráticos que estavam no horizonte da maioria dos republicanos.

DESCAMINHOS DAS REPÚBLICAS

A Proclamação da República portuguesa em 1910 incomodou a monarquia espanhola, que ainda sobreviveria até 1931, motivo pelo qual monarquistas portugueses foram recebidos na Espanha e, com apoio dela, tentaram organizar golpes para derrubar a República no vizinho. Se no momento da Proclamação da República em Portugal era possível divisar o PRP e a Carbonária como condutores do processo, na Espanha, ao contrário, a queda da monarquia não permitiu perceber um grupo que pudesse ser hegemônico e catalisar o processo. Mas a construção da República nas duas nações peninsulares sofreria do mesmo problema político e social: a fragmentação dos partidos e a existência de grupos sociais e políticos, de sindicatos e de clubes militares que atuavam independentemente da expressão partidária no Parlamento. Além disso, também no âmbito das semelhanças, é de se destacar três elementos. Em primeiro lugar, o forte anticlericalismo dos republicanos, socialistas e anarquistas, evidentes nas falas de Afonso Costa (1871-1937), quando ministro em Portugal, e de Manuel Azaña (1880-1940), quando ministro e presidente da República na Espanha, ambos dispostos a erradicar o catolicismo em seus países a partir de uma reforma educacional. Azaña chegou a afirmar, diante dos incêndios de igrejas e conventos, que uma igreja não valia a vida de um republicano. Em segundo lugar, o descontentamento dos militares que, envolvidos em desgastantes guerras coloniais, consideravam que deveria haver modificações nas suas carreiras e que os "políticos" não eram capazes de enfrentar os problemas sociais do país, especialmente porque afeitos à corrupção. E, em terceiro lugar, a continuidade de certos caciquismos, evidentes no domínio que determinadas personalidades exerciam sobre alguns partidos, caso, por exemplo, de Alejandro Lerroux no Partido Radical espanhol e de Afonso Costa no Partido Democrático português.

Além dos desgastes que as guerras coloniais traziam, as Repúblicas portuguesa e espanhola tiveram grande dificuldade em organizar institucionalmente os novos regimes, especialmente no que diz respeito ao necessário mínimo consenso para aprovar mudanças e organizar a nova legislação para dar conta das reformas prometidas. As oposições às propostas republicanas progressistas, ao contrário, foram se amalgamando e reunindo a Igreja Católica, as Forças Armadas, os grupos autoritários e monarquistas, fato que levaria ao fim da primeira experiência republicana portuguesa e da segunda experiência republicana espanhola. Mas os termos da equação se movimentaram de acordo com singularidades locais. Inicialmente, é interessante observar, nas tabelas de governos e partidos republicanos peninsulares abaixo, a forte instabilidade política que caracterizou o período para, em seguida, discutir as instabilidades sociais a ela associadas.

Primeira República portuguesa (1910-1926): Etapas políticas
Presidência constitucional (1910-1917)
• Fortalecer o Império colonial e romper com a monarquia bragantina.
• Dissolução dos partidos monárquicos.
• Constituição de 1911.
• 4/11/1911: Lei de Separação do Estado das Igrejas.
• Março de 1916: Portugal entra na Primeira Guerra Mundial junto à Entente Cordiale de França e Inglaterra: gastos e desgastes.
• Maio de 1917: aparição mariana para três crianças em Fátima – experiência católica mantém-se forte em Portugal.
• Nenhum dos três presidentes (Manuel de Arriaga, Teófilo Braga e Bernardino Machado) desta fase finalizaram seus mandatos. Em cada presidência, muitas trocas de governos e ministros.
• 5 a 8/12/1917: levante militar liderado por Sidónio Pais contra o governo republicano do Partido Democrático.
Ditadura de Sidónio Pais (1917-1918)
• 1917: Junta revolucionária presidida por Sidónio Pais (1872-1918).
• 1918: Sidónio Pais é o primeiro presidente português eleito por voto direto (o único da Primeira República portuguesa, já que a Constituição de 1911 não previa voto direto).
• Governo por decretos presidenciais, diminuindo as ações do Parlamento.
• Alterações na Lei de Separação do Estado das Igrejas e reaproximação com o Vaticano.
• 1918: Armistício da Primeira Guerra Mundial, Portugal conseguiu manter suas colônias apesar das intenções alemãs e inglesas, mas não sem sofrer derrotas humilhantes e ter enorme dificuldade de trazer suas tropas de volta para Portugal.
• Reaproximação da República com a Igreja Católica.
• Contestações e greves contra o governo, especialmente em função das ações em favor da Igreja e das dificuldades socioeconômicas decorrentes das guerras (a Grande Guerra e as coloniais).
• 14/12/1918: Sidónio Pais é assassinado por José Júlio da Costa (1893-1946), um militante republicano de esquerda que fora sargento do Exército e havia lutado em guerras coloniais.

Presidência constitucional, ou Nova República Velha (1918-1926)
- Regresso à Constituição de 1911.
- Apenas um dos seus quatro presidentes terminou seu mandato.
- Revoltas monarquistas reprimidas.
- Maior instabilidade política: eleições legislativas em 1918, 1919, 1921, 1922 e 1925, além de 28 ministérios diferentes entre 1919 e 1926. Apenas em 1920 foram nove presidências de ministros diferentes.
- Segundo dados do historiador português Oliveira Marques: 21 greves em 1919, 39 em 1920, 10 em 1921, 22 em 1922, 21 em 1923, 25 em 1924, 10 em 1925. Em 1919, 1920 e 1921 foram greves gerais.
- Noite Sangrenta (1921): revolta liderada por membros das Forças Armadas e da Guarda Nacional Republicana contra traidores dos ideiais republicanos que estavam no governo. Republicanos históricos, que participaram da Proclamação em 1910, foram mortos, como António Machado Santos (1875-1921) e José Carlos da Maia (1878-1921). A revolta provocou a troca de governo ministerial e causou maior fragmentação entre os republicanos.
- Revolução de 28 de maio de 1826: institui a ditadura militar que viria a formar o Estado Novo português.

Principais partidos e associações políticas em Portugal (1910-1926)

- Partido Socialista (desde 1875).
- PRP se divide em três novos partidos: o Partido Democrático, liderado por Afonso Costa (1871-1937); o Partido Evolucionista, liderado António José de Almeida (1866-1929); e o Partido Unionista, liderado por Brito Camacho (1862-1934).
- 1914: Integralismo Lusitano.
- 1919: Partido Comunista.
- Confederação Geral do Trabalho (CGT), criada em 1919 e com orientação anarquista.
- 1921: Grupo da Seara Nova.
- 1923: Partido Radical, também saído do PRP.
- Partido Liberal/Nacionalista, de tendência direitista, mas também saído de fileiras republicanas.
- 1925: Esquerda Democrática.
- 1925: União de Interesses Econômicos, patronal.

Segunda República espanhola (1931-1939): Etapas políticas

- Abril de 1931: eleições municipais dão vitória aos republicanos. Proclamação da República em vários pontos da Espanha.
- 14/04/1931: Alfonso XIII renuncia e segue para o exílio.

Biênio reformista (1931-1933)
- Esquerda republicana no poder com Manuel Azaña (1880-1940) na presidência do ministério. A presidência da República coube a Niceto Alcalá Zamora (1877-1949), um católico liberal.
- Foram quatro crises de governo no período, com trocas de ministério ou abandono de partidos.
- Onda de ataques e incêndios a igrejas e conventos.
- Constituição de 1931.
- 1931: Estatuto de autonomia da Catalunha.
- 1931: Lei de Contratos de Trabalho.
- 1931: Reforma no Exército.
- 1932: Reforma agrária.
- Instituição do ensino laico e nova expulsão dos jesuítas.
- 1932: Tentativa de golpe militar pelo general José Sanjurjo (1876-1936).
- Lei de Confissões e Congregações Religiosas.
- 1932: Fundação da Confederação Espanhola das Direitas Autônomas (Ceda).
- Eleições de 1933: vitória da Ceda e do Partido Radical, ambos conservadores.

Biênio negro/radical conservador (1934-1936)
- Governo da Ceda e do Partido Radical.
- Foram cinco crises de governo no período, com trocas de ministério ou abandono de partidos.
- 1934: suspensão da reforma agrária, da Lei de Confissões e Congregações Religiosas, da Lei de Contratos e do Estatuto de Autonomia Catalá.
- 1934: anistia aos rebeldes de Sanjurjo de 1932.
- 1934: revolução socialista de trabalhadores, centrada em Astúrias, reprimida pelo Exército africanista liderado por Francisco Franco (1892-1975).
- Maio de 1935: Francisco Franco se torna chefe do Estado Maior das Forças Armadas.
- Janeiro de 1936: formação do pacto das esquerdas para a Frente Popular (FP) que disputaria as eleições.
- Fevereiro de 1936: vitória da FP nas eleições.
- Março de 1936: generais contrários à vitória da FP se reúnem em Madri e decidem por um levantamento armado.
- Maio de 1936: Manuel Azaña é eleito presidente da República e o General Mola divulga o primeiro informe sobre o levantamento nacional com instruções para a conquista da vitória.
- Movimentação popular por ocupação de terras e fábricas e contra a Igreja Católica em diferentes lugares.
- Julho de 1936: Francisco Franco assina Declaração de Estado de Guerra. Populares e militares fiéis à República invadem o quartel de Montana, em Madri, e se apropriam de suas armas. Exército colonial africanista começa a se deslocar para Sevilha com apoio logístico da Itália fascista.

Guerra Civil Espanhola (1936-1939)

- Azaña, republicano de esquerda, mas não revolucionário, foi presidente da República durante a Guerra Civil e teve cinco presidentes de governo: Casares Quiroga (1936), Diego Martinez Barrio (1936), José Giral (1936), Largo Caballero (1936-1937) e Juan Negrín (1937-1939).
- Rebeldes nacionalistas recebem apoio logístico da Itália e da Alemanha, além de apoio político e dos voluntários portugueses chamados de *viriatos*. Republicanos são apoiados pela União das Repúblicas Socialistas Soviéticas (URSS) com armas e homens. França e Inglaterra formam o Comitê de Não Intervenção em agosto de 1936, e pressionam a URSS a se manter nele.
- Embora a República tenha conseguido evitar a vitória nacionalista em um primeiro momento, as forças rebeldes estavam unificadas e tinham melhor apoio logístico, o que permitiu seu avanço sobre as áreas republicanas que resistiram ao golpe.
- As Brigadas Internacionais formadas em apoio à República não foram suficientes para impedir o avanço dos nacionalistas. A formação do Exército Popular em outubro de 1936 pretendeu unificar as forças republicanas, mas as lutas internas entre comunistas, anarquistas e trotskistas, além da divisão entre republicanos de esquerda e socialistas, impediu o fortalecimento do referido Exército.
- Outubro de 1936: Franco se torna chefe de governo do Estado espanhol.
- Novembro de 1936: governo da República se muda para Valência, por conta dos ataques a Madri. Morte de Buenaventura Durruti (1896-1936), líder anarquista. Assassinato de José António Primo de Rivera (1903-1936), líder dos falangistas.
- 1937: *requetés*, Falange Espanhola (FE) e Juntas de Ofensiva Nacional Sindicalista (JONS) formam um único grupo de apoio aos rebeldes. Bombardeio de Guernica. O governo da República declara o Partido Operário de Unificação Marxista (Poum) ilegal, e seu líder, Andrés Nin (1892-1937), é preso e assassinado. O Exército Popular procura controlar as milícias voluntárias que se formaram em defesa da República em 1936, principalmente as anarquistas.
- Entre dezembro de 1937 e fevereiro de 1938: Batalha de Teruel e avanço nacionalista.
- Entre julho e novembro de 1938: Campanha republicana do Ebro (Catalunha e Aragão). Vitória nacionalista divide o território republicano na Espanha. Queda de Barcelona.
- 1939: Franco decreta a Lei de Responsabilidades Políticas. Nacionalistas ocupam a Catalunha. Em fevereiro, França e Inglaterra reconhecem o governo de Franco. Azaña se demite da presidência da República. Em março, os nacionalistas ocupam Madri, depois Valência e Alicante, últimos pontos de resistência republicana.

Principais partidos e associações políticas na Espanha (1931-1939)
• Partido Socialista Obrero Español (PSOE). • Partido Comunista da Espanha (PCE). • Partido Socialista Unificado da Catalunha (PSUC), comunista, vinculado ao PCE e à III Internacional. • Agrupación al Servicio de la República (organização política de intelectuais para oferecer subsídios à República). • Ceda (orientação direitista). • Partido Republicano Radical, inicialmente progressista, movimenta-se para a direita no início dos anos de 1930. • FE (orientação direitista). • JONS (orientação direitista). • Fusão JONS/FE (1934). • Poum (orientação trotskista). • UGT (orientação socialista). • Confederação Nacional do Trabalho (CNT) (orientação anarcossindicalista e próxima à Federação Anarquista Ibérica (FAI)).

Para muitos historiadores, cabendo citar o português António H. de Oliveira Marques, a República portuguesa não teve tempo para se construir e constituir, ideia que também se aplicaria à Espanha, segundo os historiadores Juan Marichal e Paul Preston. Nesta linha de argumentação, grupos políticos menos radicais, localizados mais à esquerda ou mais à direita, teriam tido pouco espaço, e mesmo teriam sido pouco capazes de vertebrar as nações com uma participação mais ativa na elaboração das suas constituições e, principalmente, no enraizamento delas junto à população. Fato é que nas duas nações peninsulares as ações parlamentares, que deveriam ancorar a República que se construía, pareciam cada vez mais distantes do Portugal e da Espanha reais, seja pelos avanços dos anarquistas nas espanhas, pelas rebeldias e ataques violentos da Carbonária e dos republicanos de esquerda e socialistas em Portugal, ou pela forte presença dos catolicismos em Portugal e na Espanha. Portugal e Espanha reais movimentavam-se, assim, entre projetos modernizadores republicanos, projetos revolucionários e tradicionalismos católicos e monárquicos, além de conviverem com a insatisfação das Forças Armadas.

A Constituição portuguesa de 1911 instituiu um modelo parlamentarista no qual os poderes da Presidência da República apenas se exerciam por meio dos ministros, mesmo sendo ela responsável por nomear o presidente do Ministério, já que não podia dissolver o Parlamento e, ao contrário, podia ser por ele destituído e era por ele eleito. Formado por duas Câmaras, o modelo desenhado exigia maiorias que pudessem ampliar os efeitos das novas leis e levá-las à maioria da população, mas isso não se evidenciou. Mesmo o PRP, que havia liderado o processo de deslegitimação da monarquia e capaneado as lutas populares à época, ainda em 1911 se dividiria em três, os "democráticos", os "evolucionistas" e os "unionistas", e cada um deles teria seu "chefe" e seu próprio jornal: os democráticos de Afonso Costa editavam *O Mundo*, os evolucionistas de António José de Almeida publicavam *A alma nacional,* e os unionistas de Brito Camacho divulgavam suas ideias no *A luta*. Manuel de Arriaga (1840-1917), presidente da República entre 1911 e 1915, escreveu aos três apelando para que estabelecessem um consenso "acima das paixões políticas"*:*

> Exmos. Srs. Drs. Afonso Costa, António José d'Almeida e Manuel Brito Camacho, meus prezados amigos:
>
> Pela marcha que as paixões sectaristas estão imprimindo à política portuguesa, vejo, com mágoas, que nos afastamos do ideal democrático que inspirou a mais bela revolução realizada até hoje na Terra pelo mais amoroso dos povos, a de 5 de outubro de 1910.
>
> É necessário pôr tréguas, e quanto antes, a estes conflitos partidários, quase pessoais, explorados pelos nossos adversários com inflexível pertinácia e invejável disciplina.
>
> Assisto a isto com o coração torturado e com a alma entenebrecida. [...]
>
> Se se levantar um conflito grave entre o Poder executivo e o Congresso, o Chefe de Estado não pode em caso algum dissolver o Parlamento, porquanto nas atribuições acima referidas, não lhe é dada esta faculdade e estão por lei marcados os prazos da duração das duas câmaras.
>
> O Chefe de Estado, acima e fora das paixões políticas, na região serena e luminosa das leis, tem de aguardar que da função harmónica dos poderes públicos e do natural bom senso dos homens que servem a República e a Pátria, surja o remédio de que todos carecemos. [...]
>
> Recorrendo aos vossos bons ofícios, tenho a honra de propor-vos o seguinte:

1. Que até o próximo acto eleitoral se dêem tréguas às paixões políticas que aparentemente dividem os partidos e os homens, quando eu sei que são todos solícitos e dedicados em bem servirem a Pátria e a república.

2. Que durante este período de acalmação consigam do Congresso autorização para se nomear um governo extra-partidário que proceda à discussão do orçamento do Estado, à revisão da lei de separação, a uma amnistia ampla para os crimes políticos e presida ao acto eleitoral para ser garantida a genuinidade de voto, segundo o acordo comum. (Manuel de Arriaga, 11 de janeiro de 1914. Citado em *Manuel de Arriaga: Fotobiografia*. Lisboa, Museu da Presidência da República, 2006, pp. 55-6.

As divisões e conflitos entre republicanos se expressavam em disputas que provocavam acalorados debates, especialmente no que diz respeito ao lugar da Igreja Católica na sociedade. Uma das primeiras medidas da República foi a aprovação da Lei de Separação do Estado das Igrejas, em 1911. Na sequência viriam a obrigação de registro civil dos cidadãos, a nova expulsão dos jesuítas, a aprovação do divórcio e a privatização de bens da Igreja Católica. No limite, o clero passava a ser tutelado pelo Estado, em um conjunto de medidas que pretendia diminuir o lugar social e moral do catolicismo na vida e na educação dos portugueses. Os conflitos seriam inevitáveis e se efetivariam em violência, rompimento com a Santa Sé e ataques a conventos e igrejas por republicanos de esquerda radicais que, nesses ataques, eram confrontados pela população católica, muitas vezes sem filiação partidária, e principalmente em áreas rurais.

Não fosse suficiente, conforme lembra o historiador português João Medina citando a "balbúrdia sanguinolenta" que Eça de Queiroz previa para Portugal diante das modernidades fabuladas, havia os conflitos decorrentes da organização política dos trabalhadores urbanos sindicalizados e de tentativas de ocupação de terras no Alentejo, onde eram reivindicados direitos trabalhistas e melhores condições de trabalho. Não demoraria para que a República se voltasse contra os trabalhadores e reprimisse fortemente seus movimentos, chegando a fechar a Casa Sindical e a expulsar anarquistas para o Brasil.

E havia a questão colonial, sempre ela, povoando imaginários, colhendo decepções e impondo guerras no Ultramar, além de participação nos conflitos europeus. As disputas aqui não eram de pouca monta e impunham desafios à República portuguesa, que se ancorava no Império como elemento de fortalecimento da nação. As terras de Moçambique e Angola, como já explicitado no capítulo "O Império, os republicanos e a 'massa'", não eram integralmente ocupadas por Portugal. Desta forma, os portugueses enfrentavam a resistência dos povos nativos e as incursões das potências estrangeiras, nomeadamente a Alemanha, embora não se possa descartar os interesses ingleses. Ao entrar na Primeira Guerra Mundial em 1916, junto a ingleses e franceses e contra a Alemanha e os Impérios Turco-Otomano e Áustro-Húngaro, Portugal esperava fortalecer suas posições na África, e de fato conseguiu manter suas colônias. Mas os efeitos da participação na guerra foram bastante negativos, a despeito do apoio quase ingênuo de intelectuais como Jaime Cortesão, que considerava a empreitada portuguesa pelos mares nos século XV e XVI um passo significativo da história da civilização ocidental, motivo pelo qual Portugal deveria estar ao lado de franceses e ingleses. Como já referido, Jaime Cortesão foi médico voluntário na guerra, e escreveu contra o que se chamava de "decadência", considerando exatamente este lugar inequívoco de Portugal no ocidente. Portugal não recebeu indenizações da Alemanha, apesar de suas colônias terem sofridos ataques alemães desde 1914, o que implicou um forte sentimento de humilhação que reverberou nas páginas dos jornais.

Os custos da guerra provocariam um aumento da dívida pública e uma inflação que diminuiria o poder de compra dos trabalhadores. A pequena recuperação do início dos anos de 1920 e a aprovação de leis trabalhistas não atenuariam os conflitos decorrentes de urgências econômicas. Era preciso desenvolver o Ultramar e modernizar as estruturas de produção rural em Portugal, e para tudo isso eram necessários recursos que faltavam à Fazenda republicana.

A participação na guerra incidiria, ainda, sobre outro problema: o descontentamento das Forças Armadas, que participavam da Guerra Mundial e das guerras do Ultramar sem que as reformas prometidas pela República para melhoria de equipamentos e de logística acontecessem. Formava-se um círculo vicioso no qual as Forças Armadas lutavam as guerras definidas pela República e os custos dessas mesmas guerras, aliados aos problemas de uma balança comercial desfavorável, impediam a República de modernizar as Forças Armadas. Não demoraria para que elas se sentissem no direito, e mesmo na obrigação, de derrubar a República.

Em maio de 1917, o Portugal católico mostraria sua resiliência diante das medidas anticlericais da República: a aparição mariana para três crianças em Fátima reforçaria as tendências "milagristas" e messiânicas de populações pobres e rurais, indicando aos republicanos que seus esforços anticlericais pouco haviam alcançado. Não por acaso, uma das primeiras medidas tomadas por Sidónio Pais neste mesmo ano, após instituir a ditadura que deveria diminuir o poder dos partidos republicanos históricos e restaurar a República sonhada em 1910, foi diminuir as tensões com a Igreja Católica e o Vaticano. Aos poucos, observavam-se "afinidades eletivas" entre a população católica, as Forças Armadas e os críticos das instituições liberal-democráticas edificadas pelas ações dos partidos republicanos.

Sidónio Pais fez alterações na Constituição de 1910 com a intenção de diminuir a força parlamentar dos partidos republicanos, sempre afirmando a necessidade de aproximar monarquistas, sindicalistas e republicanos e de observar o catolicismo dos portugueses. Foram ações políticas que, não por acaso, seriam reconhecidas à época do Estado Novo como seus antecedentes. A figura do Presidente da República com poderes de organizar ministério, negada pela Constituição de 1911 e base do modelo norte-americano, ganhou força em seu governo, principalmente com a instituição do voto direto masculino, que lhe facultou a eleição em 1918. Embora bastante popular, as aproximações de Sidónio Pais com a Igreja e os monarquistas provocavam horror aos republicanos. Os custos e as derrotas na Primeira Guerra Mundial, cabendo destacar a Batalha de La Lys em abril de 1918, e o desejo de Sidónio Pais de formar um partido único, segundo ele "livre dos vícios da velha política", também contribuíram para aumentar o caldo de descontentamentos que levou ao seu assassinato por José Júlio da Costa (1893-1946), um ativista republicano de esquerda.

Fernando Pessoa e Sidónio Pais

O assassinato de Sidónio Pais faria dele um mártir para muitos portugueses. Muitas foram as manifestações que fariam dele quase um santo protetor dos portugueses, fato que seria, mais tarde, reforçado pelo Estado Novo de Salazar. Entre as homenagens que recebeu, cabe destacar o poema escrito por Fernando Pessoa em sua memória em 27 de fevereiro de 1920. O poeta coloca Sidónio no mesmo lugar dos heróis de Alcácer-Quibir e da dinastia de Avis.

À memória do Presidente Sidónio Pais

Longe da fama e das espadas,
Alheio às turbas ele dorme.
Em torno há claustros ou arcadas?
Só a noite enorme.

Porque para ele, já virado
Para o lado onde está só Deus,
São mais que Sombra e que Passado
A terra e os céus.

Ali o gesto, a astúcia, a lida,
São já para ele, sem as ver,
Vácuo de ação, sombra perdida,
Sopro sem ser.

Só com sua alma e com a treva,
A alma gentil que nos amou
Inda esse amor e ardor conserva?
Tudo acabou?

No mistério onde a Morte some
Aquilo a que a alma chama a vida,
Que resta dele a nós – só o nome
E a fé perdida?

Se Deus o havia de levar,
Para que foi que no-lo trouxe –
Cavaleiro leal, do olhar
Altivo e doce?

Soldado-rei que oculta sorte
Como em braços da Pátria ergueu,
E passou como o vento norte
Sob o ermo céu.

Mas a alma acesa não aceita
Essa morte absoluta, o nada
De quem foi Pátria, e fé eleita,
E ungida espada.

Se o amor crê que a Morte mente
Quando a quem quer leva de novo
Quão mais crê o Rei ainda existente
O amor de um povo!

Quem ele foi sabe-o a Sorte,
Sabe-o o Mistério e a sua lei.
A Vida fê-lo herói, e a Morte
O sagrou Rei! […]

Mas basta o nome e basta a glória
Para ele estar connosco, e ser
Carnal presença de memória
A amanhecer; […]

E um místico vislumbre chama
O que, no plaino trespassado,
Vive ainda em nós, longínqua chama –
O DESEJADO.

Sim, só há a esp'rança, como aquela
– E quem sabe se a mesma? – quando
Se foi de Aviz a última estrela
No campo infando.

Novo Alcácer-Quibir na noite!
Novo castigo e mal do Fado!
Porque pecado novo o açoite
Assim é dado?

Só resta a fé, que a sua memória
Nos nossos corações gravou,
Que Deus não dá paga ilusória
A quem amou. […]

E no ar de bruma que estremece
(Clarim longínquo matinal!)
O DESEJADO enfim regresse
A Portugal!

A experiência sidonista, inspirada na ditadura de Primo de Rivera na Espanha, durou, assim, apenas um ano, mas deixava evidente a diminuição dos portadores sociais progressistas que poderiam ancorar a República, a qual parecia sobreviver, mas seus conteúdos seriam outros. O assassinato de Sidónio Pais foi seguido por novos conflitos, inclusive uma guerra civil entre monarquistas e republicanos que permitiu divisar a ampliação da presença dos integralistas entre os grupos radicalizados e uma forte resistência às modernidades nas áreas rurais predominantemente clericais. O retorno dos partidos republicanos, cada um com suas milícias armadas e/ou associações secretas, e da Constituição de 1911, a partir de 1919, inclusive com as restrições ao direito de voto, não trariam maior estabilidade. Divididos e reorganizados em novos partidos, os republicanos só faziam aumentar suas desavenças, ao passo que tais desavenças se expressavam em violentos conflitos armados nos quais se envolviam, também, a Guarda Nacional Republicana e setores das Forças Armadas. É neste contexto que se verificou a chamada "Noite Sangrenta" (ver quadro na página 192), episódio de triste memória no qual os revolucionários dos anos de 1920 pareciam engolir os de 1910 e, mesmo assim, não conseguiam estabelecer alguma hegemonia política, diminuir a instabilidade política e social ou a impressão popular de que o exercício da política era marcado por corrupção e desordem.

A nação agrária, católica e conservadora, ainda majoritária apesar dos barulhos de republicanos, socialistas e anarquistas nas áreas urbanas, e, também, apesar de esta segunda fase da Presidência constitucional ter evitado retomar o radicalismo da Lei de Separação do Estado das Igrejas, cobrou seu lugar na política quando silenciou ou mesmo apoiou a Revolução das Forças Armadas em 28 de maio de 1826. O Parlamento foi dissolvido e uma ditadura militar daria os primeiros passos para a edificação do Estado Novo português – um bonito nome para figurar o que foi, na verdade, uma ditadura que sobreviveria até 1974 e que é assunto do capítulo "Ditaduras e cidadãos".

A *Seara Nova*

A revista *Seara Nova* foi fundada em 1921, por iniciativa de um grupo de intelectuais entre os quais se destacam Raul Proença (1884-1941), Jaime Cortesão e António Sérgio (1883-1969) e que se definiam como críticos, poetas e pedagogos militantes. Tratava-se de um projeto político e cultural que pretendia interferir na vida política portuguesa e contribuir para a educação da sua população e para a formação de elites intelectuais que pudessem conduzir a nação dentro de uma institucionalidade política pacífica. Em busca de um ideal coletivo fundamentador de um novo consenso e, desta forma, da regeneração nacional, Jaime Cortesão construiu sua leitura sobre o significado das conquistas na formação da nacionalidade portuguesa, sobre o significado de Portugal no desenvolvimento da civilização mundial e, também, fundou o Movimento da Seara Nova. Suas palavras em 1923 expressam claramente a intenção:

> A crise nacional é imensa e vem de longe. Portugal, que foi outrora uma das nações mais gloriosas do mundo, vive hoje no maior descrédito do estrangeiro. Permite-nos o estado atual dos estudos da história portuguesa afirmar que as bases desse esplendor passado foram a organização das classes pelo trabalho, uma forte disciplina social e a posse de uma numerosa elite de políticos, de sábios, artistas e homens de ação educados na escola da dura experiência e do sacrifício. Mas desde a segunda metade do século XVI, que no país se acentuou, com a desorganização das classes, o abandono da terra, a exaustão causada pela faina gigantesca do Ultramar e a dissolução moral, que veio a dar no parasitismo, uma crise de carater econômico e moral, que não pôde ser dominada nem pela Restauração de 1640, nem pelos esforços de Castelo Melhor e de Pombal, nem pelos pensadores da segunda metade do século XVIII, nem pelos melhores estadistas do constitucionalismo. Tal, na sua essência, a dolorosa história dos nossos últimos três séculos, apesar de se terem dado durante esse período fatos que afirmaram a soberania e a vitalidade nacional, como as campanhas da Restauração, a lenta criação de uma das maiores nações do mundo – o Brasil – a resistência ao poderio napoleônico, o novo movimento colonial da África portuguesa, esboçado na segunda metade do século XIX e por fim a nossa participação na Grande Guerra. […]

> É também manifesto que para ser eficaz este primeiro trabalho de lançar as bases da reedificação nacional, deve ele de algum modo ser feito pela nação inteira, dependendo quase tudo da sua vontade ativa ou do seu apoio. Mas para isso, no ponto de partida é mister uma direção e um impulso [...]. Cumpre-nos, também, defender e civilizar as raças indígenas das nossas possessões ultramarinas, iniciando-as na agricultura, nas indústrias elementares, e na vida familiar progressiva. [...]
>
> É necessário não só criar elites, que amanhã hão de dirigir os destinos nacionais, como educar o povo desde já para melhor exercício da democracia. [...] Resta-nos afirmar que não desejamos ser um partido, [...] mas antes uma união cívica para a reforma nacional [...]. (Citado por Alfredo Ribeiro dos Santos, *Jaime Cortesão: um dos grandes de Portugal*. Porto, Fundação Engenheiro António de Almeida, 1993, pp. 122-7.)

A Renascença portuguesa e a Seara Nova podem ser caracterizadas como grupos políticos que apostaram na educação popular e na convivência política como elementos estruturadores da República. Tais grupos seguramente foram derrotados, mesmo considerando a sobrevivência da Seara Nova durante o Estado Novo, já que entre os intelectuais que nela atuaram nesta fase havia apoiadores do regime e posturas claramente ambíguas, conforme demonstrou o filósofo português António Reis. Como já apontado, podemos aproximar tais experiências daquelas espanholas que levaram à fundação da Liga de Educación Política e da Agrupación al Servicio de la República. Como aconteceu em Portugal, embora com distanciamento temporal, já que os grupos e clubes republicanos se tornariam mais comuns na Espanha nas primeiras décadas do século XX e em Portugal desde os anos de 1870 eram bastante fortes, na Espanha também se formaram grupos independentes dos partidos políticos para discutir os rumos da nação, influir em seus processos políticos e produzir conteúdos para novas legislações e instituições. Duas das principais lideranças da Agrupación, como Ortega y Gasset e o médico Gregorio Marañon (1887-1960), foram deputados nas Cortes que escreveram a Constituição republicana de 1931.

Com a queda da monarquia espanhola, o governo provisório se encarregou de produzir uma nova Constituição para o país após a eleição para as Cortes em junho de 1931. A nova Constituição tinha forte influência daquela da República alemã de Weimar, e seria implementada durante o biênio de governo reformista, entre 1931 e 1933. Depois de promulgada a Constituição, as Cortes elegeram Niceto Alcalá-Zamora (1877-1949), um republicano conservador ligado à Derecha Liberal Republicana, para a Presidência da República. Ele se manteria no cargo até a vitória da FP em 1936, quando Manuel Azaña seria eleito presidente, portanto Zamora movimentou-se entre as esquerdas, as direitas e os liberal-democratas, presidindo a Espanha nos biênios "reformista" e "negro", e formando governos a partir do resultado das eleições para as Cortes, sempre pressionado pelas disputas políticas que, muitas vezes, já não aconteciam no Parlamento, mas nas ruas, sindicatos, áreas rurais e fábricas.

As reformas do primeiro biênio republicano atendiam aos princípios constitucionais bastante marcados pela aliança entre republicanos e socialistas nas eleições de 1931: possibilidade de expropriação de terras em favor dos interesses públicos (o que era interpretado por anarquistas e parte dos socialistas como sinal para ocupações de terras); modernização do Exército de modo a que se tornasse uma instituição profissional e politicamente neutra (o que desde o Governo Provisório já vinha sendo implementado por Manuel Azaña); equilíbrio dos poderes centrais em relação às reivindicações autonomistas da Catalunha, Galícia e do país Basco (o que significava dosar nacionalismos em relação a impostos e aos parlamentos locais); criação de leis de proteção aos trabalhadores, de direitos civis e de avanços sociais, como a permissão do divórcio; limitação do papel da Igreja Católica, desenvolvendo uma educação liberal e laica (o que se evidenciou na abertura de novas escolas e de "missões pedagógicas" que atuariam, inclusive, durante a Guerra Civil).

Como em Portugal, as medidas anticlericais da Espanha republicana pretendiam diminuir o lugar social e moral do catolicismo na vida e na educação dos espanhóis. E, também como em Portugal, o anticlericalismo servia de argumento contra a República, na medida em que grupos de direita utilizaram os violentos ataques a igrejas e conventos para sedimentar sua união ante republicanos, socialistas, anarquistas e comunistas.

É bastante evidente o caráter modernizador das reformas do primeiro biênio republicano, e não apenas pelo fim da monarquia, mas pelas claras medidas de rompimento com estruturas socioeconômicas obsoletas, desde reformas que alteravam a relação entre trabalhadores e patrões até aquelas que aumentavam os níveis de participação e democracia nas vidas política e civil dos cidadãos, e ainda aquelas que propunham obras hidráulicas para aumentar a produtividade agrícola e industrial. Eram, assim, reformas políticas que pretendiam atuar sobre estruturas econômicas e sociais consideradas "atrasadas". Mas o que pareciam "avanços" para republicanos de esquerda e parte dos socialistas, eram "medidas tímidas" para socialistas revolucionários e anarquistas, e eram "medidas inaceitáveis" para defensores da propriedade privada, que viam na possibilidade de expropriação por interesse público indícios de uma trajetória que levaria à implantação do comunismo na Espanha. A reforma agrária, tão prometida quanto esperada pelas esquerdas e por republicanos desejosos de modernizar as relações e a organização produtiva no campo, andava a passos lentos segundo seus defensores, e era assustadoramente real para os latifundiários e a Igreja Católica.

O catolicismo era muito forte na Espanha. As invasões e incêndios de conventos e igrejas, que o governo da República não conseguiu conter, radicalizaram boa parte dos católicos, aproximando-os dos representantes da direita e dos setores do Exército descontentes com as reformas promovidas na instituição pela República. Essas reformas respondiam a um projeto político defendido por Manuel Azaña, que considerava a urgência de o Estado se sobrepor à Igreja Católica e ao Exército. No diagnóstico do então ministro, a tradição de pronunciamentos militares trazida do século XIX era resultado das estruturas desta instituição, com excesso de pessoal e deficiência de equipamentos, o que provocava sua constante e negativa intervenção política, sempre fora dos regramentos próprios da política. Azaña pretendeu reestruturar as carreiras no Exército propondo aposentadoria voluntária com pagamento integral para oficiais, os que não aceitassem poderiam perder seus lugares e ficar sem compensação.

A imprensa de direita não demorou a acusar Azaña de perseguição a oficiais do Exército, sacerdotes e proprietários de terras. A hostilidade dos africanistas do Exército, responsáveis pelas lutas coloniais no norte da África, à República aumentava com a de católicos e proprietários, principalmente latifundiários. O levante liderado pelo general Sanjurjo, em agosto de 1932, na tentativa de um golpe de Estado contra a República, embora derrotado, é bom exemplo do clima que se ia desenhando. Os setores conservadores da sociedade responsabilizavam a República pelo que consideravam "bagunça republicana, desgoverno e falta de autoridade".

Os reformistas do primeiro biênio republicano também enfrentaram uma ofensiva revolucionária liderada pela anarquista CNT, que se manifestou em greves e levantes violentos entre 1931 e 1933. Por outro lado, os grupos de direita começaram a se organizar reunindo católicos, militares, latifundiários e setores da burguesia contrários às reformas ou assustados com os avanços das esquerdas, promovendo motins e movimentos de rua. Aos poucos, formavam-se duas espanhas, que se enfrentavam com violência nas ruas. A República, talvez por trazer em si esperanças represadas desde o fim do Antigo Regime, não foi capaz de estabilizar politicamente o país. Na letra de sua Constituição de 1931, conflitos poderiam ser dirimidos politicamente e, para isso, incentivava-se a formação de conselhos nos municípios, de modo a implementar leis trabalhistas, incentivar a modernização da produção e a criação de escolas laicas, o que seria facilitado pela nova expulsão dos jesuítas e pela proibição de atividades educativas e de acúmulo de riquezas por parte das ordens religiosas. As eleições gerais de 1933, nas quais as mulheres votaram, no entanto, mostrariam não apenas que as reformas do primeiro biênio tinham fundamentos precários, mas também que a direita havia encontrado um partido para expressar seus desconfortos e medos: a Ceda, um partido católico, seria o mais votado e promoveria enorme retrocesso em relação às reformas do primeiro biênio republicano.

No segundo biênio republicano, chamado de "negro" por boa parte da historiografia, a *Ley de Confesiones y Congregaciones Religiosas*, que pretendia diminuir o papel e o lugar da Igreja Católica na vida dos espanhóis, foi congelada; os sublevados de 1932, apoiadores de Sanjurjo, foram anistiados; o Estatuto de Autonomia Catalá foi suspenso; uma contrarreforma agrária foi aprovada nas Cortes; conquistas trabalhistas e civis também foram revogadas.

A derrota dos republicanos reformistas e das esquerdas não era esperada por eles. Os reformistas consideraram que deveriam se organizar politicamente para minimizar os efeitos da derrota, principalmente no que diz respeito aos retrocessos nas reformas. Mas os socialistas do PSOE, assustados com o avanço dos fascismos na Espanha, já bastante evidentes com a Falange e as JONS que se unificaram em 1934, decidiram por uma revolução armada, que desencadearam em outubro deste mesmo ano a partir de Astúrias e da Catalunha com apoio de comunistas e anarcossindicalistas. As consequências para a República foram terríveis. O general Franco, que já era então chefe do Estado Maior do Exército e comandava a Legião Estrangeira e o Exército africanista, deslocou suas tropas a pedido da Presidência da República, promovendo uma sangrenta repressão. Tratou-se, assim, de mais um capítulo na radicalização que se figurava desde a Semana Trágica de 1909, mas que também poderíamos reportar às guerras civis da Primeira República espanhola e aos conflitos da última era isabelina. O *ruedo ibérico* mostrava-se cada vez mais violento. Nas palavras do historiador alemão Walther Bernecker, a direita via confirmados os seus temores e se considerava na obrigação de defender a Espanha contra o liberalismo ateu, o separatismo e a revolução social; e as esquerdas, por sua vez, viam confirmados os seus temores acerca do crescimento dos fascismos na Espanha.

Os esforços de Azaña em organizar uma grande frente que reunisse as esquerdas e os republicanos democratas para enfrentar os avanços das direitas levaram à formação da FP, para concorrer às eleições gerais de fevereiro de 1936. Dela participaram republicanos de esquerda, socialistas, setores do anarquismo, comunistas, trotskistas do Poum e partidos nacionalistas/regionalistas de esquerda. A vitória da FP permitiu a libertação dos presos políticos de 1934 e a retomada da agenda reformista, o que já não fazia parte da pauta de socialistas e anarquistas revolucionários. A participação dos grupos revolucionários nas eleições de 1934 deveu-se à repressão que vinham sofrendo no biênio "negro", mas eles relutaram em fazer parte do governo da FP.

Quando Azaña foi eleito Presidente da República pelas Cortes em maio, generais contrários à República já haviam se reunido em Madri para efetivar a conspiração a que se propunham já havia tempo. As ruas das cidades espanholas e muitas de suas áreas rurais já estavam sublevadas: confrontos armados entre falangistas e socialistas e/ou anarquistas, novas invasões e incêndios de conventos e igrejas, ocupações de fábricas na Catalunha etc. Mas muitos desses levantes eram espontâneos e não se reportavam ao governo formado após a vitória da FP em fevereiro, e havia fortes divisões à esquerda e à direita. Dentro do PSOE havia uma linha claramente revolucionária liderada por Largo Caballero, e uma reformista liderada por Indalecio Prieto, que fora importante, junto a Azaña, na formação da FP. À direita, os radicais de Lerroux e os cedistas tampouco pareciam se entender, mas neste campo, o setor rebelde do Exército cumpriria o papel de "amalgamar" as diferenças e lideraria o golpe contra a República em 18 de julho de 1936. O único consenso que parecia existir era o fato de que os reformistas republicanos de orientação liberal ou democrata tinham pouco espaço nas lutas que se iam travando.

Muitos dos integrantes da Agrupación al Servicio de la República, após a sua dissolução ainda em 1931, e aos poucos, entre 1931 e 1939, viriam a formar o que historiadores como Paul Preston, Juan Marichal e Juan Pablo Fusi chamam de "terceira Espanha", já que não se identificavam com os dois bandos que se foram formando ao longo da primeira metade da década de 1930 e que se radicalizariam a partir da vitória da FP em 1936. Em sua maioria, eram homens de letras, "intelectuais" como já então se popularizara afirmar, que esperavam participar na organização de uma República liberal e democrática que, por meio de novos artifícios políticos e sociais, superasse os "partidismos", como chamavam, que dominavam a vida pública espanhola. Em poucas palavras, no lugar da *ação direta*, atuariam no Parlamento, no qual se articulariam circunstâncias vividas e projetos institucionais. Esses intelectuais se movimentaram entre os diferentes grupos e partidos políticos. Gregorio Marañon, por exemplo, imaginava uma Espanha republicana e europeia, e por isso mantinha diálogo com os socialistas, nomeadamente Juan Negrín (1892-1956), também deputado nas Cortes de 1931, e juntos defenderam o lugar das Cortes e sua eficácia para transformar a Espanha. Mas a *ação direta* ocupava espaços nas ruas e isolava a *ação parlamentar* mesmo antes da Proclamação da República, e, talvez, os debates constituintes de 1931 tenham sido o último respiro desta possibilidade política.

Ortega y Gasset, quando deputado constituinte, insistiu no lugar do Parlamento na vida pública e, em cartas que trocou com sua discípula María Zambrano (1904-1991), afirmava a insuficiência da economia liberal para realizar os próprios postulados liberais em sua totalidade, o que exigia dos intelectuais escolher entre o espírito do liberalismo, que valoriza o homem independente de sua classe social, e sua versão em economia, que privilegia um grupo no usufruto dos benefícios advindos da produção. Para o mestre e sua discípula, nas décadas que antecederam a guerra, tratava-se de promover fortíssima intervenção pública, de integrar conhecimento histórico e exercício da liberdade. Quando sobreveio a guerra, no entanto, as dissonâncias entre o mestre e a discípula se tornaram incontornáveis. Zambrano formou a Alianza para la Defensa de la Cultura que afirmava em seu manifesto: "*con el pueblo en pie por una razón armada*" ("com o povo em pé por uma razão armada"). Zambrano procurou o mestre na Residência de Estudantes, onde ele se enclausurara com a família após o início dos conflitos, esperava que ele assinasse o manifesto a favor da República que já havia sido assinado por outros intelectuais como o já referido Antonio Machado, Juán Ramón Jiménez (1881-1958) e Menéndez Pidal (1869-1968), mas não logrou êxito. No ano anterior, 1935, ela havia conseguido que ele assinasse um documento em defesa da República, mas, no ano do estalido da guerra, ele escreveria um artigo em que acusava os comunistas de pretenderem forçar escritores e professores a assinar manifestos. Zambrano lutou entre os republicanos, assim como Negrín, que viria a chefiar o governo da República durante a Guerra Civil, entre 1937 e 1939. Ortega e Marañon hesitaram e se silenciaram, assim como muitos da chamada "terceira Espanha" que se exilaram logo em 1936. Contudo, haveria que escolher, que definir com qual Espanha ombrear. Como afirmou Juan Marichal, a "terceira Espanha" foi beligerante, já que acabou por justificar, com sua existência, a "política de não intervenção" adotada pelas democracias ocidentais, que tanto prejudicaria a República, como se verá mais à frente.

As reformas pretendidas pelos republicanos evidenciaram os problemas estruturais que a Espanha enfrentava. Se por um lado era possível divisar um Norte urbanizado e agrário nas terras da Catalunha e do País Basco, também nessa região se encontravam as terras da Galícia e de Navarra, bastante conservadoras e agrárias. No mesmo sentido, em meio ao Sul agrário, marcado por latifúndios, havia a Sevilha urbanizada. A atuação dos anarquistas, por exemplo, espalhou-se pelo Norte urbanizado, pelas ruas de Madri e pelo Sul agrário. Além disso, havia os nacionalismos regionais, e eles eram bastante diferentes. O País Basco, por exemplo, associava o catolicismo à sua história nacional e às suas tradições, o que assustava os progressistas da República, motivo pelo qual seu estatuto autonomista só seria aprovado após o início da Guerra Civil, pelo governo da FP, enquanto o catalão foi aprovado já no biênio reformista da República. Eram muitas espanhas, e elas foram posicionando entre os chamados "dois bandos".

Ao contrário do que muitas vezes a posterior ditadura de Franco pode fazer parecer, não foram *todas* as Forças Armadas que se levantaram contra a República em julho de 1936. Os militares africanistas, liderados por generais como Francisco Franco (1892-1975), José Sanjurjo, Emilio Mola (1887-1937) e Gonzalo Queipo de Lanno (1875-1951), guardavam forte ressentimento com as reformas militares do biênio "reformista" e consideravam os regionalismos, as greves e os conflitos armados um risco para a unidade da Espanha, e se à democracia faltava autoridade e capacidade para organizar a Espanha e respeitar suas tradições católicas, era preciso acabar com ela. Para isso, contaram com apoio de falangistas, carlistas e, com esses, os *requetés*, importantes terços de voluntários/paramilitares católicos na Guerra Civil. Mas o levante triunfou apenas em uma parte da Espanha, destacando-se a Galícia, Castela-a-Velha, Leão, Baleares, Canárias, Sevilha, Granada e Norte da África, além de partes de Aragão. Foi derrotado em Madri, em Valência, na Catalunha, no Levante, nas províncias marítimas do norte, como o País Basco, em grande parte da Andaluzia, de Aragão e do centro-sul do país. Esse inicial fracasso, inesperado para os rebeldes que intencionavam tomar rapidamente o poder, deveu-se à organização de milícias populares armadas em defesa da República, que se apoderaram de armentos em quarteis com apoio de governantes da República nas províncias, e à manutenção da lealdade à República por parte das Forças Armadas, especialmente Aviação e Marinha. Como afirmou o historiador Josep Buades, as insurreições populares espontâneas e a lealdade de parte das Forças Armadas à República impediram que a esta sucumbisse a mais um *pronunciamento* militar como os do século XIX.

Situação em agosto e setembro de 1936

Os primeiros movimentos da guerra, quando os rebeldes nacionalistas foram
reprimidos pelos republicanos legalistas com apoio de milícias populares.

Em meio a esses primeiros movimentos, as lideranças dos dois bandos formados procuraram organizar suas tropas e seus objetivos militares, o
que se mostraria mais difícil entre os republicanos. O Exército do governo
republicano contava com militares leais à República, mas também convivia
com as milícias que se dividiam segundo posicionamentos políticos: havia
as milícias dos anarquistas, ligadas à CNT e com lideranças fortes como
Buenaventura Durruti (1896-1936), as dos socialistas revolucionários do
PSOE, as do trotskistas do Poum, e todas se reportavam à direção partidária
e/ou sindical antes do que ao Estado republicano. Isso criava enorme dificuldade de organizar a defesa da República em termos nacionais. Entre os
republicanos se formaram ainda dois grupos, aqueles que consideravam que
"vencer a guerra e salvar a República" era o principal objetivo, e aqueles que,
incentivados pelas vitórias iniciais das milícias que conseguiram impedir a

vitória nacionalista, pretendiam "fazer a Revolução". Entre os "revolucionários", destacaram-se os anarquistas, parte dos socialistas e os trotskistas, que iniciaram processos de coletivização de terras e fábricas e de formação de comitês revolucionários para gerir os lugares conquistados. Entre os defensores da primeira postura, cabe citar os "republicanos de esquerda", a maior parte dos socialistas e os comunistas. Azaña, um republicano de esquerda para quem salvar a República deveria ser o principal objetivo, perderia boa parte de sua influência popular ao longo da Guerra Civil. A legalidade republicana com suas instituições políticas já pouco significava. Como afirmou o historiador espanhol Manuel Tuñon de Lara, não houve grupo/partido republicano capaz de estabelecer uma hegemonia política pela via pacífica.

Se não há qualquer dúvida de que os motivos da guerra sejam espanhóis, assim como os motivos dos conflitos sociais de Portugal após a Proclamação da República se explicam pelas estruturas sociais e políticas internas, é também fato que as duas repúblicas peninsulares se estabeleceram em um momento de forte refluxo das democracias liberais europeias. O golpe de 28 de maio de 1926 em Portugal, embora guardando especificidades no que diz respeito às tintas de seu autoritarismo, rapidamente alinharia Portugal aos países que se fascistizavam, assim como Portugal apoiaria com voluntários o levante "nacionalista" na Espanha. No mesmo sentido, a Guerra Civil Espanhola rapidamente se internacionalizaria.

Os primeiros movimentos nacionalistas, além de unificar suas forças sob o comando do chamado "generalíssimo" Franco, buscaram reunir os rebeldes que vinham do Marrocos e da Andaluzia com os do Norte, criando um corredor a leste da Espanha. Para isso, o apoio recebido da Alemanha e da Itália, para fazer frente ao maior poderio aéreo e naval dos republicanos, foi fundamental. Foram os italianos de Mussolini que ajudaram a desembarcar as tropas africanistas na Andaluzia, assim como foi a Força Aérea alemã de Hitler, nomeadamente sua Legião Condor, que fez o papel de lançar os primeiros ataques aos lugares a serem conquistados.

Mas a conquista de Madri, tão sonhada por Franco, também chamado "caudilho", enfrentou forte resistência e fez os nacionalistas voltarem suas estratégias para as províncias marítimas do norte, onde se encontra a cidade de Guernica, na qual o ritual de juramento dos foros bascos era reencenado por todos os novos governantes da Espanha.

A resistência nas ruas de Madri

Arturo Barea (1897-1957) fez parte da Oficina de Censura de Imprensa Estrangeira do Ministério de Estado do governo republicano durante a Guerra Civil Espanhola, atuando principalmente em Madri. Suas memórias, publicadas pela primeira vez em Londres entre 1941 e 1946, constituem um testemunho dos impactos da guerra na vida cotidiana dos madrilenhos.

Estávamos em guerra e numa praça sitiada. Mas a guerra era uma guerra civil, e a praça sitiada, uma praça que tinha inimigos dentro. Ninguém sabia quem era um amigo leal; ninguém estava livre de denúncia ou terror, de ser baleado por um miliciano nervoso ou por um assassino disfarçado que atravessava em um carro e varria a calçada com sua metralhadora. Ninguém sabia se amanhã a comida deixaria de existir. Todo o clima da cidade estava carregado de tensão, de inquietação, de desconfiança, de medo físico, mas também de desafio e de uma vontade irracional e amarga de continuar lutando. Caminhava-se com a morte ao lado. [...]

A miséria de tudo isso não estava em exibição. A miséria estava escondida em cavernas e porões, em abrigos improvisados no metrô, em hospitais sem instrumentos e sem remédios para lidar com um fluxo constante e interminável de feridos. As frágeis casas dos bairros operários desmoronavam como castelos de cartas ao estouro furioso das explosões [...]. Milhares de refugiados de cidades e subúrbios eram amontoados todos os dias em prédios vazios, todos os dias milhares de mulheres e crianças eram retiradas em caminhões, evacuadas em comboio para a costa do Levante. [...] e mais batalhões das Brigadas Internacionais, que já eram dois, invadiram as brechas. Apesar de tudo, nunca faltou o entusiasmo que nos arrebatou, para além dos nossos medos e das nossas dúvidas. Nós éramos Madri. (Arturo Barea, *La forja de um rebelde*. Debolsillo, posições 14504, 14840 e 14844. *E-book*. Tradução minha.)

Em paralelo, os "republicanos" buscavam apoio estrangeiro, o que conseguiriam apenas da URSS, cuja primeira remessa de equipamentos chegou a Cartagena em outubro de 1936. As democracias ocidentais, destacando-se França e Inglaterra, assim como a chamada "terceira Espanha", tergiversaram. Já em agosto de 1936, em Londres, criaram o Comitê de Não Intervenção que, liderado pela Inglaterra, pretendia evitar que o conflito espanhol se tornasse europeu, fato que evidencia a ação diplomática britânica nos anos de 1930: evitar uma guerra europeia à custa de concessões a regimes fascistas e autoritários que se fortaleciam. Mais ainda, evitar qualquer apoio a regimes que tinham suporte de anarquistas, socialistas e/ou comunistas, caso da República espanhola. A atuação deste Comitê fortaleceu as forças franquistas, já que fazia vistas grossas ao apoio recebido por eles da Itália, da Alemanha e de Portugal, e pressionava a França para fechar suas fronteiras com a Espanha, evitando qualquer ajuda ou posicionamento.

Enquanto se movimentava na diplomacia internacional para mudar o "tom" do Comitê, a República decretou, também em outubro de 1936, a formação do Exército Popular, que pretendia reunir todas as forças republicanas e submeter as milícias, ensejo que se mostrou bastante dificultoso. Também nesta data, chegou a primeira turma das chamadas "Brigadas Internacionais" em Albacete, onde os combatentes seriam treinados e, a partir dali, atuariam especialmente na defesa de Madri. Os brigadistas, que chegaram a ser um corpo de 40 a 60 mil voluntários oriundos de diversos países, foram recrutados a partir da ação do Partido Comunista, mas, ao contrário das milícias, atuavam em acordo com o Exército Popular e estavam submetidos ao governo da República.

A campanha dos nacionalistas nas províncias marítimas do norte foi tão vitoriosa quanto violenta. A cidade de Guernica sofreu um bombardeio destruidor.

O bombardeio de Guernica

As fotografias não são suficientes para dar conta da violência dos ataques da Legião Condor sobre a cidade em 26 de abril de 1937, mas evidenciam a lógica franquista de destruir o inimigo sem qualquer possibilidade de negociação. O depoimento do padre Alberto Onaindia (1902-1988), agente diplomático do País Basco em Paris e que chegou à cidade no mesmo dia do ataque, é bastante elucidativo:

> Os aviões voavam muito baixo, destruindo caminhos e florestas com tiros de metralhadora, e homens, mulheres e crianças se amontoavam nas margens das estradas. O fogo tomou conta da cidade. Gritos de dor foram ouvidos por toda parte, e o povo, cheio de terror, ajoelhou-se, erguendo as mãos para o céu, como se implorasse a providência divina [...]. (Citado por Paul Preston; José Pablo García, *La guerra civil española*. Barcelona, Debate, 2016, p. 203. Tradução minha.)

Foram em torno de mil mortos e 889 feridos,
em uma população de 7 mil habitantes. (Foto anônima, 1937)

O desequilíbrio de forças a favor dos nacionalistas, aos poucos, ficava cada vez maior, pois eles contavam com um ininterrupto apoio em equipamentos e homens recebidos da Itália e da Alemanha. Ao mesmo tempo, as dificuldades dos republicanos para aumentar seus apoios internacionais, principalmente por parte dos países mais próximos, o que facilitaria o transporte de equipamentos e pessoal, e para efetivar uma centralização de forças a partir do Exército Popular, eram bem grandes. Mesmo assim, o que fora inicialmente um levante nacionalista rebelde combatido por colunas e milícias populares, partidárias e voluntárias, tornar-se-ia, rapidamente, em uma guerra total de dois exércitos, com aviação e infantaria.

Na zona nacionalista, Franco impôs uma forte unidade política já em abril de 1937, quando integrou as direitas em um movimento nacional denominado inicialmente de Falange Española Tradicionalista y de las JONS, ao passo que na zona republicana havia uma disputa sobre "fazer a revolução" ou "ganhar a guerra e salvar a República", fato que dificultava a formação de uma unidade militar.

Dificuldades de organizar um exército republicano unificado

As dificuldades de reunir colunas e milícias em um exército republicano unificado ficam bem evidenciadas nas descrições dos domínios de território em áreas rurais e urbanas feitas por George Orwell em suas memórias de miliciano do Poum na Catalunha, reproduzidas parcialmente abaixo. No primeiro trecho, em áreas rurais, o escritor estava no *front* de batalha. No segundo trecho, ele se encontrava em Barcelona.

> O despropósito desse tipo de guerra! Antes, por volta de outubro, houve lutas renhidas em todas essas montanhas; depois, porque a falta de homens e armas, principalmente artilharias tornou qualquer operação em larga escala impossível, cada exército cavou seus abrigos e instalou-se nos topos que conquistara. À nossa direita, havia um pequeno posto avançado, também do POUM, e no contraforte à esquerda, um pouco abaixo de nós, uma posição do Partido Socialista Unificado da Catalunha (PSUC) ficava de frente para um contraforte mais alto, com vários postinhos fascistas pontilhando seus cimos. A chamada linha [*desenho imaginário que separava as posições dos diferentes grupos políticos*] ziguezagueava para lá e para cá, formando um desenho que seria ininteligível se cada posição não desfraldasse uma bandeira. As bandeiras do POUM e do PSUC eram vermelhas, as dos anarquistas eram rubro-negras; os fascistas geralmente usavam a bandeira monarquista (vermelho-amarelo-vermelho) [...]. (George Orwell, *Lutando na Espanha*. São Paulo, Globo, 2006, p. 48.)

> O que diabo estava acontecendo, quem lutava contra quem e quem estava ganhando, era, a princípio, muito difícil de descobrir. O povo de Barcelona está tão acostumado a batalhas de rua e tão familiarizado com a geografia local que sabia, por uma espécie de instinto, qual partido político controlaria quais ruas e quais prédios. Um estrangeiro fica numa desvantagem tremenda. Olhando do Observatório, podia compreender que a Ramblas, que é uma das ruas principais da cidade, formava uma linha divisória. À direita da Ramblas, os bairros da classe operária eram maciçamente anarquistas; à esquerda, uma batalha confusa era travada por entre tortuosas ruas laterais, mas, daquele lado, o PSUC e a Guarda de Assalto tinham mais ou menos o controle. Aqui do nosso lado da Ramblas, ao redor da Praça Catalunha, a posição era tão complicada que teria se tornado inteiramente incompreensível, se cada prédio não tivesse desfraldado a bandeira de um partido. O ponto de preferência principal era o Hotel Colón, o quartel general do PSUC, dominando a Praça da Catalunha. Numa janela próxima ao penúltimo "o" do imenso letreiro do "Hotel Colón" que se espalhava pela sua fachada, havia uma metralhadora que poderia varrer a praça com efeito mortal. Cem metros à nossa direita, descendo a Ramblas, a JSU, a liga da juventude do PSUC, mantinha uma grande loja de departamentos, cujas janelas reforçadas com sacos de areia fronteavam nosso Observatório. Tinham tirado a bandeira vermelha deles e hasteado a bandeira nacional catalã. Na Companhia Telefônica, o ponto de partida de toda a confusão, a bandeira nacional catalã e a bandeira anarquista estavam desfraldadas lado a lado. (George Orwell, *Lutando na Espanha*. São Paulo, Globo, 2006, pp. 132-3.)

Seria exatamente em Barcelona que as divergências entre anarquistas e poumistas de um lado, e comunistas de outro lado, seriam radicalizadas. O governo da Catalunha, apoiado pelo partido comunista da Catalunha (PSUC), decidiu submeter, e no limite desarmar, os revolucionários que ocupavam o prédio da Telefónica, de onde podiam controlar as comunicações. O resultado foi mais uma guerra civil dentro da Guerra Civil, e esta se espalharia pelas ruas de Barcelona e levaria à prisão de lideranças e militantes anarquistas e do Poum, muitos torturados e mortos, como o trotskista Andreu Nin (1892-1937). Se, a partir deste momento, a revolução iniciada em 1936 fora definitivamente derrotada, a trajetória da República não seria mais fácil, como pensaram os que defendiam a retirada dos revolucionários da luta pela República. Os eventos de Barcelona levaram à queda de Largo Caballero, que se recusara a assinar a ilegalidade do Poum, substituído por Juan Negrín na chefia de governo. Este, apoiado pela URSS, definiu a atuação do exército popular dissolvendo milícias e colunas de sindicatos e partidos e permitindo que o PCE, e seus apoiadores regionais, como o PSUC da Catalunha, controlassem "polícias políticas".

Após os ataques nacionalistas no norte e as guerras civis dentro da guerra em Barcelona, o mapa da Guerra Civil Espanhola modificou suas fronteiras em favor dos nacionalistas:

Guerra Civil Espanhola – outubro de 1937

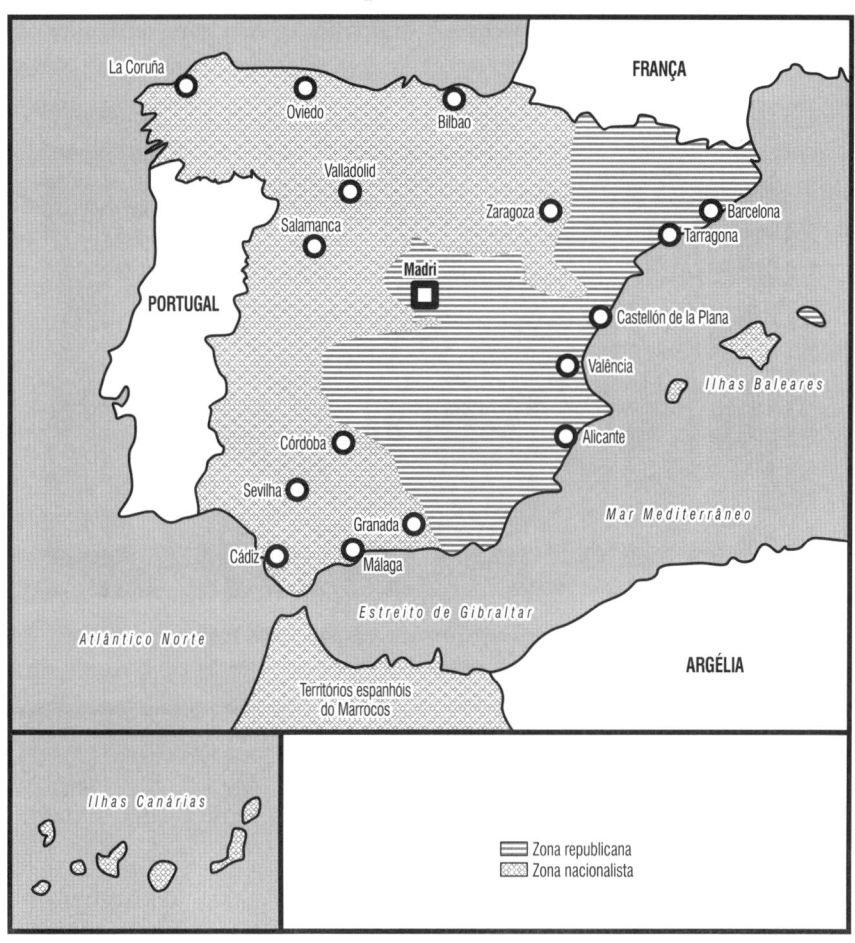

A conquista das províncias marítimas do norte permitiu aos nacionalistas controlar mais da metade do território e concentrar suas forças em Madri e na direção de Valência, para onde se mudara o governo republicano.

O pavilhão espanhol na Exposição Universal de Artes e Técnicas aplicadas à Vida Moderna

Em 1937, realizou-se em Paris a Exposição Universal, na qual a República espanhola, embora tardiamente, resolveu participar para mostrar suas realizações e denunciar a situação em que se encontrava devido ao ataque dos nacionalistas apoiados pela Alemanha e pela Itália. Foi nesta exposição que Picasso apresentou pela primeira vez sua obra *Guernica*, denunciando a violência da Legião Condor contra a pequena cidade basca. Para esta exposição, Joan Miró idealizou o cartaz "Ajudem a Espanha", cobrando o apoio das democracias ocidentais e enaltecendo a luta dos espanhóis de punhos cerrados em favor da liberdade, e o mural "O ceifador", enaltecendo o camponês catalão com uma foice revolucionária empunhada.

Entrada do pavilhão espanhol na Exposição de 1937.
(Séeberger frères / Centre des monuments nationaux)

Se a forte e heroica resistência de Madri alterou as estratégias de Franco, não foi suficiente para garantir a vitória republicana. Quando Negrín assumiu, muitos já vaticinavam a derrota na zona republicana, por isso foram feitos esforços de centralização do Exército republicano, mas isso ainda hoje é motivo de polêmicas. A dissolução das milícias e o enterramento do processo revolucionário teria enfraquecido os republicanos, retirando deles sua força mais espontânea e voluntária? Ou, ao contrário, teria sido a unidade militar promovida com maior rigor a partir do governo de Negrín que teria garantido a sobrevivência da República por mais tempo? Muito difícil responder, fato é que houve uma contrarrevolução na zona republicana, e que a partir deste acontecimento os espaços e esforços políticos da República foram marcados por um maior alinhamento com a URSS. Isso significava, na prática, a defesa de frentes populares antifascistas, dentro de estruturas políticas e instituições democráticas. Mas, para garantir a vitória dessa posição política dentro da zona republicana, os comunistas utilizaram métodos nada democráticos de investigação, prisão e perseguição. A violência contra opositores, com execuções em massa, durante a Guerra Civil Espanhola, portanto, não foi monopólio dos franquistas, embora os números demonstrem maior número de vítimas feitas por eles. Mas também é fato que a unificação militar promoveu algumas vitórias importantes da República, como na Batalha de Brunette em julho de 1937 e na Primeira Batalha de Teruel em janeiro de 1938, o que enfraqueceu ainda mais a teoria de Franco acerca de uma vitória rápida de suas tropas.

Juan Negrín atuou diplomaticamente no cenário internacional, considerando a hipótese da internacionalização definitiva do conflito espanhol com o possível início de uma guerra europeia, na qual democracias ocidentais e URSS lutariam contra os países fascistas. Para isso, além de deixar aberta a possibilidade de negociação interna de paz, escreveu um documento de intenções com 13 pontos em maio de 1938 de caráter moderado, afirmando que, após o possível final da guerra, a Espanha seria um país democrático, com direitos civis, sociais e políticos garantidos, como autonomias regionais, garantia de propriedade privada e de uma reforma agrária, além de liberdade de religião, o que acenava aos católicos que, porventura, não quisessem defender os fascistas. Parte das lideranças da anarquista CNT apoiou a movimentação política de Negrín, mesmo após as perseguições de Barcelona em 1937. A guerra se tornara longa e penosa para as populações pobres, havia escassez de comida e uma convivência com ataques aéreos, principalmente em Madri, que dificultava manter o ânimo da população. Contudo, Madri ainda resistia, e diante de novo fracasso dos nacionalistas na capital, eles se voltaram para a direção de Valência, buscando dividir o território controlado pelos republicanos.

Após a primeira vitória republicana em Teruel, em janeiro de 1938, os nacionalistas se reorganizaram e a tomaram em fevereiro. Mesmo assim, e apesar das constantes divergências com o presidente da República, Manuel Azaña, Negrín manteria sua estratégia de resistência à espera do "conflito europeu que poderia salvar a República com o apoio das democracias ocidentais", ou mesmo de conseguir negociar condições justas de finalização da guerra para os republicanos. Seu lema era: "Resistir é vencer!". Franco, por sua vez, só aceitava rendição incondicional.

A República faria sua última tentativa entre julho e novembro de 1938, na Campanha do Ebro, na qual esperava conter o avanço nacionalista na direção de Valência e do Mediterrâneo, ganhar tempo para o início da guerra europeia e apontar às democracias ocidentais que a República se mantinha viva e seu governo operante. Em meio a esta campanha, que foi a mais longa e sangrenta da Guerra, aconteceu a Conferência de Munique, em setembro de 1938. A Conferência poderia arrastar os europeus para a guerra e posicionar as democracias ocidentais a favor da República e seus 13 pontos apresentados por Negrín. É neste contexto que a República decretou a retirada das Brigadas Internacionais em outubro de 1938, em obediência ao princípio de não intervenção das democracias ocidentais. As notícias e acontecimentos pareciam favorecer República. Se houvesse a guerra europeia e a República declarasse guerra ao Eixo, os nacionalistas se veriam em um conflito mundial sem previsão de resultados. Mas Franco logo assumiu compromisso com os Aliados de não intervir em uma possível guerra europeia, o que enfureceu Mussolini, mas recebeu a complacência de Hitler. Os ventos, assim, haviam enganado os republicanos, e a Conferência de Munique colocaria fim aos seus sonhos: as potências ocidentais aceitavam os avanços nazistas sobre os Sudetos da Tchecoslováquia. O adiamento da guerra europeia favoreceria aos nacionalistas de Franco na Espanha e, ao contrário do que vaticinava a diplomacia inglesa para justificar suas posições em Munique, a vitória de Franco na Espanha não seria o ato final para o estabelecimento da paz na Europa.

A derrota republicana no Ebro, em novembro de 1938, marcou uma alteração importante no mapa da Guerra Civil, já que os nacionalistas conseguiam dividir a zona republicana, isolando a Catalunha e infligindo maior pressão sobre Madri, que, mesmo assim, continuava a resistir.

Guerra Civil Espanhola – novembro de 1938

A divisão da zona republicana em novembro de 1938, após a vitória nacionalista em Teruel e Ebro, que marcou os últimos respiros da resistência republicana.

Após a Campanha do Ebro, e percebendo a falácia dos debates sobre a não intervenção, Negrín ainda tentou nova ajuda soviética, mas ela não chegaria a tempo, mesmo com a abertura das fronteiras com a França para a passagem dos equipamentos soviéticos. A Catalunha sofreria os ataques franquistas a partir de dezembro de 1938, cairia em fevereiro de 1939, e Franco se voltaria para Madri, em um momento em que o exército republicano já se desintegrava. Portugal havia sido o primeiro país a reconhecer o governo de Franco, em 1938, mas França e Inglaterra o fariam logo em fevereiro de 1939, quando as forças republicanas ainda resistiam em Madri, Valência e

Alicante. Os nacionalistas entrariam em Madri em 29 de março de 1939 e Franco anunciaria o final da Guerra Civil Espanhola em 1 de abril de 1939.

Quando a Catalunha caiu, e as imagens de republicanos caminhando na direção da fronteira francesa sob ataque aéreo nacionalista eram já conhecidas, Negrín ainda imaginava poder negociar condições justas de paz. Mas a Lei de Responsabilidades Políticas que Franco instituiu em fevereiro de 1939 não deixava dúvidas sobre suas intenções de exterminar os inimigos. Segundo essa lei, apoio à República e à FP eram "crimes de subversão" e deveriam ser julgados pelo Tribunal Nacional de Responsabilidades Políticas.

A política de resistência de Negrín não era consenso entre os republicanos, o que provocou outra guerra civil dentro da zona republicana em março de 1939, especificamente em Madri, quando o tenente-coronel Segismundo Casado (1893-1968), apoiado pelo socialista Julián Besteiro (1870-1940), pelo general José Miaja (1878-1958) e por anarquistas e republicanos de Madri, todos bem pouco animados com a proximidade de Negrín com a URSS, tentou formar novo governo para negociar a paz com Franco. A vitória do grupo ligado a Casado, que provocou a fuga de Negrín para a França, seria efêmera, pois Franco só aceitaria rendição incondicional e não ofereceria nenhum salvo-conduto ou indulto àqueles que haviam "expulsado" os comunistas ligados a Negrín do governo da República. Ao final, os republicanos teriam que fugir; os que estavam na Catalunha tinham a fronteira com a França, mas os de Madri e outras partes da Espanha só puderam se esconder, ou buscar abrigo em pequenos povoados isolados nas montanhas.

A Guerra Civil Espanhola foi, ao menos em boa parte do século XX, o acontecimento histórico mais discutido, sobre o qual mais livros se publicaram. Por isso, existem em torno dela muitas mitologias, memórias, testemunhos e releituras, que serão retomadas nas próximas páginas, mas cabe já destacar algumas. Ortega e Marañon, que haviam participado ativamente da construção da República, seja na Agrupación, seja por sua convivência com os socialistas, especialmente Pablo Iglesias (1850-1925) e Juan Negrín, seja pela escrita da Constituição de 1931, trocaram cartas considerando melhor a vitória de Franco do que seria uma Espanha soviética, conforme entendiam que ocorreria caso as forças republicanas lideradas por Negrín vencessem. A filósofa María Zambrano e o poeta Antonio Machado atravessaram a fronteira da Catalunha com a França juntos, em direção ao exílio, ele morreria ainda em 1939, ela só retornaria à Espanha em 1982. O escritor Octavio Paz (1914-1988) costumava dizer que jamais esqueceria o semblante dos espanhóis pobres da Espanha republicana de 1937 que conhecera, pareciam esperanças vivas. Na HQ *A arte de voar*, publicada no Brasil em 2012, as memórias de Antonio Altarriba sobre a Guerra Civil Espanhola destacam as alpargatas do anarquista Buenaventura Durruti nos pés dos anarquistas que continuaram na guerra após sua morte. Juan Marichal, um jovem estudante no começo da Guerra Civil Espanhola, não se esquecia da frase que um camponês republicano da Extremadura lhe dissera: "*Sabes, nosotros luchamos por la libertad del mundo*" ("Sabe, nós lutamos pela liberdade do mundo"). As fotos dos milicianos republicanos feitas por Robert Capa até hoje são motivo de admiração e discussão, elas compõem o conjunto de artefatos históricos que ajudam a compreender o profundo engajamento de camadas populares em favor da revolução e da República.

El ruedo ibérico, usando aqui livremente o título das novelas de Valle-Inclán, se era singular em suas experiências e teatralizações, seguramente guardou em si muitas outras dimensões naqueles anos de 1936 a 1939, quando muitos sonharam com a revolução, muitos fabularam uma República liberal-democrática e muitos conseguiram impor uma ditadura e adiar liberdades, mas essas sempre espreitando. Tais dimensões parecem fazer parte das histórias de seres humanos, e sempre retomam a arena social e política. As incômodas imagens de barceloneses e *madrileños* acolhendo nacionalistas com gestos nazistas em 1939 ainda hoje provocam debates: onde estariam quando Madri bravamente resistia? E quem foram os catalães que rapidamente reocuparam as avenidas e ruas barcelonesas após a vitória de Franco?

O percurso das repúblicas peninsulares, a extrema fragmentação de seus partidos republicanos e a forte presença de grupos revolucionários com projetos políticos distintos marcaram a arena ibérica das primeiras décadas do século XX. O acirramento das disputas, traduzidas em violência civil e em uma profunda guerra na Espanha, teve por epitáfio a edificação de ditaduras que durariam décadas. Por isso, a experiência ibérica é, muitas vezes, apontada como aquém daquilo que se espera do mundo moderno e ocidental dos cidadãos – um debate que reifica os termos das hierarquias entre povos e saberes que parece ser o fundamento das hegemonias imperiais, tema que será retomado no capítulo "Ditaduras e cidadãos".

Ditaduras
e cidadãos

As ditaduras inauguradas na península ibérica a partir de 1926 em Portugal e 1939 na Espanha foram longas e ainda provocam, por isso, enormes debates, especialmente por suas aproximações e distanciamentos com os regimes fascistas que se vinham fortalecendo desde os anos de 1920, e mesmo por alguns elementos comuns, como a forte legitimação dada pela Igreja Católica para as duas ditaduras. Quando aproximamos as lentes para a experiência cotidiana de instituição desses regimes de exceção, no entanto, é forçoso destacar especificidades em meio às similitudes que facilmente subsumiriam tais experiências na lógica das disputas políticas europeias. É atrás desse argumento que este capítulo caminhará: compreender as dimensões internas em cada uma das ditaduras, observando os condicionantes externos a partir de articulações e negociações.

Capitaneado por António de Oliveira Salazar (1932-1968), professor da Universidade de Coimbra que se encarregou da Pasta das Finanças em 1928, após as dificuldades dos militares que assumiram em 1926 para reorganizar as estruturas administrativas e a sociedade, o Estado Novo português criou instituições e órgãos para celebrar a "ordem" que se pretendia constituir. Conforme afirma o historiador português António da Costa Pinto, trata-se de um aparelho de Estado extremamente centralizado, ancorado em forte racionalidade burocrática e em valores conservadores e católicos. Na Pasta das Finanças, Salazar conseguira algum equilíbrio das contas públicas, ao passo que, à medida que avançava dentro das estruturas de poder e promovia mudanças administrativas, buscava reestruturar o Império.

Do ponto de vista das estruturas administrativas internas de Portugal, cabe destacar a preocupação com a previdência social e com a organização do trabalho e dos trabalhadores, neste caso inspirado na "Carta del lavoro" italiana. Foram criados o Estatuto do Trabalho Nacional e o Instituto Nacional de Trabalho e Previdência, ambos bastante centralizados, sendo que os sindicatos ainda sofriam pressões da Polícia de Vigilância e Defesa de Estado (PVDE), que antecedeu a Polícia Internacional de Defesa do Estado (Pide), criada em 1945. Se é fato que não se trata de um regime de mobilização de massas, e que tão pouco se pode considerar o Partido de União Nacional elemento central da governança e das decisões políticas, já que Salazar conduzia pessoalmente as questões de Estado junto de seus nomeados, muitas vezes recrutados nos gabinetes universitários, é também evidente a relevância da propaganda política na construção e legitimação do governo. Neste sentido, o Secretariado de Propaganda Nacional desempenharia um papel importante na divulgação dos valores que eram fundantes da Constituição aprovada e plebiscitada em 1930: "Deus, Pátria, família e trabalho". Nesta lógica, foram criadas a Mocidade Portuguesa e a Legião Portuguesa, instituições de recrutamento para "formação" de crianças, jovens e trabalhadores para divulgar e enraizar os valores do regime, como a dedicação e o trabalho pela nação, a família e a religião católica.

Desfile em frente ao Mosteiro dos Jerônimos que teve lugar
na Exposição do Mundo Português de 1940, em Lisboa.
Dentro da ideologia do Estado Novo, o colonialismo tinha papel fundamental.
Por isso, o regime organizava exposições regularmente para sobrelevar os feitos colonialistas e
as conquistas ultramarinas. A Exposição de 1940 foi uma das maiores. (Anônimo)

Dentro da concepção de Estado salazarista, o professor de Coimbra afirmava as especificidades do regime português em relação às democracias liberais e aos chamados regimes de exceção dos anos de 1920 a 1940. Os valoreres citados anteriormente compunham, no seu entender, um caldo cultural no qual se edificara o mundo ocidental e dentro do qual Portugal tinha "lugar inigualável", já que fundara, com suas conquistas ultramarinas, o que se convencionou chamar "experiência ocidental". Entre as singularidades portuguesas, e que viriam a ser reforçadas por algumas hipóteses do pensador brasileiro Gilberto Freyre (1900-1987) com o *lusotropicalismo*, estava a ideia de que havia um "modo português" de colonizar que criaria laços menos violentos entre colonizadores e colonizados. Nota-se a digressão em relação às *liberdades*, já que no discurso oficial ocidental, de matriz iluminista, elas tinham lugar central, e na concepção salazarista são condicionadas às "possibilidades do meio" e às urgências da ordem e da religião católica. Assim, ao passo que procurava manter os laços de amizade com a Inglaterra, importantes para os fluxos comerciais atlânticos dentro do Império, o Estado Novo português evitava posturas internacionais definitivas e defendia sua neutralidade no tabuleiro político europeu dos anos de 1930 e 1940, já que seu discurso se movimentava em lugares que pareciam opostos no referido tabuleiro.

Mas os anos de 1930 e 1940 foram anos de crise econômica e de acirramento das disputas imperialistas que haviam provocado a Primeira Guerra Mundial e anunciavam a Segunda Guerra Mundial. Em tempos de superprodução industrial e baixos salários, tornam-se mais relevantes os mercados consumidores e fornecedores de matérias-primas do que normalmente já o são em economias capitalistas. Neste processo, as colônias portuguesas, assim como já se desenhara na segunda metade do século XIX, continuavam em perigo: as propagandas alemã, belga e inglesa continuavam a argumentar sobre a "fraqueza colonial portuguesa" e a necessidade de "efetivamente colonizar espaços" como os de Moçambique e Angola. E é diante deste quadro de perigos que, além de reforçar sua neutralidade nas disputas que preparavam a Segunda Guerra Mundial, Salazar reforçou o discurso colonialista português dentro da postura nacionalista que caracterizava o Estado Novo. Como afirmam os historiadores Marcus Vinícius de Oliveira e Valentim Alexandre, Salazar destacava que os benefícios que Portugal concedera à humanidade com suas conquistas ultramarinas ultrapassavam em muito as riquezas auferidas pelas outras metrópoles europeias em suas aventuras colonialistas e industrializadoras. Por isso, era preciso renovar a política colonial lusitana para além dos princípios da Primeira República, evitando a perda de territórios e garantindo uma efetiva ocupação por uma elite colonial vinculada a Portugal.

O Ato Colonial de 1930, assim como a denominação dos espaços coloniais como "províncias ultramarinas", portanto, extensões do Portugal europeu, faz parte de um conjunto de ações para evitar o que então se chamava de "internacionalização dos territórios coloniais", ou, em contra fato, garantir a nacionalização efetiva da exploração colonial perante os avanços de outras potências europeias na África. Era preciso controlar investimentos estrangeiros, garantir poderes de soberania a colonos e companhias de exploração portugueses e reforçar pactos coloniais favoráveis a Portugal. Se é possível vislumbrar, segundo dados de Valentim Alexandre, avanços na produção de algodão e desenvolvimento do comércio externo colonial nesses anos de 1930 e 1940 como decorrência das novas medidas, é também forçoso reafirmar o problema que marcara a segunda metade do século XIX e toda a Primeira República portuguesa: a ausência de excedentes de capitais metropolitanos que pudessem gerar maiores inversões em áreas coloniais.

É de se destacar, no entanto, o quanto a neutralidade portuguesa no xadrez político europeu foi importante para a manutenção do Império Português e para que Portugal evitasse um excessivo isolamento internacional em função de ser uma ditadura e, portanto, em princípio, politicamente afastado das potências ocidentais. Se, de um lado, interessava a Portugal divulgar sua "missão histórica e sagrada" como país colonizador, de outro lado, interessava aos países capitalistas ocidentais liderados pelos Estados Unidos, e isso ainda em meio à Segunda Guerra Mundial, ocupar lugares estratégicos de posicionamento de armas, estacionamento de navios e lançamento de mísseis. Aqui os Açores representaram um papel fundamental. Os EUA queriam uma base militar nas ilhas, e Portugal soube negociar sua entrada na Organização do Tratado do Atlântico Norte (Otan) e sua participação no Plano Marshall e na Organização das Nações Unidas (ONU) diante desses interesses. Especialmente nos anos de 1940, os EUA manifestavam algum receio com a ideia de autodeterminação dos povos quando esta pudesse significar instabilidades que fortalecessem movimentos comunistas, por isso relutavam em apoiar processos de descolonização na África e mesmo em criticar os modos servis de trabalho (trabalho forçado), comuns em colônias portuguesas, o que só se modificaria nos anos de 1950 a partir das pressões vindas da Conferência de Bandung em 1955. Portugal se beneficiou assim de certa "neutralidade colaborante" dos Estados Unidos, França, Inglaterra e Alemanha, o que lhe facilitou empréstimos e a sobrevivência do seu Império nos anos de 1960, quando os outros impérios europeus sofreram suas maiores baixas.

Desta forma, a manutenção de fluxos econômicos com países vencedores da Segunda Guerra Mundial, fato que permitiu o desenvolvimento colonial, assim como as articulações com a Otan, garantiram alguma estabilidade econômica para Portugal nos anos de 1950 e 1960. Mas os níveis de pobreza e analfabetismo em Portugal mantiveram-se altos durante todo o Estado Novo. Além disso, politicamente, a sociedade voltava a se movimentar em oposição à ditadura que, por isso, reforçou a repressão promovida pela Pide na segunda metade dos anos de 1960, que se estendeu também às colônias, já que as guerras coloniais tiveram efetivamente início em 1961.

Pobreza

Fernando Namora (1919-1989), médico e escritor vinculado ao neorrealismo português, publicou seus *Retalhos da vida de um médico* pela primeira vez em 1949. A obra destaca suas andanças entre a Beira Baixa e o Alentejo.

Da primeira vez que fui à serra, a meio da viagem interminável e como resposta à minha insistência em saber "se ainda faltava muito", o meu companheiro disse: "Nem somos gente, a bem dizer, senhor doutor. Estes caminhos foram feitos só para bestas como nós. Uma pessoa de estimação, como um doutor, nunca devia atrever-se a subir aqui! Deviam deixar morrer este povo, deixar que a semente acabasse." Não me queixei mais o resto da jornada e respondi com melindre: "Sou médico. Um médico é um médico; não escolhe doentes nem caminhos." […]

Ali, os nossos pulmões embebiam-se de doença. Um ar salobro, uma luz enodoada. Fístulas horrendas, rostos dolorosamente resignados ou expectantes, urinas grossas, gemidos em bocas escuras. Macarrão no fundo dos pratos, numa empastada geleia de vómito. E tudo isso cheirava. Um odor que ia das narinas ao estômago, revolvendo-o de náusea. Dantes, entrava ali com o ar afadigado e breve dos mestres, o cenário satisfazia a nossa fatuidade profissional. Mas tudo isso, agora, tinha um significado humano; eram dores e chagas que atormentavam homens como eu e não curiosas entidades clínicas. Causavam pena, respeito e repulsa física. […]

Uma das salas do pavilhão serviu-nos para escola infantil. Esperávamos atrair para ali as crianças burguesas, lado a lado com os nossos protegidos, mas foi difícil vencer a desconfiança e os preconceitos da gente graúda da cidade. (Fernando Namora, *Retalhos da vida de um médico*. Córdova, Caminho, 2017. *E-book*, posições 346, 488, 548.)

As guerras coloniais coincidiram com uma forte alteração nos conteúdos da governança colonial, já que, pressionado pelos ventos da "autodeterminação dos povos" e pela necessidade de capitais para o desenvolvimento colonial, Portugal permitiu a entrada de capitais estrangeiros e incentivou a livre circulação de pessoas e mercadorias nos espaços do Império. Tais mudanças evidenciaram um hiato de há muito já apontado pelos estudiosos: boa parte dos empreendimentos capitalistas portugueses era independente das áreas coloniais e, de fato, os vínculos econômicos da metrópole com as colônias eram bem menores do que os esforços da guerra colonial faziam supor. Não se afirma com isso que se trata de Império não econômico, pois a natureza da exploração colonialista e imperialista portuguesa era exatamente a mesma das outras nações imperialistas, mas os valores envolvidos, em termos de capital e pessoal, eram definitivamente menores, o que denuncia o lugar de Portugal no concerto das nações capitalistas, e não a natureza do seu Império.

A piorar o cenário, dois elementos: os custos da guerra colonial para a metrópole (em efetivo pessoal/militar e financeiro) e o problema do trabalho forçado nas colônias. Neste último caso, cabe lembrar os esforços retóricos do Estado Novo para justificar a exploração da mão de obra indígena, especialmente no que toca à diferenciação entre "assimilados" (menos de 1% da população colonial, o que também permite observar as dificuldades da governança portuguesa para formar elites locais vinculadas ao projeto metropolitano), reconhecidos dentro do escopo da civilização, e os "crioulos", de cuja civilização deveriam se ocupar os portugueses em sua "missão cristã", o que evidentemente incluía aprender, no mais das vezes pela força, as formas de trabalhar e viver ocidentais.

A morte de Salazar em 1968 pouco modificaria o cenário, já que seu substituto, Marcello Caetano (1906-1980), apesar dos discursos e promessas, não diminuiu os apetites colonialistas expressos em suas ações, mesmo quando afirmava a necessidade de se incentivar alguma autonomia progressiva às áreas coloniais para que pudessem manter os vínculos com Portugal.

Em meio ao crescimento da guerrilha colonial e aos efêmeros acordos marcados pelos conflitos da Guerra Fria, que se iam fazendo e desfazendo nas fronteiras do Império Português, além das posturas dúbias da ONU, que pretendia apoiar Portugal dentro da Otan e a autodeterminação dos povos em sua Assembleia de nações, as Forças Armadas portuguesas declararam seus limites para manter uma guerra com a qual já não tinham vínculos. Este último fato deve ser colocado ao lado de outro que viria a marcar a história de Portugal e da península ibérica no século XXI: desde os anos de 1960, havia forte tendência para a inserção da península ibérica nas estruturas econômicas da Europa, o que nem sempre incluía os fluxos econômicos e sociais das áreas coloniais.

As guerras coloniais segundo António Lobo Antunes

António Lobo Antunes é escritor e psiquiatra. *Os cus de Judas* é o romance que escreveu sobre a Guerra Colonial de Angola, da qual participou entre 1971 e 1973 como médico militar. Nele, o narrador/personagem conta suas aventuras nesses "cus de judas", um lugar longe e perdido segundo ele, onde se fazia a tal guerra que, segundo sua família, o tornaria homem. Nada mais eloquente e significativo do que um romance de Lobo Antunes para nos ajudar a desfazer os argumentos sobre a não violência da colonização portuguesa.

> Tinham arribado dias antes do Chiúme, uma companhia inteira de negros pequeninos e cabeçudos, de lenço vermelho ao pescoço, cujos bigodes por ajardinar lhes conferiam a aparência falsamente intelectual dos saxofonistas do Festival de Jazz de Cascais [...].

> Reunidos e armados pela PIDE, constituíam uma horda indisciplinada e petulante que a emissora da Zâmbia chamava "os assassinos a soldo dos colonialistas portugueses": não faziam prisioneiros. Regressavam da mata aos berros, com os bolsos cheios de quantas orelhas lograssem apanhar [...].

> Eu estava de passagem na sede do batalhão, a caminho de Luanda e das férias de Lisboa, estendido na cama na sesta do almoço, a sentir como feto o peso do espaguete na barriga.

> – Uma doença, doutor – insistia o tenente –, anemia, leucemia, reumatismo, cancro, bócio, uma doençazeca, uma doença de merda que me passe à reserva: o que fazemos nós aqui? Você já se perguntou o que fazemos aqui? Pensa que alguém nos agradece, não, porra, escute lá, pensa que alguém nos agradece? (António Lobo Antunes, *Os cus de Judas*. Rio de Janeiro, Objetiva, 2003, pp. 91 e 93.)

Em 1970, 45% do orçamento do Estado português destinava-se à defesa e segurança, 10% da população portuguesa foi mobilizada em efetivos para a guerra colonial – fatos que dificultavam ações de previdência social e proteção ao trabalho. Nesses mesmos anos de 1970, as misericórdias portuguesas respondiam por algo em torno de 70% dos hospitais portugueses, o país não dispunha de um sistema nacional de saúde e, por isso, o atendimento à saúde dependia das ações caritativas desenvolvidas pelas misericórdias, que recebiam menos recursos públicos do que o necessário para cumprimento de suas missões. Neste contexto, a retomada do movimento estudantil, das oposições de variados espectros políticos e das ações do Partido Comunista Português (PCP), além do crescimento dos nacionalismos coloniais e das reivindicações profissionais de setores do Exército liderados pelo Movimento das Forças Armadas (MFA), formaram um caldo político que levou à "Revolução dos Cravos" (nome resultante dos cravos que eram oferecidos aos militares pela população), ou ao golpe de Estado que derrubou Marcello Caetano em 25 de abril de 1974.

A organização de uma Junta de Salvação Nacional, após a tomada das ruas, rádios e sedes do governo pelos revoltosos, traria conflitos não apenas no que diz respeito às temporalidades e modos da descolonização que deveriam ser cumpridos, mas também em relação às tintas e conteúdos do novo regime que se deveria instalar em Portugal, já que, entre os revoltosos, se encontravam grupos políticos liberais, democratas, socialistas reformistas e comunistas.

O general António Sebastião Ribeiro de Spínola (1910-1996), que comandou o Golpe do 25 de abril, defendia a formação de uma comunidade lusíada que se constituiria aos poucos e sem que a soberania dos espaços coloniais fosse rapidamente transferida aos "movimentos de libertação", cuja orientação política era um tanto mais à esquerda em relação à do general. Mas o MFA, que liderava boa parte das tropas, advogava a rápida transferência de poder para os movimentos de libertação com forte apoio à autodeterminação dos povos. Os movimentos nacionalistas coloniais, evidentemente, pretendiam uma rápida descolonização e transferência de poder imediata. Em junho de 1974, essas diferentes propostas provocariam a primeira grande crise do novo regime português e uma grave derrota para Spínola. O governo foi forçado a aprovar a Lei da Descolonização em 27 de julho de 1974 (Lei 7/74) que reconhecia a autodeterminação dos povos e a independência dos espaços e povos ultramarinos.

Além disso, a eleição de uma Assembleia Nacional com poderes constituintes e por voto universal e direto evidenciou a importância dos líderes do Partido Socialista (PS) e do PCP retornados do exílio e fortemente engajados na definição política e social do novo regime. Para isso, além de se enfrentarem, também disputariam espaços com os novos partidos de orientação democrática e liberal que se foram formando. Desta forma, se as primeiras medidas da Junta de Salvação Nacional, distantes das ideias de

Spínola, pareciam encaminhar Portugal para uma República igualitária de inspiração marxista, com nacionalização de bancos e ocupação de fábricas lideradas pelos comunistas, as eleições de abril de 1975 indicaram novos ventos. O PS e outros partidos de cunho democrático formaram maioria para outros caminhos. O general António Ramalho Eanes, que viria a ser o primeiro presidente da República popularmente eleito da nova era, se incumbiria de controlar os ímpetos revolucionários dos setores radicais das Forças Armadas. A Constituição promulgada em 1976 se encarregaria de cimentar o caminho para a União Europeia (UE) e para a edificação de uma democracia social e liberal em Portugal. O Império acabara junto à Ditadura, que fora sem dúvida seu último apoio, mas, como argumenta o historiador brasileiro Francisco Carlos Palomanes Martinho, a afirmação do processo democrático não seria suficiente para que o atraso econômico e social herdado do Estado Novo fosse rapidamente abandonado. Tão pouco a entrada do país na UE ofereceria ferramentas de modernização tão mais eficientes e seguras quanto se fabulava.

O que seria de portugueses e espanhóis diante de uma Europa unificada?

Em *A jangada de pedra* (1986), o escritor José Saramago (1922-2010) enfrenta o problema das identidades dos povos ibéricos exatamente quando a formação da UE ganhava tintas de realidade, dado que tal ideia, considerada como possibilidade de fortalecimento político e econômico das nações do velho mundo, podia ser encontrada em autores como José Ortega y Gasset já no início do século XX. O que seria de portugueses e espanhóis diante de uma Europa unificada? Na imaginação de Saramago, o dilema se consubstancia no descolamento da península da Europa: a península ibérica se desloca pelo Atlântico provocando reações entre seus povos e os da Europa, mote para que o escritor visite os "lugares comuns" acerca da experiência ibérica perante a Europa e o Ocidente. Longe da Europa, quem seriam portugueses e espanhóis? Em pertencendo a ela, quais seriam seus lugares e identidades? Seriam mesmo parte da experiência ocidental?

Ou talvez alguma sua variante perdida e menos ocidentalizada? A trajetória dos personagens principais que nos vão sendo apresentados aos poucos, Joana Carda, Joaquim Sassa, Pedro Orce, José Anaiço e Maria Guavaíra, movimentando-se na península enquanto esta se desloca pelo Atlântico, seus poderes misteriosamente descobertos e seu desejo de observar a fenda aberta com o descolamento, dialogam com as notícias de rádio sobre os acontecimentos na península ibérica e na Europa, apontando visões, propostas e possibilidades para as novas relações que deveriam ser estabelecidas entre a península ibérica em movimento e a Europa que observa seu curso. Alguns trechos são bastante elucidativos dos debates que a historiografia tem feito sobre o lugar da península ibérica na experiência ocidental:

> MÃE AMOROSA, a Europa afligiu-se com a sorte das suas terras extremas, a ocidente. [...]

> Durante a reunião, como fora combinado previamente, a Comunidade Económica Europeia tornou pública uma declaração solene, nos termos da qual ficava entendido que o deslocamento dos países ibéricos para ocidente não poria em causa os acordos em vigor, tanto mais que se tratava de um afastamento mínimo, uns poucos metros, se compararmos com a distância que separa a Inglaterra do continente, para já não falar da Islândia ou da Gronelândia, que de Europa têm tão pouco. Esta declaração, objectivamente clara, foi o que resultou de um aceso debate no seio da comissão, em que alguns países membros chegaram a manifestar um certo desprendimento, palavra sobre todas exacta, indo ao ponto de insinuar que se a Península Ibérica se queria ir embora, então que fosse, o erro foi tê-la deixado entrar. [...]

> A Europa, ao saber das alarmantes notícias, começou aos gritos, Anarquia, Caos Social, Atentado à Propriedade Privada, e um jornal francês, dos que formam a opinião pública, titulou sibilinamente a toda a largura da primeira página, Não Se Pode Fugir À Natureza. Esta sentença, apesar de tão pouco original, caiu no gosto, as pessoas europeias, quando falavam da antiga península ibérica, encolhiam os ombros e diziam umas para as outras, Que é que se há-de fazer, eles são assim, não se pode fugir à natureza [...].

> Os europeus, desde os máximos governantes aos cidadãos comuns, depressa se tinham acostumado, suspeita-se que com um inexpresso sentimento de alívio, à falta das terras extremas ocidentais [...].
>
> Porém, se há desses europeus, também há europeus destes. A raça dos inquietos, fermento do diabo, não se extingue facilmente, por mais que se afadiguem os áugures em prognósticos. [...] Foi portanto uma dessas inconformes e desassossegadas pessoas que pela primeira vez ousou escrever as palavras escandalosas, sinal duma perversão evidente, *Nous aussi, nous sommes ibériques*, escreveu-as num recanto de parede, a medo, como quem, não podendo ainda proclamar o seu desejo, não aguenta mais escondê-lo. (José Saramago, *A jangada de pedra*. São Paulo, Companhia de Bolso, 2006, posições 320, 423, 1243, 1955, 1964, 1980. *E-book*.)
>
> A falta das terras extremas ocidentais, no romance de Saramago, provocava algum alívio em boa parte dos europeus, afinal como são assim mesmo, "fermentados pelo diabo", não poderiam fugir à sua natureza e talvez não fossem europeus. Novos modos de nomear a experiência do *ruedo ibérico*.

Se Portugal construíra sua ditadura argumentando seu lugar na civilização ocidental, a Espanha também o fez, mas neste caso com tintas anticomunistas e católicas talvez um tanto mais exacerbadas, o que se explica pela radicalização dos posicionamentos nos anos de 1930, conforme visto no capítulo "Repúblicas, revoltas e guerras". E é fato também que as duas nações peninsulares, quando derrotaram suas longas ditaduras, abraçaram novamente a prédica ocidentalizante, agora considerando as *liberdades políticas* e a *justiça social* em seus argumentos, ao menos em seus discursos oficiais proferidos a partir da governança. A assombrar tais discursos, no entanto, estavam sempre velhos problemas reconfigurados:

desenvolvimento industrial e tecnológico aquém de potências como Alemanha, EUA e Inglaterra, potencial de inversões também menor em relação a elas, ou seja, o velho problema dos níveis de modernização.

No caso espanhol, o Império, que à época da vitória de Franco administrava apenas parte do Marrocos, é elemento de legitimação do lugar da Espanha na história europeia e ocidental, sem dúvida, como em Portugal, mas não se trata de Império a manter e a partir do qual criar mecanismos de exploração, mas da memória dos tempos dos Áustrias, dos seus feitos e da "Espanha autêntica", que fora corrompida pelas esquerdas e pelo anticlericalismo. Por isso, o tema do pertencimento ou não ao Ocidente era mais marcado pelo discurso anticomunista, visto como barbarismo oriental e negação de princípios cristãos fundantes do mundo ocidental. E como afirma o historiador Josep M. Buades, o franquismo nasceu e morreu matando em nome desses "valores", por isso, a partir de 1939, havia uma Espanha em festa, outra em fuga para o exílio, e aquela que, não tendo conseguido fugir, teria que lidar com a violência do franquismo e as estruturas de poder que criou. Apenas entre 1939 e 1945, em torno de cinquenta mil pessoas foram executadas na Espanha. A Espanha em fuga pela fronteira da França viu-se aprisionada em campos de concentração no litoral do Languedoc francês ou no Norte da África, sem possibilidades de ser de fato recebida na sociedade francesa, fato que só se alteraria quando, no início da Segunda Guerra Mundial, os exilados espanhóis se tornaram necessários nos esforços de resistência e trabalho (mesmo assim, os campos de concentração do Norte da África só seriam desfeitos em 1942, quando do desembarque aliado). A Espanha refugiada na América tentaria um governo republicano de exílio, mas as potências que formariam a Aliança não pareciam dispostas a reconhecê-lo ou mesmo apoiá-lo. O xadrez dos interesses da Segunda Guerra se impunha sobre os princípios de defesa de um governo legitimamente eleito e vergonhosamente golpeado.

Sobrevivendo na Era Franquista

Aos familiares dos republicanos reconhecidos pelo regime, a vida não seria fácil na "Espanha autêntica", como já dito, não haveria qualquer conciliação por parte do regime.

> Enquanto meu pai estava preso mataram um irmão da minha mãe, com 19 anos. [...] Outro que poderia nos ajudar seria meu tio, irmão do meu pai, mas este foi para um campo de concentração e ficou muitos anos... [Os franquistas] pegavam minha mãe, junto com outras, levavam para o quartel de polícia, pelavam a cabeça delas e as faziam varrer as ruas todos os dias, jogavam piche e elas tinham que ir atrás espalhando [...]. Se ias comer numa escola do governo, como eras filha de um *rojo*, como eles diziam, um socialista, faziam distinção: se tinha bastante comida te davam; se não, te mandavam pra casa. [...] No Natal e no dia dos Reis Magos o padre dava presentes, e eu me lembro que uma ocasião me tocou uma boneca e o filho da mãe não quis me dar, por eu ser filha de um socialista... E eu voltava para casa, nervosa, chorava. (Florentina Canto, "Depoimento a André Gattaz", em André Castanheira Gattaz, *Braços da resistência: antifranquistas em São Paulo; história oral da imigração espanhola*. Salvador, Editora PontoCom, 2014, pp. 250-1.)

A primeira fase do franquismo, que se localiza em torno dos anos de 1940 e 1950, caracterizou-se por forte centralização e controle do Estado sobre as atividades políticas e socioeconômicas. Tendo sido a União Geral de Trabalhadores e a Confederação Nacional do Trabalho fundamentais no processo de conflagração revolucionária durante a Guerra Civil, o novo regime apressou-se em criar mecanismos de organização sindical e em enterrar as centrais até então atuantes. Os sindicatos antes livres foram reprimidos e estabelecidos sindicatos obrigatórios dos quais participavam empresários e trabalhadores, e cuja mediação era controlada pelo "Estado nacional sindicalista" que se formava. Era o próprio Estado que fixava salários e definia preços, os sindicatos tinham função apenas consultiva no que se tratava de política social.

No mesmo sentido, e como em Portugal, a Falange/Movimento, mesmo exercendo o papel de partido único, nunca ocupou espaços estruturadores no regime, e não se constituía em partido de mobilização de massas, tendo, inclusive, ao longo do franquismo, diminuído a quantidade de seus filiados. Tal se explica, em parte, pela necessidade que teve o regime de se "desfascitizar" após o final da Segunda Guerra Mundial. O isolamento espanhol após 1945 era bastante prejudicial para as urgências de retomada da produção e de fluxos externos de comércio, dada a pobreza em que se encontrava o país após a Guerra Civil. A Espanha resistira às pressões alemãs e italianas para entrar na Segunda Guerra ao lado do Eixo, mas enviara a Divisão Azul, um conjunto de soldados voluntários, para ajudar a Alemanha na Rússia. Tal participação, além das evidentes afinidades eletivas com os países do Eixo, seguramente explica as dificuldades espanholas nas relações internacionais no imediato pós Segunda Guerra Mundial. Ao contrário de Portugal, a Espanha encontrou maiores problemas para se inserir nas articulações políticas do pós-Guerra, não se beneficiou do Plano Marshall e sofreu sanções da ONU.

A partir de 1945, a Espanha seria definida por Franco como um "Estado social e católico", os cumprimentos fascistas de braços estendidos seriam proibidos, assim como toda simbologia fascista que se podia encontrar nas ruas das grandes cidades espanholas desapareceriam dos espaços públicos, fato corroborado pelo Exército e divulgado à larga pelo Ministério da Imprensa e Propaganda, que se responsabilizava pela repressão contra a imprensa e dentro das escolas, repartições e instituições privadas. Do ponto de vista da educação dos espanhóis, o que se viu, então, foi menos fascismo e mais Igreja Católica, com a destruição de todos os projetos desenvolvidos pelas missões pedagógicas da Segunda República e com valores opostos aos dos iluminismos e da racionalidade. Nesta lógica, a Asociación Católica Nacional de Propagandistas (ACNP) ganhou enorme protagonismo na definição dos conteúdos dos materiais didáticos.

A História da Espanha em livros didáticos

Os textos retirados de livros didáticos da era franquista destacam a militância do regime contra as ideias iluministas e em favor dos valores cristãos, além de sobrelevar o papel do Levante de 1936 para o fortalecimento desses valores da "Espanha autêntica".

Segundo Jean Jacques Rousseau, o poder reside no povo, que é quem pode decidir sobre todas as questões. Esta concepção política se opõe à tradição espanhola, segundo a qual toda autoridade emana de Deus, que a concede aos reis por mediação do povo; que há verdades eternas e imutáveis sobre as quais o homem nada decide, mas apenas acatar e servir; e que o monarca se justifica diante de Deus e da História. (Mendoza Guinea, Formação do Espírito Nacional. Citado em: Ángel Luis Abos, *La historia que nos enseñaron (1937-1975)*. Madri, Foca, 2003, p. 163. Tradução minha.)

Alfonso XIII, fervoroso católico, bondoso e inteligente, foi vítima do sistema liberal e dos partidos políticos. Para corrigir o grave mal que acometia à Espanha, Primo de Rivera, com a aprovação do monarca, estabeleceu a Ditadura. Em 1931 proclamou-se a República. Ela se caracterizou por violências, assassinatos, incêndios e ultrajes de toda sorte. Ela perseguiu a Igreja e protegeu a maçonaria e o judaísmo. Enfraqueceu o Exército e favoreceu o separatismo. Os protestos dos bons espanhóis foram afogados em sangue. A Falange se opôs virilmente a tantas desordens e crimes. O levantamento Nacional foi um movimento do Exército e de todos os bons patriotas para derrubar o regime republicano. (Álvarez. Enciclopédia, segundo grau. Citado em: Ángel Luis Abos, *La historia que nos enseñaron (1937-1975)*. Madri, Foca, 2003, p. 164. Tradução minha.)

Os tradicionalismos vitoriosos em 1939 cobrariam rapidamente seu lugar nas estruturas do franquismo: a Espanha continuava sendo um país fundamentalmente agrário e de industrialização atrasada e protegida pelo Estado no que diz respeito à competição estrangeira, fato que explica o estancamento econômico dos anos de 1940 e as dificuldades de se retornar aos níveis de desenvolvimento e modernização que se verificaram nos anos anteriores à Guerra Civil Espanhola. O enfrentamento da fome e da pobreza social após esse conflito implicou forte controle da produção pelo governo, que se responsabilizou pela distribuição e definição de preços de produtos básicos.

Mas o controle social apregoado pelo franquismo tinha, ainda, que lidar com a resistência interna, e os chamados *maquis* não pretendiam recuar. Muitos republicanos, mesmo os exilados que estavam na América Latina, acreditavam que os caminhos da Segunda Guerra Mundial, com uma possível vitória dos aliados, poderiam resultar em uma invasão da Espanha para deposição de Franco. Sem dúvida, considerando que até no diário da escritora inglesa Virgínia Woolf, cujo marido se movimentava pela governança inglesa, ainda em 1936, está escrito que Churchill estava do lado de Franco, há alguma ingenuidade nesta esperança. Mas há também uma enorme resiliência para manter a resistência a despeito dos riscos e um desejo de interferir nos acordos políticos que se iam desenhando. Os *maquis*, guerrilheiros que se esconderam nas montanhas espanholas após a derrota de abril de 1939 e cuja luta é belissimamente retratada no filme *O labirinto do Fauno* (2006), de Guillermo del Toro, resistiriam até o início dos anos de 1950, quando foram derrotados pelo regime, deixando aos republicanos exilados a esperança de retomar o poder.

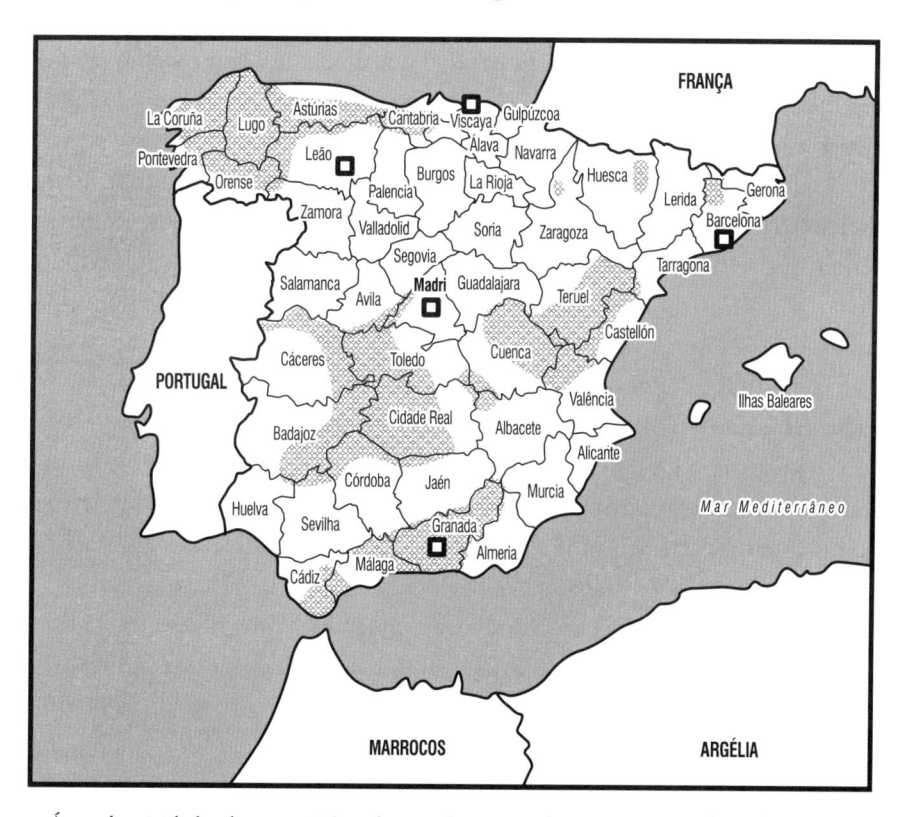

Áreas de atividades dos *maquis* (em destaque) nas espanhas entre os anos de 1940 e 1960.

A situação de estancamento econômico da Espanha só seria revertida nos anos 1960 a partir de algumas ações encetadas pelo Estado na segunda metade dos anos 1950. Tais medidas implicaram uma maior abertura econômica com diminuição de impostos de alfândega, incentivo à livre competição e ao aumento da produtividade a partir de agentes privados e com possibilidades de entrada de capital privado. Ao lado dessas medidas, considerando o interesse norte-americano no uso de bases militares espanholas, como Torejón, Rota, Morón e Zaragoza, em um contexto de acirramento da Guerra Fria, a Espanha se beneficiou de empréstimos e de uma aproximação até então pouco provável com a ONU e a Otan. Tal aproximação, sem dúvida, contribuiu para isolar mais ainda o Governo Republicano no exílio. Internamente, a partir dos anos 1960, o preenchimento dos ministérios responsáveis pelo desenvolvimento econômico respondeu a critérios considerados racionalistas e tecnocráticos para alcançar o desenvolvimento industrial esperado, criando mecanismos para enraizar as propostas construídas pelas novas relações internacionais. Tratava-se, enfim, de encontrar novas bases de sustentação econômica e social para o regime sem, no entanto, modificar suas estruturas políticas, e aqui começaram os problemas.

O livre-comércio, em alguma medida, supõe maiores níveis de liberdade e reivindicação, alguma flexibilização nos controles sociais, e é nesta senda que foram criadas as Comisiones Obreras (CC OO), agrupando diversos grupos políticos e ideológicos, inclusive setores da Teologia da Libertação da Igreja Católica. Toleradas inicialmente, posto que poderiam legitimar as ações do governo em seus projetos de modernização da Espanha e de entrada gradual nos órgãos europeus, como a Organização de Cooperação e Desenvolvimento Econômico (OCDE), quando avançaram para questões políticas como a luta pela Anistia e o exercício da greve como direito, o franquismo reforçaria a que veio. A repressão foi forte, e não apenas contra os trabalhadores vinculados às CC OO, mas também contra os grupos sociais e organizações clandestinas que, na esteira da luta por direitos que marcou os anos de 1960, e aqui se destacam professores e estudantes universitários, voltavam a ocupar os espaços públicos reivindicando a democratização do país. Setores da Igreja Católica, ancorados nas ações do Concílio Vaticano II (1962-1965), passaram a compor com movimentos reformistas que atuavam, inclusive, dentro do regime.

O caldo cultural dos anos de 1960, que fortaleceu a oposição, seria reforçado pelos resultados da política de modernização tecnocrática franquista. Tratou-se de crescimento econômico e desenvolvimento industrial sem qualquer progresso social. O que o regime esperava era assegurar sua estabilidade diante da sociedade a partir dos "Planos de Desenvolvimento" que definiam setores para investimentos, não havia preocupação com a superação do autoritarismo, e é nesse lugar que as forças sociais de oposição aumentavam suas ações. Um dos setores que se desenvolveram nesta época, o turismo de massas, para além das divisas que trazia, também carreava informações, modos de vida e exercícios de direitos e liberdades que se iam difundindo entre os espanhóis.

Junto às transformações nas esferas econômicas e sociais, a Espanha conheceu maiores desequilíbrios regionais, já que as migrações internas para áreas beneficiadas pelos Planos de Desenvolvimento, com maiores ofertas de emprego urbanas, tornaram-se comuns, provocando êxodo rural e falência de pequenas e médias propriedades rurais, fatos que incidiam sobre os nacionalismos e movimentos de soberania regional da Catalunha e do País Basco. O regime franquista havia instituído forte repressão sobre manifestações culturais autônomas nas diferentes regiões históricas espanholas e estamos falando também da Andaluzia e da Galícia –, desde proibição de suas línguas originais até imposições fiscais e proibição de representações tradicionais forais, estas herdadas do Antigo Regime e ressignificadas na Segunda República.

Se as guerras coloniais consumiram recursos portugueses e aceleraram a crise do regime na passagem dos anos de 1960 para os de 1970, no caso espanhol os avanços econômicos e sociais dos anos de 1960 deram sobrevida ao regime, mesmo com todos os problemas sociais e políticos decorrentes da modernização que foram sumariados acima. É consenso na historiografia que a transição pacífica espanhola se fez sob a tutela da elite política que dominava as estruturas franquistas. Em 1969, Franco apresentara às Cortes seu sucessor, o príncipe Juan Carlos de Bourbon, que desde os anos de 1940 vinha sendo preparado pelo ditador para o cargo, o que de fato aconteceu, ao passo que se fortaleciam os discursos sobre a urgência de "europeizar" a Espanha. Com a morte de Franco em novembro de 1975, Juan Carlos se tornou Juan Carlos I, rei da Espanha. Inicialmente tutelado pelo franquista

Carlos Arias Navarro (1908-1989), a partir de julho de 1976, o jovem rei nomeou Adolfo Suárez González (1932-2014) para a Presidência do governo, e então a referida elite precisou negociar com as novas forças políticas e sociais que cobravam lugar nos espaços da governança e reivindicavam um regime efetivamente democrático. Suárez, embora também criado nas hostes franquistas, defendia uma maior abertura política e iniciou um processo de reforma das estruturas políticas consubstanciado na "Lei da Reforma Política", plebiscitada com enorme apoio em novembro de 1976. A partir de então a Espanha voltaria a conviver com liberdades políticas, pluripartidarismo, voto universal e direitos fundamentais.

As eleições gerais de 1977 consagrariam as forças políticas moderadas da União de Centro Democrático (UCD) e do Partido Socialista Operário Espanhol (PSOE), o mesmo de posições radicais à esquerda durante a Guerra Civil, mas que agora apresentava propostas reformistas e era liderado por Felipe González. O novo Parlamento aprovaria a Constituição de 1978, de maior vigência na história da Espanha (ainda em vigor), e participaria das discussões que levaram aos Pactos de Moncloa, responsáveis por estabilizar as relações de trabalho entre patrões e empregados em meio à transição e às crises do petróleo dos anos de 1970, apesar dos protestos da UGT e da CNT que, então, voltavam a se organizar e afirmavam que os pactos garantiriam a continuidade dos processos produtivos sem ganhos econômicos efetivos aos trabalhadores.

As duas últimas décadas do século XX foram, assim, de consolidação do Estado Democrático de Direito e participação no processo efetivo de construção da UE. A Espanha aderiu à Comunidade Econômica Europeia (CEE) em 1985, e Portugal em 1986. O "Ato Único Europeu", de 1986, eliminaria barreiras para a circulação de pessoas, bens e capitais na Europa. Nos anos de 1990, a partir dos Tratados de Maastricht, a península aderiu ao mercado e à moeda comum europeus, o que impôs maior austeridade fiscal, ao passo que os dois países formavam seus primeiros sistemas nacionais de saúde com atendimento universal financiado principalmente pelo Estado, mas com participação privada. Desta forma, em tempos de "Estado mínimo" professado a partir da Inglaterra e dos EUA, a UE se esforçava por manter suas tradições socialistas reformistas.

Se a entrada na UE e as novas estruturas democráticas criadas não foram suficientes, principalmente em Portugal, para que se alcançasse a modernização tão sonhada, não é possível deixar de destacar os avanços e conquistas da península após o fim das ditaduras, e nem deixar de observar o quanto suas paisagens se modificaram desde então. Há uma evidente modernização na oferta de serviços, na infraestrutura urbana e de energia e transportes, fortemente incentivada pelos recursos vindos da UE e por inversões de capital estrangeiro. Se de um lado tais modificações evidenciam processos de modernização agrícola, industrial e de infraestrutura, de outro lado, a organização econômica desenhada pela UE implica na desorganização de setores das economias nacionais participantes de modo a evitar superprodução de determinados produtos nos seus espaços. Tal fato redundou no empobrecimento de alguns setores tradicionais das economias ibéricas, além de provocar maiores desequilíbrios regionais, o que já se observara com as migrações internas que caracterizaram os anos de 1970 (no caso de Portugal agravadas pelo retorno dos colonos após a Revolução dos Cravos). Considerando os regionalismos de corte nacionalista que sempre marcaram a história espanhola, neste país o problema se tornou especialmente conflitivo.

Pela Constituição espanhola de 1978, regiões como a Catalunha, o País Basco, a Andaluzia e a Galícia tinham alto grau de autonomia, mas apresentavam posturas diferentes em relação ao Estado espanhol. Andaluzia e Valência, por exemplo, não tinham aspirações independentistas, apenas autonomistas, já Catalunha e País Basco abrigavam movimentos nacionalistas mais radicais. O modelo seguido pela Constituição de 1978 foi o da Segunda República de 1931: descentralização e autonomia para as regiões históricas. Mas aqui as divergências eram muitas: havia os foros de origem medieval, sempre reivindicados quando se pretendia aumentar os níveis de autonomia; havia comunidades, como o País Basco e a Catalunha, que conquistaram maiores níveis de autonomia; e havia sempre o problema das tributações e da distribuição delas entre as esferas federal e as autonômicas. Por isso, os problemas da definição dos níveis de autonomia financeira, de organização de corpos políticos e policiais e de representações territoriais continuam a ser uma ferida aberta que parece não cicatrizar na história espanhola.

O caso da Catalunha é bastante elucidativo. No mais das vezes, existe uma tendência a considerar a independência da Catalunha um pleito progressista relacionado à resistência à centralização da ditadura de Franco, dimensão que seguramente se pode observar na experiência catalã. Mas não se pode esquecer das multidões de catalães que saudaram a vitória franquista em 1939 quando a República foi derrotada, e nem tão pouco as negociações financeiras com o governo de Franco que tornaram possível a construção do belíssimo estádio de Campo Nou, ou ainda os olhares um tanto superiores com que parte dos catalães caracterizam outros espanhóis, e que já estavam relatados nas memórias de George Orwell sobre a Guerra Civil:

> Havia uma seção de andaluzes perto de nós, agora. Não sei ao certo como chegaram a este *front*. A explicação corrente era que tinham fugido de Málaga tão depressa que esqueceram de parar em Valência: mas isso, é claro, vinha dos catalães, que faziam questão de encarar os andaluzes como uma raça de semisselvagens. Sem dúvida, os andaluzes eram muito ignorantes. Poucos deles, se é que algum, sabiam ler, e pareciam nem sequer saber a única coisa que todo mundo sabe na Espanha – a que partido pertenciam. Pensavam que eram anarquistas, mas não estavam bem certos, podiam ser comunistas. (George Orwell, *Lutando na Espanha*. São Paulo, Globo, 2006, pp. 102-3.)

Não por acaso, a se observar os números do plebiscito sobre a independência acontecido em 2017, a Catalunha continua dividida. Numa visada rápida, entre os votantes, 92,01% eram favoráveis à independência. Ocorre que foram 2.286.217 votantes para um total de 5.313.564 eleitores registrados, ou seja, pouco mais da metade da Catalunha não votou. Ainda uma região dividida, portanto, embora a repressão vinda do governo central à ideia do *referendum* seguramente uniu a população contra a violência da Guarda Civil.

Outro caso que merece destaque é a história do ETA na luta pela autonomia e/ou independência do País Basco. Durante a Segunda República, o Partido Nacionalista Vasco (PNV) militou pela autonomia ancorado em forte ideologia católica e na legitimidade de seus foros de origem medieval. Normalmente, era considerado um partido conservador pelas forças de esquerda que compunham os governos republicanos de 1931 e 1936, mas seguramente não se alinharam ao franquismo e, por isso, durante a ditadura, mantiveram-se em oposição com enorme custo social para a manutenção de suas causas nacionalistas e identitárias. Foi em 1968 que se fundou o grupo Euskadi ta Askatasuna (País Basco e Liberdade), o ETA. Tratava-se de um grupo radical de esquerda que se opunha ao que considerava serem posturas moderadas do PNV. Inicialmente, pela legitimidade da luta contra a ditadura franquista, o grupo tinha simpatia não só da população espanhola, mas de grupos progressistas internacionais e de setores da Igreja Católica, nomeadamente jesuítas. E isso mesmo quando começaram suas ações terroristas ainda em 1968.

Mas tais simpatias pelo ETA viriam a se dissipar durante a transição, já que mesmo com a aprovação do Estatuto de Autonomia do País Basco, em 1979, parte do grupo não arrefeceu a sua violência política, enquanto uma outra parte decidiu por se incorporar à política institucional e partidária. Além disso, as ações terroristas do ETA nos anos de 1980 provocaram mortes indiscriminadas, não se tratava mais apenas de alvos militares ou da Guarda Civil, fato que contribuiu para a diminuição do apoio ao grupo mesmo entre os bascos. É fato também que a repressão promovida contra o grupo, que usou métodos de tortura que lembravam a ditadura, também provocou desgaste aos governos socialistas nos anos de 1990 e ao Estado espanhol, já que houve incentivo do governo a grupos paramilitares que atuaram na perseguição aos etarras (membros do ETA). Mesmo tendo renunciado à violência armada e anunciado um cessar fogo permanente em 2011, a presença de etarras nas listas de candidatos do partido Bildu às eleições autonômicas do País Basco que aconteceram em 2023 encetou enorme debate. Quinze dos etarras inscritos se elegeram, alguns haviam participado de atos terroristas, sendo responsáveis por mortes (o ETA matou em torno de 800 pessoas). Parte da população espanhola espera deles que, além de renunciar ao terrorismo, reconheçam seus erros, o que não tem acontecido, por isso, para muitos, não deveriam sequer ter o direito a concorrer em eleições institucionais e democráticas. E há os que consideram que autores de crimes de sangue não possam ser candidatos em qualquer situação. Por outro lado, para outros, a reinserção desses etarras pode dar início a um período de maior consenso político.

Ainda em relação à Espanha, é interessante destacar o problema da construção da memória acerca da Guerra Civil e do "terror branco" impingido por Franco aos derrotados após 1939. Tendo sido uma transição negociada, e não resultado de golpe que depôs um governo já bastante desgastado pelas guerras coloniais como em Portugal, houve um "pacto de silêncio" que o vizinho ibérico não vivenciou. Segundo este "pacto", afirmava-se que seria melhor deixar as feridas cicatrizarem sem que fossem inflamadas por processos judiciais ou "vinganças", como se falava à época. E aqui se argumentava, também, sobre a violência de setores das esquerdas durante a Guerra Civil para justificar o silêncio, o que evidentemente não poderia ter vida longa. Os primeiros governos socialistas (1982-1996), assim como os do Partido Popular (1997-2004), mantiveram os acordos da transição, nomeadamente o vínculo com a UE, o compromisso com a democracia social e liberal, os Pactos de Moncloa, o "pacto de silêncio" e o aprofundamento da economia de mercado e conquistas sociais como a universalização do atendimento à saúde e ampliação dos recursos para a educação, a despeito da maior intervenção do Estado na economia em épocas socialistas.

A chegada do socialista José Luis Rodríguez Zapatero à governança, a partir de 2005, traria, no entanto, algumas inflexões, entre as quais podemos destacar a ampliação dos direitos civis com políticas de igualdade de gênero, regularização de imigrantes, casamento civil homossexual, salário mínimo, acordos com as esquerdas nacionalistas (implicando negociações com o ETA e a aceitação do termo "nação" no novo Estatuto da Catalunha aprovado em 2006) e maior laicização do ensino (suprimindo a obrigatoriedade de ensino religioso em escolas públicas). A "Lei de memória histórica", de 2007, viria a cimentar este processo, enterrando o "pacto de silêncio", incentivando a busca por mortos e desaparecidos da Guerra Civil e condenando as homenagens públicas a personagens que tenham sido apoiadores da ditadura.

Para o historiador espanhol Juan Pablo Fusi, este conjunto de medidas, embora parcialmente incorporado pela sociedade espanhola, significou uma ruptura com os consensos básicos da transição. Creio ser possível afirmar que o aprofundamento da democracia, o que se aplica também a Portugal, implicou um enfraquecimento dos partidos tradicionais que construíram os novos regimes na península, e trouxe uma maior fragmentação política nos

Parlamentos, fato que tem dificultado a pactuação de consensos a partir das novas vivências sociais e políticas do século XXI. As pautas identitárias e ambientais, fundamentais nos debates atuais, imbricadas ao problema da imigração, comum aos dois países peninsulares, e às pautas nacionalistas específicas da experiência espanhola, trazem desafios aos quais as políticas institucionais e partidárias não parecem conseguir responder. Um problema ocidental resultante da equação que supunha democracia e mercado como civilizatórios? Ou um problema que o mundo ocidental criou a partir de suas políticas colonialistas e imperialistas que inventaram a barbarização de sociedades inteiras pela aculturação e pobreza? As duas coisas, talvez, leitor?

Se tem razão o escritor Mia Couto, e deve ter, quando afirma, em *Vinte e zinco* (1999), que "não há água que chegue para limpar-nos do passado", creio poder finalizar este livro, que revisita uma longa trajetória de pesquisas em torno da história ibérica, considerando as articulações entre história e memória como fundantes de nossa história do tempo presente, e esta última como dimensão de todas as histórias que escrevemos. Não fora assim, Portugal não estaria servido de imigrantes de suas áreas coloniais a povoar seu território e realizar trabalhos para os quais já não se encontram portugueses, e a Espanha não estaria a enfrentar os regionalismos históricos construídos desde a sua formação como Império. E não estaria a península ibérica ainda buscando suas raízes ocidentais na memória dos impérios da primeira modernidade que teriam fundado a Europa e o Ocidente como os conhecemos?

Sugestões de leitura

ALEXANDRE, Valentim. *Velho Brasil novas Áfricas:* Portugal e o Império (1808-1975). Lisboa: Afrontamento, 2000.

BERNECKER, Walther L. *España entre tradición y modernidade:* política, economia, sociedade (siglos XIX y XX). Madri: Siglo Veintiuno, 1999.

BETHENCOURT, Francisco; CURTO, Diogo R. *A expansão marítima portuguesa, 1400-1800.* Lisboa: Edições 70, 2021.

BUADES, Josep M. *Os espanhóis.* São Paulo: Contexto, 2018.

CHUST, Manuel. *La Tribuna revolucionaria.* Madri: Silex, 2014.

CURTO, Diogo R. *Cultura imperial e projetos coloniais (séculos XV a XVIII).* Campinas: Unicamp, 2009.

ELLIOTT, John H. *Imperios del mundo Atlántico:* España y Gran Bretaña en América, 1492-1830. Madri: Taurus, 2006.

FONTANA, J.; VILLARES, R. (coords.). *Historia de España.* Barcelona: Marcial Pons, 2007-2009. 12 v.

JIMÉNEZ, Juan C. *España y Portugal en transición:* los caminos a la democracia en la Península Ibérica. Madri: Sílex, 2009.

MARTINHO, Francisco C. P. *O Estado Novo português.* São Paulo: Intermeios, 2019.

MATTOSO, José (coord.). *História de Portugal.* Lisboa: Estampa: 1997. 8 v.

OLIVEIRA, Marcus V. *À sombra do colonialismo:* fotografia, circulação e o projeto colonial português (1931-1951). São Paulo: Letra & Voz, 2021.

PAYNE, Stanley G. *¿Por qué la República perdió la guerra?* Madri: Espasa, 2011.

RAMOS, R. (coord.). *História de Portugal.* D. Quixote, 2021.

SALVADÓ, Francisco J. R. *A Guerra civil espanhola.* Rio de Janeiro: Zahar, 2008.

SCOTT, Ana S. *Os portugueses.* São Paulo: Contexto, 2018.

SCHWARTZ, Stuart B. *Cada um na sua lei:* tolerância religiosa e salvação no mundo Atlântico ibérico. São Paulo/Bauru: EDUSC/Companhia das Letras, 2009.

TENGARRINHA, José (org.) *História de Portugal.* Bauru: Edusc; São Paulo: Unesp; Portugal: Instituto Camões, 2001.

CADASTRE-SE

EM NOSSO SITE,
FIQUE POR DENTRO DAS NOVIDADES
E APROVEITE OS MELHORES DESCONTOS

LIVROS NAS ÁREAS DE:

História | Língua Portuguesa | Educação
Geografia | Comunicação | Relações Internacionais
Ciências Sociais | Formação de professor
Interesse geral | Romance histórico

ou
editoracontexto.com.br/newscontexto

Siga a Contexto
nas Redes Sociais:
@editoracontexto